또 다른 10년이 온다

2020-2030 경제의 미래

또 다른 10년이 온다

한상춘

한국경제신문

들어가며

우리는 곧 2020년대 '또 다른 10년'을 맞는다. 그러나 기대 반 우려 반으로 맞이했던 2010년대의 10년과 달리 2020년대만큼은 유독 '우려'의 일색이다. 대부분의 예측 기관도 2020년대 첫 해부터 세계 경기가 순탄치 않을 것이라는 데 의견을 같이 한다.

2가지 요인 때문이다. 하나는 각종 위기와 위기 극복으로 점철됐던 2010년대가 제대로 마무리되지 않은 채 또 다른 10년을 맞이하는 '미완성'에 따른 두려움이다. 다른 하나는 그 어느 10년보다 '혼돈 속 대변화(Big Change in Chaos)'가 일어날 것으로 예상되는 미래에 대책을 마련해놓지 못한 데 따른 우려다.

제2차 대전 이후 1960년대까지는 미국 주도로 세계 경제가 재구축되는 시기였다. 두 차례에 걸친 큰 전쟁으로 각국이 독자적으로 운용할 수 있는 메커니즘이 무너졌기 때문이다. 유럽, 중국, 일본, 한국 등 대부분의 국가가 그랬다. 세계 경제와 국제 금융 질서상에 나타난 빅 체인지(Big Change), 즉 '대변화'는 미국이 직간접적으로 주도했다. 각국의 운명도 미래 예측을 잘하기보다는 미국과의 관계를 어떻게 잘 설정하느냐에 좌우됐다.

미국 주도의 세계 경제 재구축 작업은 1960년대 존 F. 케네디(John F. Kennedy)에서 린든 존슨(Lyndon Johnson) 대통령으로 이어지는 민주당 집권 시기에 꽃을 피웠다. 세계 경제도 마찬가지였다. 한국 경제도 경제 개발 초기에 커다란 힘이 됐다. 1970년대를 맞이하는 세계인들의 가슴은 주체할 수 없을 정도로 뛰었다. 하지만 막상 뚜껑이 열린 1970년대의 하늘은 초반부터 먹구름이 끼기 시작했다. 워터게이트(Watergate) 사건으로 리처드 닉슨(Richard Nixon) 대통령의 탄핵이 불거지고, 금태환 중지 선언으로 제2차 대전 이후 굳건히 유지돼왔던 달러 중심의 브레턴우즈 체제(Bretton Woods System)에 균열이 가기 시작했다.

처음 당하는 상황이었던 만큼 선택도 잘못했다. 금태환 중지 선언 이후 잠시 스미스소니언 협정(Smithsonian Agreements)의 과도기 체제를 거친 후 1976년 킹스턴 체제(Kingston System)를 계기로 각

또 다른 10년이 온다

국의 통화 가치는 자국의 외환 수급에 의해 결정되는 자유변동환율제로 넘어갔다. 너무 빠른 자유변동환율제 이행은 각국 간 무역 불균형을 낳았고 시장에 맡기면 더 심화되는 악순환 현상이 나타났다. 당황한 각국이 자국 통화를 인위적으로 평가절하해 해결하는 과정에서 환율 전쟁이 수시로 불거졌다. 두 차례 오일 쇼크도 발생했다.

2가지 잘못된 선택은 그 대가도 혹독했다. 오일 쇼크의 파장이 먼저 왔다. 1970년대 말 제2차 오일 쇼크로 국제 유가가 급등하자 1980년대에 들면서 각국 경기에 성장률은 떨어지는데 물가는 올라가는 사상 초유의 '스태그플레이션(Stagflation)' 현상이 발생했다. 당시까지 만병통치약이라 불릴 정도로 효과가 좋았던 경기 처방인 존 메이너드 케인스(John Maynard Keynes)의 총수요 대책으로도 풀리지 않는 난제였다. 경기침체를 막기 위해 총수요를 진작시키면 물가가 더 올라가고, 물가를 잡기 위해 총수요를 줄이면 경기침체의 골이 더 깊어졌다.

발상의 전환이 절실할 때 의외의 곳에서 대안이 제시됐다. 미국 뉴욕의 한 허름한 레스토랑 냅킨에 엉성하게 그려진 '래퍼 곡선(Laffer Curve)'이었다. 로널드 레이건(Ronald Reagan) 정부의 경제 정책 '레이거노믹스(Reaganomics)'의 이론적 근거이자 '공급 중시 경제학'을 태동시킨 래퍼 곡선의 스태그플레이션 처방은 의외로 간단했다. 1980년대 초반 미국처럼 세율과 세수 간 반비례 관계인 '비표준 지대(Abnormal Zone)'에 놓여 있는 상황에서는 '감세'를 통해 경제 주체의 의욕을 고취시켜주면 경기침체와 인플레이션을 동시에 잡으면서 세수까지 증대할 수 있다는 것이 골자였다.

자유변동환율제 이행 이후 심화되는 각국 간 무역 불균형을 더 이상 방치할 수 없었던 서방 선진 5개국(G5) 재무장관이 긴급히 모인 곳은 뉴욕의 작은 호텔인 '플라자(Plaza)'였다. 1985년 이곳에서 최대 골칫거리였던 미국과 일본 간 무역 불균형을 시정하기 위해 엔화 강세를 인위적으로 유도하기 위한 '플라자 합의(Plaza Agreement)'가 이뤄졌다. 효과도 컸다. 플라자 합의가 유지됐던 10년 동안 엔달러 환율은 260엔대에서 79엔대로 급락했다. 그러자 일본은 급작스런 엔고의 충격을 견디지 못하고 1990년대에 '잃어버린 20년'이라는 깊은 수렁에 빠졌다.

1990년대는 격변의 10년이었다. 냉전의 상징이던 베를린 장벽이 무너지자 사회주의 국가가 마치 입을 맞춘 듯 빗장을 열었다. 소련의 미하일 고르바초프(Mikhail Gorbachev) 서기장은 '페레스트로이카(Perestroika, 개방)' 정책을 천명했다. 맹주의 지침에 따라 다른 사회주의 국가들도 속속 개방화 정책에 동승했다. 개방화가 더딘 민주주의 국가는 속도를 더 냈다. '지구'라는 하나의 시장을 놓고 경쟁하는 나라들이 많아지고 점차 승자와 패자가 나타났다. 그런데 그로부터 30년이 지난 2020년대를 앞두고 '미국과 중국 간 경제 패권 다툼'

또 다른 10년이 온다

이라는 또 다른 냉전 시대를 맞고 있다.

훈련이 되지 않은 국가가 무작정 빗장을 열면 고도의 금융 기법으로 무장한 헤지펀드의 먹잇감이 된다. 1990년대 초 조지 소로스(George Soros)의 영국 파운드화 공격으로 시작된 유럽의 통화 위기는 1994년 중남미 외채 위기, 1997년 아시아 외환 위기, 1998년 러시아 모라토리엄(Moratorium, 국가 채무 불이행)으로 이어졌다. 개방론자의 주장에 밀려 1996년 12월 성급하게 경제협력개발기구(이하 OECD)에 가입했던 한국도 이듬해 외환 위기가 발생해 국제통화기금(이하 IMF)의 경제 신탁통치 시대를 겪었다.

미국 경제는 축복의 10년이었다. 실물경기는 '수확 체증의 법칙'이 적용되는 인터넷 등 정보 기술(Information Technology, 이하 IT) 업종이 주도하면서 '신경제(New Economy)' 신화를 썼다. 높은 성장에도 물가가 오르지 않아 이보다 좋을 수 없는 '골디락스(Goldilocks)' 국면이었다. 금융 시장도 미국과 다른 국가들 사이에 금리 차이가 벌어지는 '대분열(Great Divergence, 그레이트 디버전스)'과 강한 달러를 지향하는 '루빈 독트린(Rubin Doctrine)' 덕분에 유럽, 중남미, 아시아, 러시아 등 위기 발생국으로부터 자금이 유입되면서 거품이 우려될 정도로 호황을 맞았다.

대재앙이 될 것이라던 밀레니엄 버그(Millennium Bug) 'Y2K' 문제를 무사히 넘긴 새로운 천 년의 첫 10년은 미국의 위기로 점철된 '승자의 저주(Winner's Curse)' 시기였다. 2001년에 발생한 9.11 테러 사태를 계기로 언제 터질지 모르던 IT 거품이 신기루처럼 사라졌다. 남아 있던 거품은 세계 경제 대통령으로 칭송받고 있던 앨런 그린스펀(Alan Greenspan) 당시 미국 중앙은행(이하 Fed) 의장이 해결할 수 있을 것으로 기대했지만, 2008년 서브프라임 모기지(Subprime Mortgage, 비우량 주택 담보 대출) 사태, 2009년 리먼브라더스(Lehman Brothers) 사태가 잇따라 터지면서, '글로벌 금융 위기(Global Financial Crisis)'라는 낙인(烙印)을 남기며 2000년대가 마무리됐다.

2010년대는 금융 위기 뒤처리로 숨 가쁘게 지나간 10년이었다. 제2차 대전 이후 세계 경제와 국제 금융 시장을 주도해온 미국에서 금융 위기가 발생함에 따라 후유증이 상상을 초월할 정도로 컸으며, 그 뒤처리도 전례가 없는 사상 초유의 일이라 우여곡절을 많이 겪었다. 이 과정에서 유럽 재정 위기 등 크고 작은 위기가 뒤따르기도 했다. 마이너스 금리와 양적 완화 등으로 과다 부채, 자산 거품 등의 출구 전략 과제도 남겼다. 미국이라는 중심국과 기축통화국의 위상이 얼마나 큰지 깨닫는 계기도 됐다.

이제 또 다른 10년인 2020년대에 들어선다. 기존의 이론, 규범, 관행이 더 이상 통하지 않는 시대다. 새로운 이론과 규범 등도 정립되지 않았다. 이전보다 더 영향력이 커진 심리적 요인과 네트워킹 효

또 다른 10년이 온다

과로 '긍(肯, 긍정)'과 '부(否, 부정)', '부(浮, 부상)'와 '침(沈, 침체)'이 겹치면서 앞날을 내다보기가 더욱 어려워졌다.

그래도 우리는 내다봐야 한다. 준비해야 한다. 시행착오를 겪더라도 행동해야 한다. 2020~2030년, '또 다른 10년', 세계 경제와 국제 금융 시장 그리고 한국 경제는 어떻게 될 것인가? 우리는 어디로 가야 하는가? 이제부터 살펴보기로 하자.

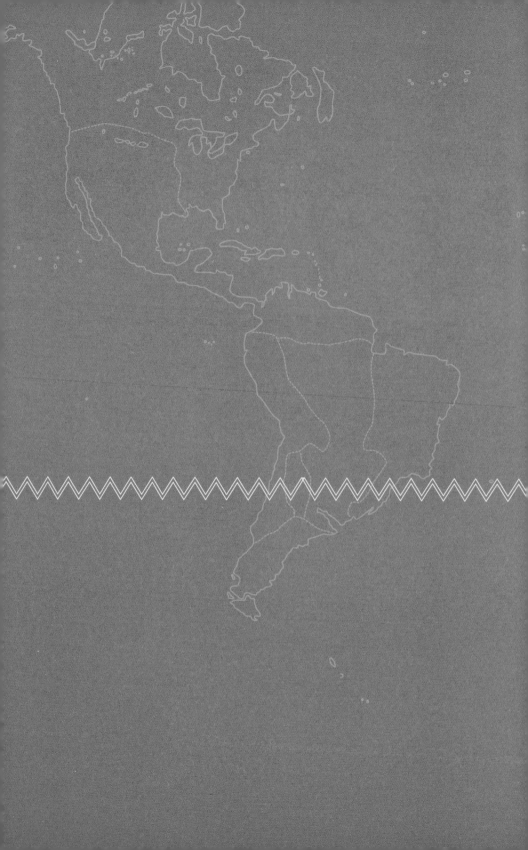

제1장

세계 경제 향방과 금융 질서 재편

'합리적 인간', 즉 인간은 본성적으로 합리적이라는 가정이 무너진다면 자유와 창의를 바탕으로 한 시장 경제에도 변화가 올 수밖에 없다. 금융 위기와 같은 시장 실패 부문에 대해서는 국가가 개입할 수밖에 없다는 정당성을 부여해주기 때문이다. 시장과 국가가 경제 문제를 함께 풀어나가는 혼합경제 또는 국가자본주의가 유행하고 있다.

2020년대 미래 예측은 왜 중요한가

미래에 대한 '불확실성(uncertainty)'은 계속 증가한다. '불확실성의 시대'라는 용어가 나온 지 40년이 지났지만 이제 '초불확실성(hyper uncertainty)' 시대로 접어들었다. 1990년대 이후 세계 경제는 경기 사이클 자체가 사라졌다든가, 있더라도 그 폭이 크게 줄어들었다는 주장이 힘을 얻을 정도로 장기 호황을 경험했다. 하지만 글로벌 금융 위기를 겪었던 2008년 이후 세계 경제는 그 어느 쪽도 옳은 결론이 아님을 보여줬다. 오히려 금융을 중심으로 네트워킹이 한층 심화되는 경제에서는 반대 현상이 나타날 가능성이 더 크며, 심리적 요인이 얼마나 크게 작용하는지를 확인하는 계기가 됐다.

금융 위기 이전의 경기 순환은 주로 인플레이션과 관련해 발생했다. 경기순환 이론대로 한 나라의 경기가 호황을 지속해 인플레이션이 문제가 되면 중앙은행이 금리를 인상해 물가를 안정시키는 대신 경기는 하강 국면에 들어선다. 하지만 1990년대 이후의 경기순환은 침체가 북유럽 위기(1990년대 초), 아시아 외환 위기(1997년), 일본의 장기침체(1990년대 이후)와 같이 국지적으로만 발생했을 뿐 글로벌 금융 위기처럼 전세계적 침체로 이어지지는 않았다.

금융 위기 이후 경기순환도 금융 불안에서 비롯됐다는 점에서는 종전과 같지만, 세계적으로 동반 침체가 진행됐다는 점, 금융 불안에서 실물경제 침체로 전이 속도가 유례없을 정도로 빨랐다는 점, 경기 하강 폭이 짧은 순간에 대공황 때와 버금갈 정도로 컸다는 점, 금융 위기가 계속해서 이어지고 있는 현재진행형이라는 점에서 다르다.

경기순환 패턴을 기초로 한 기존의 전망이 경제의 흐름을 정확하게 짚어낼 수 없을 뿐 아니라, '예측 무용론'이 나올 정도로 예측 기관에 대한 신뢰도 바닥으로 추락한 상황이다. 이 때문에 IMF, Fed 등의 예측 기관과 각국 중앙은행을 중심으로 예측의 정확성을 높이기 위해 금융 위기를 계기로 확인된 심리적 요인과 네트워킹 효과 등에 대한 재평가 작업이 한창 진행 중이다.

금융 위기 직후인 2009년 2분기 이후 지속돼왔던 경기 논쟁이 2020년대 진입을 앞두고 '대안정기(Great Stabilization)'로 진입할 것인지 아니면 '대침체기(Great Recession)'로 추락할 것인지에 관해 초점이 맞춰지고 있다. 그렇지만 이에 못지않게 중요한 점은 "금융 위기가 또 다시 닥치는 것이 아닌가" 하는 우려가 높아지고 있다는 사실이다. "금융 위기가 반드시 온다"는 시각 또한 만만치 않다.

"모든 것이 바뀐다."

또 다른 10년을 맞아 모든 예측 기관들이 전세계인에게 역설하는 주문이다. 2020년대에 들어서는 제2차 대전 이후 경제활동을 주도해온 '글로벌 스탠더드(Global Standard)'와 전혀 다른 '뉴 노멀(New Normal)' 시대가 전개되기 때문이다.

금융 위기 이후 세계 경제를 특징짓는 뉴 노멀은 종전의 글로벌 스탠더드와 글로벌 거버넌스(Global Governance)의 한계에서 출발한다. 2008년 이후 금융 위기는 세계 경제와 국제 금융 시장을 주도해왔던 미국과 유럽 등 서방 선진 7개국(이하 G7)에서 발생했다. 이를 계기로 금융 위기 이전에 통용됐던 글로벌 거버넌스에 대한 신뢰 및 글로벌 스탠더드의 이행력과 강제력이 땅에 떨어졌다.

뉴 노멀 시대에 들어 세계 경제의 최고 단위부터 바뀌고 있다. 제2차 대전 이후 국제규범과 기구를 주도해왔던 미국을 비롯한 G7에서, 새로이 중심축으로 떠오른 중국을 포함한 20개국(이하 G20)으로 빠르게 확대됐다. 그런데 G20은 구속력이 없는 국제협의체다. 앞으로 태동될 국제규범은 보다 많은 국가의 이익이 반영될 가능성을 암시하는 대목이다.

글로벌 추세에도 많은 변화가 일어나고 있다. 각국의 이익이 보다 강조되는 과정에서 글로벌화와의 충돌이 잦아지는 추세다. 도널드 트럼프 정부 출범 이후 심해져 신보호주의의 우려가 확산되고 있는 가운데, 이를 저지하는 데 한계를 보이고 있는 기존 국제기구에 대한 회의론이 일고 있다. 2010년 11월에 열렸던 G20 서울회담을 계기로 IMF에서는 쿼터 재조정이 이뤄졌다. 세계무역기구(이하 WTO)를 비롯한 다른 국제기구도 IMF와 비슷한 운명의 길을 걷고 있다.

경제학계에 일어나는 변화도 주목된다. 지난 20년 동안 경제학은 거시에서 미시로, 이론에서 계량으로, 가능한 영역에서 실험으로 바뀌는 과정을 겪으며 주류 경제학과 비주류 경제학 사이의 경계가 무너졌다. 글로벌 금융 위기를 계기로 '합리적 인간'을 가정한 주류 경제학에 대한 회의론이 확산되면서 인문학, 심리학, 생물학, 의학 등을 접목시킨 '행동주의 경제학'과 이론보다 현실 문제 해결에 치중하는 '응용 경제학' 그리고 돈을 더 찍어 쓰자는 '현대 통화 이론(Modern Monetary Theory, MMT)' 등이 대안으로 떠오르고 있다.

앞으로 경제학 분야에서 가장 주목해야 할 부분은 2019년 노벨 경제학상을 공동 수상한 미국 매사추세츠공과대학교(MIT)의 아브

히지트 바네르지(Abhijit Banerjee)와 에스테르 뒤플로(Esther Duflo) 그리고 하버드대학교의 마이클 크레이머(Michael Kremer)가 제시한 '무작위 대조 연구(Randomize Control Trial, RCT)'다. 실험군과 대조군을 무작위로 나눠서 지원한 뒤 사후 비교를 통해 정책 효과를 분석하는 방법이다. 예컨대 기업에서 이윤이 많이 남는데도 재활용 기름을 쓰지 않는다면 재활용 기름값, 사용법 연수, 정보 공유 등을 지원한 뒤 가장 효율적인 지원책을 찾아내는 식으로 '넛지(Nudge)' 효과의 행동주의 경제학과 응용 경제학을 접목시킨 분야다. 빈곤 퇴치 등 모든 경제 정책 분야에서 가장 많이 활용될 것으로 예상된다.

'합리적 인간', 즉 인간은 본성적으로 합리적이라는 가정이 무너진다면 자유와 창의를 바탕으로 한 시장 경제에도 변화가 올 수밖에 없다. 금융 위기와 같은 시장 실패 부문에 대해서는 국가가 개입할 수밖에 없다는 정당성을 부여해주기 때문이다. 시장과 국가가 경제 문제를 함께 풀어나가는 혼합경제 또는 국가자본주의가 유행하고 있다. 규제 완화보다 강화, 사적 이윤보다 공공선이 강조되면서 자유민주주의와 시장 경제 체제에 대한 도전이 비일비재해지고 있다.

가장 많은 변화가 일고 있는 곳은 다름 아닌 산업 분야다. 모든 것을 시각적으로 구현해주는 증강현실 시대를 맞아 종전에 볼 수 없었던 차별화를 통한 경쟁우위 확보 요구가 증대된 반면, 후발 기업들은 창의, 혁신, 융합, 통합 등의 다각화 전략을 통해 경쟁력 격차를 줄

여나갈 수밖에 없는 공급 여건이 정착되고 있다. '기업 내(intrafirm)'
또는 '기업 간(interfirm)' 무역이 활성화되면서 각국 사이의 경제가
가치사슬과 공급망 체인으로 연결되는 움직임도 뚜렷하다.

　수요 면에서는 트렌드의 신속한 변화에 따라 고부가가치 제품에
대한 욕구가 강해지는 반면, 이들 제품 소비에 드는 비용은 무료 콘
텐츠 제공 등을 통해 줄여나가는 이율배반적 소비행태가 빠르게 확
산되고 있다. 각 분야 양극화 현상이 갈수록 심해지는 추세를 감안하
면 이런 움직임은 앞으로 더 빨라질 것으로 예상된다. 소셜 네트워크
서비스(Social Network Services, 이하 SNS)를 위시한 인간 중심의 커
넥션은 사회 현상에 대한 관심으로 이어져 기존에는 주목받지 못했
던 나눔이나 기부 등 이른바 선한 일에 관한 욕구가 증대되고 있는
점과, 이 같은 움직임을 주도하는 기업과 계층에 대한 가치평가 변화
도 주목되는 부분이다. '임팩트(empact, empathy + pact)' 경제다.

　다만 우려되는 지점은 많은 분야에 걸쳐 변화를 몰고 온 뉴 노멀이
새로운 글로벌 스탠더드로 정착되지 못하는 경우다. 이 상황이 닥치
면 뉴 노멀을 향한 실망감과 금융 위기 이전 글로벌 스탠더드에 대한
향수까지 겹치면서 '규범의 혼돈(Chaos of Norm)' 시대로 빠져들 가
능성이 커진다. 미래 예측이 더 어려운 '뉴 앱노멀(New Abnormal)'
시대가 된다는 의미다. 미래의 불확실성이 증가할수록 모든 경제 주
체는 생존하기 위해 정확한 미래 예측을 전제해야 한다. 뉴 앱노멀

　　　　　　　또 다른 10년이 온다

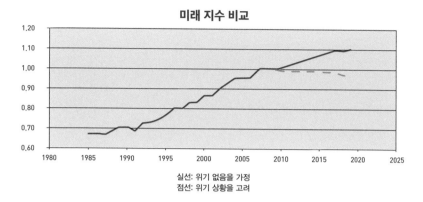

미래 지수 비교

실선: 위기 없음을 가정
점선: 위기 상황을 고려

*미래 지수는 양질의 수자원 공급량, 1일 1.25달러로 살아가는 빈곤층 비율, 국가 예산 대비 R&D 지출, 총 에너지 공급 대비 청정에너지 비율, 가용 식량, 자유 국가 인구 비율, 1인당 GDP, 난민 수, 테러 발생 횟수 등을 종합적으로 고려해 산출한다. 특정 연도 미래 지수를 1로 설정해 비교치를 구하며, 수치가 클수록 '개선'을 의미한다. 자료: 세계미래학회, 밀레니엄 프로젝트

시대에는 각 경제 주체의 위치 파악과 지향할 미래상에 대한 방향 설정이 나침반으로 작용하기 때문이다.

미래 예측을 잘해 국운을 바꾼 사례가 있다. 1990년대 중반까지 전형적인 저출산 국가였던 프랑스는 떨어지는 출산율에 위기감을 느낀 정부의 출산장려 정책으로 현재 유럽에서 출산율이 가장 높은 국가로 부상했다. 아랍에미리트의 두바이는 원유 매장량이 얼마 지나지 않아 고갈될 것으로 예측하고 원유 의존도를 낮춘 뒤 부동산, 관광, 무역, 금융 영역으로 경제 발전을 도모한 결과 불모의 사막을 세계 최고의 도시로 변모시켰다.

반대로 미래 예측을 잘못한 사례도 있다. 1977년 세계적인 디지털 기업 DEC의 켄 올슨(Ken Olsen) 회장은 "집에 컴퓨터를 갖고 있으려는 사람은 아무도 없다"고 확언한 바 있으며, 마이크로소프트의 빌 게이츠(Bill Gates)는 1983년만 하더라도 "32비트 운영체제는 절대로 만들지 않을 것"이라고 말했다가 훗날 실언이었다고 인정했다. 19세기 물리학계의 태두로 불리는 영국의 수리물리학자 윌리엄 톰슨(William Thomson)은 1895년에 "공기보다 무거운 물체의 비행은 불가능하다"고 예측했다. 그러나 1903년 라이트 형제가 인류 역사상 최초로 동력 비행에 성공했다.

미래 예측 기법과 루비니-파버의 7대 미래 예측 함정

미래 예측의 성공과 실패 사례는 한 국가와 기업의 생존을 좌우할 수 있는 결정적 단서가 된다. 2020년대를 맞아 모든 경제 주체는 다가올 미래 사회의 변화에 대비하고 불확실성에 따른 위험 요인에 효과적으로 대응하기 위해 미래 예측의 중요성에 대한 인식을 제고해나갈 필요가 있다.

불확실한 미래를 예측하는 만큼 다양한 기법이 있다. 그리스 신화의 태양신 아폴론(Apollon)이 미래를 통찰하고 신탁을 내렸다는 델포이(Delphoi) 신전에서 이름이 유래된 '델파이기법(Delphi Technique)'은 여러 전문가를 대상으로 반복적인 설문을 통해 수집된 의견을 발전시켜나가는 미래 예측 기법이다. 비계량적인 미래 환경을 예측하는 데 주로 활용된다.

'트렌드 분석(Trends Analysis)'은 현재와 과거의 역사적 자료나 추세에 근거해 앞으로 다가올 미래 사회의 변화를 투사하는 기법이다. 일련의 데이터에 연장선을 긋는 방식으로 추세를 예측할 수 있으며 수학적·통계적 방법이 자주 활용된다. 경제 성장, 인구 증감, 에너지 소비량, 주가와 같은 가격 변수 등을 예측하는 데 활용된다.

'직관적 예측(Intuitive Forecasting)'은 주관적 판단에 입각해 미래를 예측하는 기법이다. 추측은 주관적 판단에 기초해 미래의 변화 모습을 예측하며, 추측의 기초는 예측자의 통찰력과 창조적 지각력, 내면의 숨은 지식 등 직관으로부터 나온다. 예측 결과에 예측자 자신의 목표, 가치, 신념, 선입견, 편견, 의도가 무의식적으로 표출되는 경우가 많은 것이 한계점으로 지적된다.

'브레인스토밍(Brainstorming)'은 각 분야의 전문가들이 한자리에 모여 자유롭게 자신의 생각을 주고받는 가운데 미래에 관한 예측을 종합해내는 기법이다. 주로 연구 초기에 전반적인 상황을 조망하고 연구 주제를 구체화하거나 과제를 추출하는 단계에서 이용된다. 정해진 기간 동안 주기적인 모임으로 미래 전망에 관해 토론하고 대안을 제시하며 전략을 수립한다.

'시나리오(Scenario)' 기법은 미래에 나타날 가능성이 있는 여러 가지 시나리오를 구상해 각각의 전개 과정을 추정하는 방식으로 활용된다. 미래의 가상적 상황에 대한 단편적 예측이 아니라, 복수의 미래를 예측하고 각각의 시나리오에서 나타날 문제점 등을 예상해 보는 방법이다. 이를테면 "미래에는 어떤 일들이 일어날 것인가?", "몇 가지 조건이 만족된다면 어떤 일이 일어날 것인가?" 하는 질문에 답하는 형식이다.

미래에 확실히 다가오는 트렌드를 읽지 못하는 이유는 미래 예측을 할 때 흔히 범하는 7가지 함정 때문이다. 글로벌 금융 위기를 거치면서 월스트리트에서는 '루비니-파버(Roubini-Faber)의 7대 예측 함정'이라는 용어가 나오기도 했다. 커다란 투자 기회를 잃게 한 것에 대해 비꼬는 말이긴 하지만 많은 교훈을 함축하고 있다. 하나씩 살펴본다.

첫 번째 함정은 가장 흔히 범하는 것으로 '트렌드 분석'에 따른 예측 함정이다. 현 시점에서 주도적 트렌드를 찾고 그 연장선상에서 미래를 예측하는 것은 기본적으로 현재 상황이 미래에까지 지속된다는 가정에서 출발한다. 그러나 트렌드의 영향력, 방향성, 패턴이 변화할 수 있다는 사실이 간과되는 경우가 언제든지 발생할 수 있다. 미래 예측을 사회 전반에 나타나는 메가트렌드에만 초점을 맞출 경우 이 흐름에 부합하지 않거나 불확실성 때문에 무시했던 변수들이 현실화되면 채 1~2년도 못 가서 틀리게 된다. 미래 트렌드의 변화 가능성에 대한 진지한 고민 없이 현재의 트렌드에만 초점을 맞춰 예측할 때 흔히 범하게 되는 오류다.

두 번째 함정은 '심리적 편향'에 따른 예측 함정이다. 예측자의 오랜 경험과 지식이 독특한 심리적 편향을 유발해 예측 모델을 잘못 설정하거나 자료를 편향적으로 선택하게 유도한다. 또한 심리적 편향은 미래 예측 과정상의 모델 구성뿐 아니라 이용자로 하여금 올바른 예측을 잘못 해석하게 만든다. 한마디로 미래 예측을 빗나가게 하는 심리적 함정이다.

세 번째 함정은 '고정관념'이 가져오는 예측 함정이다. 과거 경험과 기존 예측 등이 고정관념으로 작용해 미래 예측에 새로운 정보, 변화, 방향성을 제대로 반영하지 못할 경우 나타나는 오류다. 일찍이 부동산으로 손해 본 적이 없으니 앞으로도 부동산 투자는 매력적이라고 생각하는 부동산 불패 신화가 대표적인 사례다.

네 번째 함정은 '자기과신'에 따른 예측 함정이다. 자신의 예측, 실행, 판단 능력을 과신한 결과 잘못된 미래 예측에 빠지는 것으로 특히 전문가, 경영자에게 두드러지게 나타나는 현상이다. 자기과신에 빠진 예측자가 자신의 정보량을 과대평가해 새로운 정보에 소홀해지거나 남의 말을 잘 듣지 않을 때 범하는 오류다.

다섯 번째 함정은 '기억력'에 의존하는 예측 함정이다. 과거 경험했던 재해나 극적인 사건을 지나치게 염두에 두고 미래를 전망한 결과 예측이 비관적·보수적으로 편향되게 흐르는 현상이다. 2003년 우주왕복선 디스커버리호의 폭발을 목격한 사람들은 우주개발사업을 비관적으로 예측했지만, 2008년 이후 일본, 중국, 인도 등의 국가는 경쟁적으로 달 탐사 위성발사계획을 발표했다. "본격적인 우주개발 경쟁시대가 열리고 있다"고 낙관적으로 예측한 것이다.

여섯 번째 함정은 '신중함'에 기인하는 예측 함정이다. 예측자가 틀릴 것을 우려해 지나치게 신중을 기하면 자신의 원래 예상보다 보수적이거나 수요자의 생각에 부응하는 예측을 내놓는 경향이 높아진다. 증권사 애널리스트의 경우 강세장에서 약세장을 외치기가 매우 어려운데, 예측이 빗나갈 경우 많은 비난에 시달리며 심각한 후회와 낮은 성과급에 직면하기 때문이다. 대세를 따라간 경우에는 대세 자체가 틀려도 비난이 덜하고 후회할 여지가 작아지므로 예측자는 미래에 발생할 후회를 줄이기 위해 신념보다는 대세나 중도를 따르게 된다. 국내 예측 기관이 내놓는 경제성장률이 한국은행 전망치에 수렴하는 경우도 여기에 해당한다.

일곱 번째 함정은 '편향적인 증거 확인'에 따른 예측 함정이다. 자료 수집과 해석 과정에서 자신의 원래 가설에 부합하는 증거들만 채택해 미래 예측이 편향된 방향으로 흐르는 경우다. 미래 예측에서 예측자는 무의식적으로 미래 방향성에 대한 가설을 먼저 설정하고 그 답을 찾으려는 경향을 보인다. 그런데 이 과정에서 선호 성향이 작동해 자신이 설정한 가설이 틀렸음에도 불구하고 자기 생각을 지지하는 정보에 더 끌리게 된다.

뉴 앱노멀 시대의 세계 경제와 금융 시장

금융 위기 이후 세계 경제와 국제 금융 시장이 '뉴 앱노멀' 시대에 접어들었다. 특히 경제 분야가 심해서, 2020년대에 들면 완전히 다른 상황이 전개될 가능성도 배제할 수 없다. 이 때문에 애덤 스미스(Adam Smith)식 자유방임주의 '자본주의 1.0', 존 메이너드 케인스식 수정자본주의 '자본주의 2.0', 프리드리히 하이에크(Friedrich Hayek)식 신자유주의 '자본주의 3.0'에 이은 '자본주의 4.0'의 시대에 접어들었다는 관점도 있다. 뉴 앱노멀 시대에 경제 분야에서 가장 먼저 눈에 띄는 움직임은 국가를 기준으로 했던 종전의 세계 경제 질서가 흔들리는 현상이다. 전세계 국가를 대상으로 하는 WTO, 뉴 라운드(New Round), 유엔기후변화협약(UNFCCC) 등과 같은 다자주의 채널이 급격히 약화되고 있다. 트럼프 대통령 취임 이후 미국 주도의 다자 협상은 한 건도 열리지 않았다. 각국의 국제규범 이행력과 구속력은 제2차 대전 이후 가장 낮은 수준이다.

지리적으로 인접한 국가 간의 지역 블록 움직임도 붕괴 조짐이 일고 있다. 영국의 유럽연합(이하 EU) 탈퇴, 즉 브렉시트(Brexit, Britain + exit)를 놓고 난항이 거듭되고 있는 가운데 '그렉시트(Grexit, Greece + exit)', '이탈렉시트(Italexit, Italy + exit)', '포렉시트(Porexit, Portugal + exit)' 등 '제2의 브렉시트' 논의도 좀처럼 누그러지지 않고 있다. 북미 자유무역협정(NAFTA)은 한 차원 낮은 미국·멕시코·캐나다 협정(USMCA)으로 재탄생됐다. 주도국인 브라질이 탈퇴할 움직임을 보이면서 남미공동시장(MERCOSUR)도 좌초될 위험에 놓여 있다. 다른 지역 블록은 존재감조차 없다. 명목상 회의만 반복될 뿐이다.

자유무역협정(FTA)과 같은 양자 교역 협력도 '스파게티 볼 효과(Spaghetti Bowl Effect)'가 우려될 정도로 복잡해 교역 증진에는 한계를 보이고 있다. 스파게티 볼 효과란 스파게티를 그릇에 담을 때 서로 얽히고설키는 현상을 말한다. A국이 B국 및 C국과 맺은 원산지 규정이 서로 달라 협정 체결국별로 각각 다르게 준비해야 하는 수출 기업 입장에서는 오히려 불편을 초래하는 경우다. 한미 자유무역협정처럼 자주 수정되거나 궁극적으로 폐지 요구가 거세지게 된다.

경제적 이해관계를 함께하는 국가 사이의 이익을 도모하는 생산 카르텔과 같은 시장담합기구도 무너지고 있다. 1961년 출범 이후 두 차례에 걸친 오일 쇼크로 세계 경제와 국제 금융 시장에 커다란 영향을 줬던 석유수출국기구(이하 OPEC)는 2019년 카타르와 2020년 에콰도르가 탈퇴하는 것을 계기로 붕괴될 처지에 놓여 있다. 경제 활동의 주 무대가 온라인과 모바일 공간으로 빠르게 옮겨지면서 오프라인에 있던 기존의 시장담합기구를 지속시켜야 할 명분과 근거가 약해졌기 때문이다.

국제 통화 질서에서는 미국 이외 국가들의 탈(脫)달러화 조짐이 심상치 않다. 세계 경제 중심권이 이동함에 따라 현 국제통화제도가 안고 있던 문제점, 즉 '트리핀 딜레마(Triffin's Dilemma)', 기축통화국의 과도한 특권, 국제 불균형 조정 메커니즘 부재, 과다 외화 보유 부담 등이 심해지면서 탈달러화 조짐이 빨라지는 추세다. 참고로 트리핀 딜레마란 1947년 벨기에의 경제학자 로버트 트리핀이 제시한 것으로, 유동성과 신뢰성 간의 상충관계를 말한다. 기축통화국인 미국은 경상수지 적자를 통해 통화를 계속 공급해야 한다. 그러나 이 상황이 지속되면 대외 부채 증가로 신뢰성이 떨어져 공급된 통화가 환류되는 메커니즘이 약해져 기축통화국으로서의 지위를 유지할 수 없게 된다는 것이 그의 주장이었다.

국제 금융기구의 분화 움직임도 뚜렷하다. 중국판 IMF인 긴급외환보유기금(CRA)이 조성됐고, 유럽판 IMF인 유럽통화기금(EMF) 창설도 검토되고 있다. 제2차 대전 이후 미국이 주도해온 세계은행

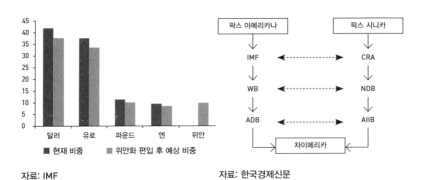

SDR 통화별 비중

45
40
35
30
25
20
15
10
5
0

달러　유로　파운드　엔　위안

■ 현재 비중　■ 위안화 편입 후 예상 비중

자료: IMF

3 × 2 매트릭스 시스템

팍스 아메리카나		팍스 시니카
↓		↓
IMF	◄----►	CRA
↓		↓
WB	◄----►	NDB
↓		↓
ADB	◄----►	AIIB

차이메리카

자료: 한국경제신문

(World Bank)과 아시아개발은행(ADB)에 대항하기 위해 중국 주도로 신개발은행(NDF)과 아시아인프라투자은행(AIIB)이 설립됐다. 미국과 중국 간 '3 × 2 매트릭스 시스템'이 정착되고 있는 셈이다.

프레임(frame)에 해당하는 국제규범과 이를 토대로 한 세계 경제와 국제 통화 질서가 흐트러지면 시장을 포함한 경제 주체는 혼란스러워질 수밖에 없다. 그 대신 트럼프 대통령과 같은 정치적 포퓰리스트(populist)가 판치면서 이기주의와 국수주의가 기승을 부린다. 세계화의 쇠퇴를 의미하는 슬로벌라이제이션(Slobalization)이라는 신조어가 나온 것도 이 때문이다. 슬로벌라이제이션은 2019년 세계경제포럼(WEF, 다보스포럼)에서 제시됐던 '세계화 4.0'과 같은 의미다.

'외부성(externality)'도 급증해 국가 개입이 늘어난다. 외부성이란

'사적 비용(Private Cost, 이하 PC)'과 '사회적 비용(Social Cost, 이하 SC)' 사이의 괴리가 나타나는 현상으로, "인간은 합리적이다"라는 고전주의 경제학의 경합성과 배제성의 원리가 흐트러진다. 외부성은 PC보다 SC가 적은 경우에는 외부 경제, 그 반대의 경우에는 외부 불경제로 나뉜다.

외부성으로 인해 "인간은 합리적이다"라는 전제가 흔들리면 경제지표에서 '가치(value)'가 '가격(price)'에 제대로 반영되지 못해 현실 진단 자료로서의 유용성이 떨어진다. 지표경기와 체감경기 사이의 괴리가 커진다는 뜻이다. 이런 여건에서 추진되는 경제 정책은 국가의 국정 목표에 부합한 몇몇 지표에만 집착할 때는, 즉 프레임에 갇혀 있을 때는 반드시 실패한다. 오히려 경제지표가 괜찮더라도 국민과 시장이 불안할 때는 이것까지도 감안해 경제 정책을 추진하는 '프레이밍 효과(Framing Effect)'를 중시해야 성공할 수 있다.

과거 미국과 한국 경제에서 지표상으로는 괜찮은데 경제 주체가 침체를 우려하고 시장은 주가 폭락 등으로 과민하게 반응했던 상황을 떠올려보자. 프레이밍 효과를 중시하는 Fed 의장 제롬 파월(Jerome Powell)은 금리 인상 및 인하 등으로 경기와 시장을 안정시키지만 프레임 속에 갇혀 있는 한국의 일부 경제 각료와 진보 학자들을 '위기를 조장하는 가짜 세력'으로 바라본다. 심지어 전망 기관의 비관적인 예측까지 간섭하거나 정책 목표에 부합하는 통계만 발표한다. 분명한 통계 조작이다.

오히려 비정형 텍스트 데이터에서 새롭고 유용한 정보를 찾아내는 '텍스트 마이닝(Text Mining)' 기법 등을 활용해 경제지표와 경제 주체의 반응 사이에서 괴리가 발생하지 않도록 노력해야 하는 것이 정책당국의 올바른 모습이라 할 수 있다. 텍스트 마이닝 기법은 국가의 최고통수권자 또는 경제 정책 책임자가 경기를 살리겠다고 발언하면 완화적 성향의 어조는 '+1', 긴축적 성향의 어조는 '-1'로 빅데이터 지수를 산출해 경제 주체의 반응을 파악하고 시장 친화적으로 조절해나가는 방식이다.

슬로벌라이제이션으로 대변되는 '경제학 4.0' 시대에는 한국처럼 대외 환경에 크게 의존하는 국가일수록 불리하다. 대변화를 모색해야 할 때다. '갈라파고스 함정(Galapagos Trap)'에 빠져 자본주의 4.0 시대에 나타나는 변화를 읽어내지 못한다면 선진국 문턱에서 추락해 '중진국 함정(Middle Income Trap)'에 빠진다는 사실을 명심해야 한다. 에콰도르령(領) 갈라파고스 제도는 아메리카 대륙으로부터 1,000킬로미터 이상 떨어져 있어 사실상 세상의 흐름과 격리돼 있다. 이처럼 어떤 상품, 기술, 서비스 등을 국제 표준에 맞추지 못한다면 세계 시장으로부터 고립되는 것이다.

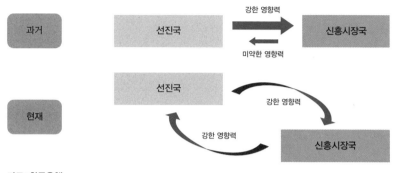

선진국과 신흥국 간 커플링 현상 변화

| 과거 | 선진국 | 강한 영향력 → / ← 미약한 영향력 | 신흥시장국 |

현재 / 선진국 / 강한 영향력 / 강한 영향력 / 신흥시장국

자료: 한국은행

스트롱맨의 부상, 경제 절대군주 시대 오는가

냉전 시대 종식의 상징인 독일 베를린 장벽이 무너진 1990년 이후 오랜만에 '스트롱맨(Strong Man)' 체제가 재구축되고 있다. 국가별로는 한반도 주변국에 속해 있는 중심국일수록 뚜렷하다. 세계 어느 국가보다 대외 환경에 의존하고 남북 분단이라는 태생적 한계를 갖고 있는 한국 경제로서는 스트롱맨의 부상은 언제든지 '팻 테일 리스크(Fat Tail Risk)'가 될 가능성이 높아 우려된다. 통계학에서 자연적·사회적·정치적·경제적 현상은 평균치를 중심으로 대칭을 이루고, 평균치에서 멀어질수록 발생 확률이 낮아지는 종(鐘) 모양의 정규 분포로 설명한다. 하지만 발생 확률이 낮은 현상이 나타나면서 그 빈도

가 정규 분포의 예측보다 훨씬 커져 꼬리가 두꺼워질 경우 팻 테일 리스크가 발생한다.

10년 전 금융 위기 이후로 정규 분포의 꼬리가 너무 두꺼워져 평균에 집중되는 확률이 낮아지고 예측력도 떨어지는 팻 테일 리스크가 자주 목격됐다. 꼬리 부분이 두껍지 않아야 평균값의 의미가 강해지고 통계학적 예측력이 높아진다. 꼬리가 두꺼우면 평균값의 의미가 약해져 예측이 어려워진다.

스트롱맨 체제는 2020년대를 눈앞에 두고 구축되기 시작했다. 2017년 미국의 국익을 최우선시하는 트럼프 대통령이 취임했다. 같은 해 5월에는 "강한 프랑스"를 주창한 에마뉘엘 마크롱(Emmanuel Macron)이 대통령에 당선됐다. "북핵 위협에 따른 일본 국민 보호"라는 명목으로 아베 신조(安倍晋三) 총리도 장기 집권 의욕을 드러냈다. 사회민주당과의 대연정이긴 하지만 독일의 앙겔라 메르켈(Angela Merkel) 총리도 16년 동안 장기 집권이 가능해졌다.

사회주의 국가는 스트롱맨 체제로 완전히 굳어지고 있다. 2018년 양회(兩會, 전국인민대표대회 + 전국정치협상회의)를 통해 시진핑(習近平) 중국 국가주석은 마오쩌둥(毛澤東)이나 덩샤오핑(鄧小平)과 같은 반열의 '시황제(始皇帝)'로 등극했다. 블라디미르 푸틴(Vladimir Putin) 러시아 대통령도 2024년까지 장기 집권이 가능해져 이오시프 스탈린(Iosif Stalin)에 이어 '차르(Tsar)'의 반열에 올랐다. 북한의 김정은(金正恩) 국방위원장도 헌법 개정을 통해 할아버지 김일성(金日成) 주석과 같은 지위로 올라섰다.

"짐의 말이 곧 법"이라고 할 정도로 스트롱맨의 행동은 법과 규범을 무시해 경제 분야에서 절대군주 시대가 올 가능성이 높다. 스트롱맨은 '정치가(statesman, 다음 세대와 국민 우선)'가 아닌 '정치꾼(politician, 다음 선거와 자신의 자리만 생각)'이기 때문이다. 경제 절대군주 시대에 국가의 경제는 최고통수권자의 역할에 따라 크게 좌우된다.

최고통수권자가 제 역할을 못해서 경제가 파탄 난 국가들이 의외로 많다. 프랑수아 올랑드(Francois Hollande) 전 프랑스 대통령이 대표적인 인물이다. 2015년 탄핵 시위에 몰렸던 그는 테러, 난민, 브렉시트 등 나라 안팎에 수북이 쌓여 있던 현안을 제대로 처리하지 못해 경제가 수렁에 빠지면서 에마뉘엘 마크롱 대통령에게 정권을 넘겨줬다.

자신들이 나쁜 부패를 저질러놓고 전·현직 대통령 간에 누가 더 많고 적은지 싸움을 벌이다가 망가진 국가도 있다. 바로 브라질이다. 지우마 호세프(Dilma Rousseff) 전 대통령은 국영 에너지 기업 페트로브라스(Petrobras)의 뇌물 사건에 휘말리면서 결국 탄핵을 당하고 대통령직에서 쫓겨났다. 지금도 부패 싸움은 계속되고 있다.

너무 많이 퍼주다가 국민으로부터 외면당하고 탄핵에 몰린 최고통수권자도 있다. 베네수엘라의 니콜라스 마두로(Nicolas Maduro) 대통령이다. '장기 집권'이라는 오로지 개인 목적만을 위한 포퓰리즘적인 재정 지출로 경제가 파탄 난 지 오래됐다. 생활고에 견디다 못해 결국 조국을 등진 베네수엘라 국민만 하더라도 전체 국민의 20퍼센트가 넘는다.

이른바 '갑질'을 일삼다가 추락하고 있는 최고통수권자도 있다. 필리핀의 로드리고 두테르테(Rodrigo Duterte) 대통령은 취임 초기만 하더라도 강력한 마약사범 단속 등이 성공하면서 국민 지지도가 90퍼센트를 넘었었다. 그러나 높은 지지도를 악용해 인사 등에 무리수를 두고 비정상적인 외교 정책으로 미국 등 전통적인 동맹과의 관계가 소원해지면서 경제가 어려워지고 있다.

미중 간 경제 패권 다툼에서 줄을 잘못 서서 어려움에 처한 최고통수권자도 많다. 가장 극적으로 변한 최고통수권자는 하산 로하니(Hassan Rouhani) 이란 대통령이다. 트럼프 대통령은 '오바마 지우기'의 일환으로 이란과 핵 협정을 포기하고 경제 제재 조치를 재개했다. 다급해진 그가 중국과의 대체관계를 모색했지만 금융 시장은 난기류에 빠졌다.

레제프 타이이프 에르도안(Recep Tayyip Erdogan) 터키 대통령도 비슷한 처지다. 미국인 목사 인질 사건에다 테러 적성국에 무기를 파는 바람에 미국과의 관계가 악화됐다. 트럼프 대통령과 개인적인 감정싸움까지 벌인 그는 터키가 국가부도 위험에 직면하자 IMF에 구제금융을 신청했으나 최대 의결국인 미국의 반대에 부딪혀 수포로 돌아갔다.

비선 조직에 의해 경제가 망가진 국가도 있다. 2009년에 취임한 남아프리카공화국의 제이콥 주마(Jacob Zuma) 대통령은 인도의 굽타 그룹에 전적으로 의존해왔다. 외형상 성장률은 괜찮아 보였지만 비선 조직인 인도 굽타(Gupta) 그룹의 국부 유출로 경제는 속빈 강정이 됐다. 종속 이론을 태동시켰던 1970년대 중남미 경제와 비슷한 상황이었다. 경제 주권을 되찾기 위해 시작된 탄핵 시위가 범국민 운동으로 확산되자 그는 대통령직을 내려놔야 했다.

2020년대 들어 경제를 망칠 그 다음 최고통수권자는 누가 될까? 일본의 아베 총리가 가장 먼저 눈에 들어온다. 발권력을 동원해 인위적인 엔저(低)로 경기를 부양한 아베노믹스(Abenomics, 아베 정부의 경기부양책)가 미국의 견제 등으로 더 이상 추진되기 어려워 보이기 때문이다.

일본 경제의 특성상 외환 시장에 맡겨두면 엔화 가치는 올라간다. 캘리포니아대학교 버클리 캠퍼스 배리 아이켄그린(Barry Eichengreen) 교수가 지적한 '안전통화의 저주(Curse under Safe Haven)'다. 그리고 한국의 최고통수권자가 경제를 어떻게 할 것인가의 여부도 국제 사회의 커다란 관심사다.

그룹 제로 시대의 세계 경제 패권

G7, G10 등 한동안 세계 경제를 주도해왔던 이른바 'G-something' 체제가 시간이 지날수록 급격히 약화되고 있다. 금융 위기를 계기로 글로벌 리더십 유지에는 별다른 관심을 보이지 않는 것이 요즘 강대국들의 모습이다. 미국은 자국의 이익을 우선시하면서 글로벌 리더십을 포기하고 있으며, 중국은 경제 위상이 높아졌으나 글로벌 리더십을 책임질 만큼 외교 역량이나 소프트파워 등이 아직 미국에 미치지 못하고 있다.

지배국이나 중심국이 없는 '그룹 제로(G0)' 시대로 가는 여건에서는 각국 사이의 경제관계가 글로벌 이익보다 자국의 이익을 우선적으로 고려하는 보호주의와 이기주의 성향이 뚜렷해질 수밖에 없다. 미중 간 마찰, 한일 간 경제보복 등이 대표적인 사례다. 국제 외환 시장에서 미국, 일본, 중국 등 경제 대국일수록 자국 통화 약세를 통해 수출과 경기 부양에 나서면서 환율 전쟁 가능성이 높아지는 것도 같은 맥락이다.

IMF, WTO 등과 같은 국제 경제기구의 위상 및 합의 사항에 대한 구속력이 떨어짐에 따라, 위반 시 제재하더라도 이를 지키려고 하는 국가들이 많지 않다. 이 때문에 '국제기구 축소론'과 '역할 재조정론'이 끊임없이 제기되고 있다. 뉴 앱노멀 시대를 맞아 이들 국제기구가 새로운 형태로 재탄생할 수 있을지, 아니면 아예 사라질지 여부에도 벌써부터 관심이 쏠리고 있다.

G0 시대가 새로운 체제로 확정되기 이전에 일어나는 과도기적인 현상인지 그대로 굳어질 것인지는 좀 더 지켜봐야 할 문제다. 2020년대 세계 경제 질서는 5가지 시나리오로 상정해볼 수 있다.

첫째, 미국과 중국이 상호 공존하는 'G2' 체제.

둘째, 미국과 중국이 대립하는 '냉전 2.0' 또는 '신냉전' 체제.

셋째, 국가별로 분화하는 '분열' 체제.

넷째, 국가가 서로 조화하는 'G20' 체제.

다섯째, 무정부 상태인 '서브제로(Sub Zero)' 체제.

이 가운데 가장 가능성이 높은 시나리오는 두 번째이며 그 다음이 다섯 번째로, 대부분 국가들에서 자국의 이익 증진 여부에 최우선순위를 두고 대외 현안을 풀어나가려는 움직임이 뚜렷이 감지되기 때문이다.

2020년대에 들기 직전부터 세계 경제를 주도하고 있는 양대국 미국과 중국 사이의 통상마찰이 좀체 누그러질 기미를 보이지 않고 있다. 트럼프 정부 출범 첫 해에 일어난 경고성 말싸움이 보복 관세로 이어졌으며, 미래의 국부 주도권을 놓고 벌어진 첨단 기술 전쟁에 이어 중국이 '환율조작국'으로 지정된 것을 계기로 환율 전쟁으로까지 악화되고 있다. 돌아올 수 없는 루비콘 강을 건넜다는 시각도 지배적이다.

각국의 보호주의에 따른 '글로벌 가치사슬(Global Value Chain)'의 붕괴 조짐은 세계 경제의 앞날에 가장 큰 변수로 작용할 가능성이 높다. 글로벌화가 본격적으로 진행된 1990년대 이후 세계 교역 증가율과 글로벌 가치사슬 간의 상관계수를 추정해보면 '0.85'에 이를 만큼 높게 나온다. 특히 금융 위기 이후 글로벌 가치사슬은 세계 교역 탄성치(세계 교역 증가율 ÷ 세계 경제 성장률)에 가장 큰 영향을 미치고 있는 변수다. 미중 간 마찰과 한일 간 경제보복 등이 잇따라 발생하면서 세계 교역 탄성치는 경기 침체를 가져오는 '1' 아래로 떨어지고 있다.

2009년 6월 이후 지속돼온 세계 경기 장기호황 국면이 끝나는 게 아닌가 하는 비관론이 나오는 것도 이 때문이다. OECD, IMF, 세계은행 등 세계 3대 예측 기관은 2020년대 첫 해 세계 경제 성장률이 잠재 수준인 3퍼센트에도 미치지 못할 것으로 내다봤다. 미국은 2퍼센트, 중국은 6퍼센트로 상징성 높은 성장률 수준은 어려울 것이라는 점도 눈에 띈다. 세계 증시도 전후 최장의 강세장이 마무리되고 있다.

보호주의 색채로 본다면 1930년대 대공황 이후 '최고'로 평가된다. 트럼프 정부의 대외 통상 정책이 극단적 보호주의로 흐를 것으로 우려해왔던 것도 이 때문이다. 트럼프 정부가 출범 이후 지금까지 보

또 다른 10년이 온다

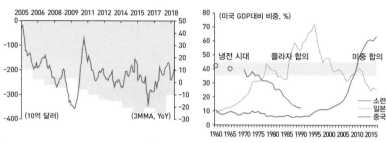

| 미국의 대중 무역 적자 | 미국과 신흥강국 갈등의 역사 |

*2018년 9월까지의 대중 무역 적자

자료: UN

여준 미국의 대외 통상 정책에 있어서는 이전 정부와 구별되는 4가지 특징이 뚜렷하게 감지되고 있다.

첫 번째는 미국에 직접적 이익을 가져다주지 않으면서 부담과 책임만 지는 국제규범과 협상에 대한 우선순위가 뒷전으로 밀려나고 있는 점이다. WTO와 환태평양경제동반자협정(Trans-Pacific Partnership, TPP) 탈퇴 의사, 파리 기후변화협약 불참 통보, 북미 자유무역협정과 한미 자유무역협정 폐기 또는 재협상 등이 대표적인 사례다.

두 번째는 목적을 달성하기 위해 모든 통상 수단을 동원한다는 점이다. 반덤핑 관세, 상계 관세 등 WTO 규범에서 합법적으로 인정하는 수단뿐 아니라 미국의 통상법에 근거한 수단까지 동원하고 있다.

상계 관세란 교역 상대국의 보조금으로부터 피해를 받는 자국 산업을 보호하기 위해 WTO 체제에서도 반덤핑 관세와 함께 인정하는 제재 수단이다. 심지어 미국 의회를 거치지 않고 대통령 행정명령으로 발동할 수 있는 슈퍼 301조까지 동원할 태세다.

세 번째는 통상 정책을 다른 목적과 결부시키는 움직임도 감지된다는 점이다. 미국 통상법 232조에 근거해 통상을 안보와 연계시킨다든지, 대북한 정책을 관철시키기 위해 중국과 한국에 대해 집중적으로 통상압력을 높이고 있다. 한국 등 해당 국가가 트럼프 정부의 통상 정책에 쉽게 대처하기 힘든 것도 이 때문이다.

네 번째는 국가별로 무역 적자 확대 여부에 따라 '이원적 전략(Two Track)'을 추진하는 움직임이 뚜렷하다는 점이다. 트럼프 대통령은 미국의 무역 적자를 대미 흑자국가에 성장과 고용을 빼앗기는 것으로 인식해왔다. 이 때문에 무역 적자 확대국에 통상압력을 가해 시정하게 하고, 다른 국가와는 공존을 모색하는 차별적 보호주의 정책을 추진하고 있다.

중국이 문제다. 트럼프 정부 출범 이전부터 미국과 중국 사이의 마찰이 심상치 않았다. 무역, 통상, 지식재산권 등 경제 분야뿐 아니라 남중국해 등 경제 외적인 분야에 이르기까지 전 방위에 걸쳐 나타나고 있다. 세계 경제 양대 축인 두 국가 간 마찰은 그 파장이 크기 때문에 전세계의 이목이 쏠리고 있다.

2020년대 들어서도 미중 간 마찰은 쉽게 타결되기 어려울 것으로 예상된다. 빅딜(Big Deal), 스몰딜(Small Deal) 등 어떤 형태로 타결되더라도 언제든지 다시 불거질 가능성도 높다. 세계 경제 주도권 싸움인데다 경제 발전 단계 차이가 워낙 커서 미국의 대중국 무역 적자가 쉽게 줄어들기는 어렵기 때문이다. 스트롱맨인 트럼프 대통령과 시진핑 국가주석 입장에서 어느 쪽이든 밀리면 정치생명에 치명적 타격을 받는다는 우려 역시 걸림돌이다.

중요한 것은 중국에 대한 미국의 통상 정책이 먹힐 것인가 하는 점이다. 트럼프 대통령은 고도의 협상 전략가다. 성공한 기업가 출신답게 참가자 모두가 이익을 취할 수 있는 '넌 제로섬 게임(Non Zero-sum Game)'보다 참가자별 이해득실이 분명히 판가름 나는 '제로섬 게임(Zero-sum Game)'을 즐긴다.

트럼프 대통령의 관점에서 중국을 대상으로 한 통상압력 카드는 충분히 승산이 있는 게임이라고 볼 수 있다. 중국은 진퇴양난에 처했다. 트럼프 정부의 통상압력에 반발하면 수출이 둔화되면서 경착륙 및 중진국 함정 우려가 불거질 가능성이 높다. 반면 그대로 수용하면 시진핑 정부의 '팍스 시니카(Pax Sinica)' 구상은 물 건너 갈 수 있다.

그래서 중국의 전략도 바뀌고 있다. 지금까지 미중 간 마찰의 핵심 수단이었던 보복 관세는 트럼프 대통령의 지지층이 높은 핵심 품목을 겨냥하는 대신 미국 외 국가에 대해 관세인하를 추진하는 이원적 전략이었다. 트럼프 대통령에게 타격을 주면서 미국을 대신해 자유무역 주도국으로 확실히 부상하겠다는 의도였다. 트럼프 대통령이 마지막 무역 전쟁 카드인 중국을 '환율조작국'으로 지정하는 방안을 꺼낸 것도 이 때문이다.

2019년 8월 중국이 환율조작국으로 지정된 것은 25퍼센트나 10퍼센트 보복 관세로 대결한 종전의 양상과는 차원이 다르다. 트럼프 대통령은 미국 의회의 견제 없이 행정명령으로 발동되는 슈퍼 301조에 근거해 100퍼센트 보복 관세를 때릴 수 있다. 중국의 미국 수출이 막히는 수준이다. 오죽했으면 1990년대 환율조작국으로 지정됐던 한국 등 주요 교역국이 슈퍼 301조를 "전가(傳家)의 보도(寶刀)"에 비유할 정도였다.

환율조작국으로 지정된 이후 중국이 사용할 수 있는 최후의 카드는 미국 국채를 내다파는 일이다. 더욱이 이런 징후는 이전부터 감지됐다. 미국 재무부가 발표한 국가별 보유 국채 현황을 보면 중국 보유분은 2019년 5월부터 감소하기 시작했다. 시진핑 정부는 날로 심각해지는 자국 내 신용경색과 경기를 부양하기 위한 조치로 무역과의 비연계성을 주장하고 있으나, 미국이 바라보는 시선은 곱지 않다.

한 국가가 미중 간 마찰 등과 같은 비상사태를 극복하는 과정에서 모든 정책 수단이 소진됐을 때 마지막으로 호소하는 것이 중앙은행의 '최종대출자(Lender of Last Resort)' 역할이다. 중국의 보유 국채

분이 감소하기 시작한 때부터 Fed가 보유 국채 매각 속도를 높이지 않겠느냐는 시각이 꾸준히 제기돼왔던 것도 이 때문이다. 미중 간 마찰이 무역 전쟁을 넘어 미국 국채 매각 대결로 악화된다면, 가장 우려되는 것은 미국 국채 가격이 떨어지고 반비례 관계에 있는 국채 금리가 급등하리라는 점이다. 이 경우 당사국인 중국은 국채 가격 급락으로 자본 손실을 보고, 미국은 금리상승으로 원리금 상환 부담이 급증해 모두에게 피해를 줄 가능성이 높아진다.

미중 간 환율 및 국채 매각 대결은 당사국뿐 아니라 신흥국과 각국 중앙은행 그리고 투자자 등 참가자 모두가 손해를 보는 네거티브 게임이다. 그럼에도 불구하고 이 마지막 카드까지 꺼내 들고 있는 이유는 '세계 경제 주도권 다툼'과 '스트롱맨 사이의 대결'이라는 특수성을 갖고 있기 때문이다. 한 번 밀리기 시작하면 이 싸움에 다시 뛰어들고 약화된 정치적 입지를 복구하기까지 상당한 시간이 필요해진다.

네오 팍스 아메리카나 VS 팍스 시니카

금융 위기 이후 미국과 중국, 일본과 중국 사이의 갈등이 심화됨에 따라 2020년 들어서는 아시아 지역의 경제협력에 새로운 방향이 요구되고 있다. 다양한 각도에서 방향이 모색될 것으로 보이지만, 이런 갈등의 직간접적 원인을 제공하고 있는 중국의 급부상에 따른 변화를 감안한 관계 설정이 우선적으로 검토돼야 할 것이다.

중국의 부상이 더 빨라지고 있다. 국내총생산(이하 GDP), 시가총액, 무역 규모, 외환 보유액 등 세계 경제 하드웨어 위상 평가 4개 지표 중 외환 보유액과 함께 무역 규모가 미국을 제치고 세계 1위로 등극했다. 역설적이게도 중국이 부상하면 할수록 한편으로는 한국이 속한 아시아 지역에서의 주도권을 놓고 미국과 중국, 일본과 중국 간의 갈등이 심화되는 반면 다른 한편으로는 이 지역에 속한 국가 사이의 협력이 절실히 요구된다.

1990년대 이후 아시아 지역의 협력 문제는 크게 보면 3가지 방향이다. 하나는 한국과 일본이 중심이 되어 논의해온 자유무역협정(FTA)를 체결하는 문제다. 다른 하나는 아시아 외환 위기 이후 꾸준히 진전돼온 통화 스와프 체결, 공동 채권 시장 및 신용평가기관 설립, 지역 단일통화 도입 등의 금융협력 방안이다. 이 밖에 민간 차원에서도 협력방안이 추진돼왔다.

아시아 지역의 협력 논의에 단서를 제공하고 있는 중국의 개방화 진전과 고도성장에 따라 이 지역에 많은 변화를 일으키고 있는 것이 가장 큰 요인이다. 중국처럼 배후 시장 규모가 큰 국가들의 개방화가 진전되면 한국처럼 소규모 개방국가가 가입하는 것보다 개방에 따른 경제적 효과가 크게 나타난다.

실제로 중국은 WTO 가입 이후 2010년까지 연평균 9퍼센트 이상 높은 성장세를 구가했다. 2011년 하반기 이후 성장률이 둔화되면서 경착륙 우려가 제기되고 있긴 하지만, 시진핑 시대에는 경기 부양 정책을 통해 성장 제약 요인으로 작용하고 있는 불균형 문제를 시정해나갈 것으로 보여 성장세는 지속될 것으로 예상된다.

국제 금융 시장에서도 중국의 부상이 갈수록 눈에 띈다. 국제 금융 시장에서는 여전히 유대계 자금이 높은 비중을 차지하고 있으나, 기업이 자금을 조달하는 국제 기채(起債) 시장에서만큼은 화교계 자금이 제2선 자금으로 떠오르고 있다. 특이한 것은 화교계 자금은 선진 다국적 기업이 대부분을 조달하고 있어 실제 규모 이상으로 영향력이 높다는 점이다.

더 주목되는 것은 중국이 높아진 경제력을 통해 전세계를 대상으로 세력을 확장해나가는 움직임이 본격화되고 있다는 사실이다. 중국을 재결합하는 작업은 궤도에 올랐다. 최소한 경제적인 측면에서 중국 본토와 대만과 홍콩 사이의 중화경제권이 태동됐다고 보는 게 지배적인 시각이다. 화교계 자본을 매개로 한 화교경제권 움직임도 구체화되고 있다.

중국 이외의 주변국에 대한 세력 확장 작업이 갈수록 뚜렷해지고 있다. 대표적인 사례가 아시아 주도권을 놓고 영토 분쟁이 지속되는 가운데 위안화 평가절상과 엔저 문제를 놓고 벌어지고 있는 혼탁한 환율 분쟁이다. 우려되는 것은 이 과정에서 중국, 미국, 일본 등이 자국의 이익만 강조하는 경제 민족주의가 고개를 들고 있다는 점이다. 일본의 제2의 대공영아시아 야망이 재현될 가능성도 있다.

한국 경제 내에서도 중국의 높아진 위상이 감지된 지 오래다. 중국은 한국 제1의 수출 시장이자 최다 통상 마찰 국가다. 기술 수준에 있어서도 일부 첨단 기술 분야를 제외하고는 중국에 추월당한 상태다. 한국 기업 인수 과정에서 중국이 적극 나서고 있는 상황도 불과 몇 년 전까지는 도저히 생각할 수 없는 일이었다. 그것이 현재 벌어지고 있다.

앞으로 중국의 위상은 더욱 높아질 것으로 전망된다. 세계은행을 비롯한 대부분의 예측 기관은 2020년이 되면 중국이 미국을 제치고 세계 제1의 경제대국으로 우뚝 서게 된다고 내다봤다. '또 다른 10년'이 끝나는 2029년이 되면 중국이 경제뿐 아니라 정치적·군사적으로도 슈퍼파워의 지위를 확보할 수 있다고 보는 것이 지배적인 시각이다.

사정이 이렇게 되자 중국은 18세기부터 서양 열강과 일본에 의해 침탈당한 식민지 역사를 보상받고 20세기 초의 '팍스 브리타니아(Pax Britannia)', 20세기 후반의 '팍스 아메리카나(Pax Americana)'에 이어 21세기를 자국의 세기로 만들겠다는 '팍스 시니카'의 부푼 야망을 실현시키고자 하고 있다.

중국의 팍스 시니카 움직임에 가장 먼저 반기를 들고 있는 국가는 다름 아닌 미국이다. 현재 미국은 당면한 최대 현안으로 쌍둥이 적자에 시달리고 있다. 특히 미국 경상수지 적자의 약 25퍼센트를 중국이 제공하고 있다. 미국은 당면한 최대 현안인 경상수지 적자를 해결하기 위해서는 중국과의 무역불균형 해소가 관건이라고 판단한 오바마 정부 시절부터 대외 경제 정책의 초점을 중국을 비롯한 아시아에 맞추고 '아시아 중심 전략(Pivot to Asia)'을 추진해왔다.

트럼프 정부 들어 경제 패권을 놓고 벌이는 중국과의 마찰은 비록 형태는 다르지만 아시아 국가에 초점을 맞추는 정책이라는 점에서 맥락을 같이 한다. 2020년대 들어 중국 중심의 '팍스 시니카' 시대가 올 것인지, 아니면 미국 중심의 '네오 팍스 아메리카나(Neo Pax Americana, 제2차 대전 이후 팍스 아메리카와 구별해 부르는 명칭)' 시대가 올 것인지에 따라 세계 경제와 국제 금융질서 등 모든 것이 변화될 것으로 예상된다.

심각해지는 디스토피아 우려

매년 초 스위스의 작은 휴양 도시 다보스에서 열리는 세계경제포럼이 2020년대 진입을 앞두고 단골 메뉴로 다루는 과제가 있다. 바로 '디스토피아(dystopia)'다. 미국 또한 "우리 국민, 우리 미래(Our People, Our Future)"라는 오바마 정부 시절 제시한 미래 어젠다(agenda)에서 날로 심각해지는 디스토피아 문제를 거론해 주목을 끈 바 있다.

디스토피아란 '유토피아(utopia)'와 반대되는 개념인 '반(反)이상향'을 말한다. 예측할 수 없는 지구상의 가장 어두운, 특히 극단적으로 어려운 상황을 의미한다. 《유토피아》의 저자 토머스 모어(Thomas More)는 인간 현실 세계의 이상향으로 유토피아를 제시했는데, '그 어느 곳에도 없는 장소'란 뜻으로 현실에 없는 이상적인 상(像)을 의미한다.

디스토피아 사상이 담긴 문학 작품도 있다. 대표적으로 올더스 헉슬리(Aldous Huxley)의 《멋진 신세계(Brave New World)》와 조지 오웰의 《동물 농장(Animal Farm)》이 꼽힌다. 크게 3가지 내용으로 구성돼 있다. 극심한 환경 문제로 태양이 보이지 않는 어두운 세계가되고, 돈으로 모든 것이 해결돼 치안과 시스템이 무너지며, 대도시와 위생 환경이 사람보다 쥐에 익숙하도록 변한다는 것이 골자다. 2020년대 진입을 앞두고 《동물 농장》이 다시 베스트셀러가 될 만큼 높은 관심을 끄는 것도 당시의 예상이 현실로 닥치고 있기 때문일 것이다.

세계경제포럼은 앞으로 10년 동안 세계 경제와 국제 금융 시장에 커다란 영향을 미칠 위험 요인으로 경제·환경·지정학·사회·기술 등 5개 분야 28개의 디스토피아 우선과제를 발표했다. 28개의 우선과제를 발생 가능성과 파급력 등의 기준으로 각각 순위를 매긴 것이 특징이다. 각국 정책당국자, 기업인, 금융인, 개인이 쉽게 대응할 수 있도록 배려한 흔적도 역력하다.

발생 가능성이 가장 높은 위험 요인은 국가 간 분쟁(지정학적 위험)이다. 발생할 경우 파급력이 가장 큰 위험 요인으로는 수자원 위기(사회 위험)를 꼽았다. 발생 가능성이 가장 높은 5가지 위험은 순서대로 국가 간 분쟁, 극단적 기상이변, 사이버 테러, 국가 거버넌스 실패, 구조적 실업 및 불완전 고용이다. 발생 시 파급력이 가장 크게 나타날 가능성이 높은 5가지 위험으로는 수자원 위기, 급속한 전염병 확산, 대량 살상무기, 국가 간 분쟁, 기후변화 대응 실패 순이다.

베를린 장벽이 붕괴된 지 30년이 돼가는 시점에서 국가 간 분쟁 등 지정학적 위험이 최상위권으로 진입하고 있는 점이 주목된다. 글로벌화에 대한 환멸은 국가 거버넌스 실패, 국가 간 분쟁, 대규모 사이버 테러, 국가 붕괴 위기, 대량 살상무기 등으로 촉발된 국민감정과 함께 각국의 이기주의와 군축 경쟁으로 치닫고 있기 때문이다.

지정학적 위험에서 사이버 테러 등 기술적 위험의 대두와 새로운 경제 환경의 영향 때문에 종전과 다른 양상으로 전개될 가능성을 지적한 부분도 눈에 들어온다. 금융 위기 이후 선진국과 신흥국 가릴

주요 디스토피아 간 상호연계성

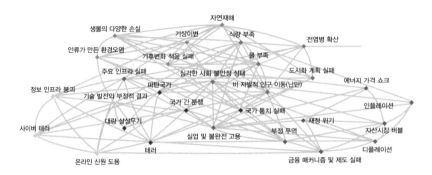

자료: 세계경제포럼

것 없이 경제성장과 고용창출이 이전만큼 회복되지 않음에 따라 앞으로는 국가주의의 동인이 강화돼 국가 간 또는 국가 내 갈등을 더 조장시킬 것으로 예상된다.

국가주의는 전세계적으로 심화되고 있는 양상으로, 러시아의 크림반도 사태, 인도의 민족주의자 정치인 우세, 유럽의 유럽연합 통합 회의론자의 확산 등이 이에 해당된다. 자연 재해, 국제 분쟁, 사이버 테러 등을 지적한 다른 국가와 달리 한국에 대해 '실업'에 따른 디스토피아를 지적한 점은 시사하는 바가 크다.

기술적인 위험에서 대규모 사이버 테러는 파급력과 발생 가능성 면에서 해가 지날수록 상위권으로 빠르게 올라가고 있다. 일상생활에서 '사물 인터넷(Internet of Things, IoT)' 기술은 혁신을 가져온 동시에 새로운 위험을 발생시키기 때문에 인터넷과 SNS 환경은 해킹, 정보 유출 등에서 보완해야 할 점이 많다. 사물 인터넷 등의 기술은 분명히 비즈니스 모델과 사업 환경에 큰 혁신을 가져오고 있으나 노동 시장의 대규모 파괴 등 잠재적 시스템 위험도 함께 높아지고 있다.

1990년대 이후 각국은 기후변화협약에 따른 온실가스 감축 목표에 관한 방안을 담은 '교토 체제(Kyoto Protocol, 교토 의정서)' 등을 통해 노력해왔지만, 뚜렷한 성과와 대응책 마련은 없어 환경적 디스토피아가 날로 높아지는 추세다. 2020년대 들어 파급력이 가장 큰 환경적 디스토피아로는 수자원 위기, 기후변화 대응 실패, 생물학적 다양성 손실 및 생태계 붕괴 등이 꼽힌다. 특히 수자원 위기의 경우 2030년이 되면 글로벌 물 수요가 지속 가능한 물 공급을 약 40퍼센트 초과할 것으로 전망하고 있다. 세계은행에 따르면 경작 관련 물 수요는 이미 전체 물 소비의 70퍼센트를 차지한다. 미국 국가정보회의(National Intelligence Council, NIC)에서 식량자원, 수자원, 에너지, 기후변화 문제를 2030년 가장 중요한 메가트렌드로 선정한 것도 환경적 디스토피아와 같은 맥락이다.

사회적 위험에서 경제적·사회적·환경적 발전으로 인해 시스템상 취약성이 높아지고 있는 것을 우려한 점도 주목할 만하다. 사회적·경제적 불평등이 국가 간에서는 차이가 좁혀지고 있지만 국가 내에서는 높아지고 있다. 이것이 사회적 디스토피아를 심화시키는 요인으로 작용해왔다는 지적이다. 특히 개발도상국에서 빠른 기술 변화로 만성적 대규모 실업이 예상됨에 따른 대책이 시급하다. 방치할 경우 '아랍의 봄(Arab Spring)'과 같은 폭력 시위 사태가 재현될 가능성이 높다.

경제적 불평등과 실업은 사회적 안정을 저해하고 고용에 부정적 영향을 미치는 악순환 고리를 형성함으로써 사회적 위험에 대한 논의와 해결책 마련을 어렵게 만든다. 이 상황에서 사회 구성원이 안정감을 찾기 위해 국가 전체에 속하기보다 심리적 소속감과 동료의식을 동시에 느낄 수 있는 소규모 집단, 즉 다양한 커뮤니티에 속하려는 경향이 높아지고 있는 것도 사회적 디스토피아 해결을 더 복잡하게 한다.

더욱 우려되는 부분은 공공 부문의 과다 부채와 고용 문제가 세계 경제를 한층 악화시킬 수 있다는 점이다. 세계적인 실업 문제는 2020년대 들어 개선되기보다는 오히려 더 악화될 것으로 예상된다. 높은 실업률은 임금 수준을 낮게 유지해 저물가를 유발하고, 저물가는 채무자의 채무 상환 능력을 떨어뜨려 금융 시스템 안정에 위협을 줄 수 있기 때문이다.

디스토피아 시대에서는 기존의 규범이나 제도보다 정의나 도덕과 같은 이른바 윤리 원칙이 더 중시될 가능성이 높다. 디스토피아 그

또 다른 10년이 온다

자체가 불확실성을 내포해 위험이 늘 상수(常數)가 되는 2020년대에는 모든 경제 주체의 생존을 위해 위기관리 능력이 최고 덕목으로 떠오를 것이다.

팻 테일 리스크의 연막

또 다른 10년 진입을 앞두고 각종 예측서가 쏟아져 나오고 있다. '희망 반, 기대 반'으로 맞이했던 지난 10년과 달리 2020년대 세계 경제를 낙관적으로 보는 예측 기관이 없는 것도 유념할 점이다. 2008년 글로벌 금융 위기 극복이 아직 완전하지 않은데다 그 어느 10년보다 '테일 리스크(Tail Risk)'가 많이 발생할 것으로 예상되기 때문이다.

앞서 설명했듯이 통계학에서 자연적·사회적·정치적·경제적 현상은 평균치를 중심으로 대칭을 이루고, 평균치에서 멀어질수록 발생 확률이 낮아지는 종 모양의 정규 분포로 설명한다. 하지만 발생 확률이 낮은 현상이 나타나면서 빈도가 정규 분포가 예측하는 것보다 훨씬 커져 꼬리가 두꺼워질 경우 테일 리스크가 발생한다.

금융 위기 이후에는 정규 분포 꼬리가 너무 두꺼워져 평균에 집중되는 확률이 낮아 예측력이 떨어지는 '팻 테일 리스크'가 자주 목격

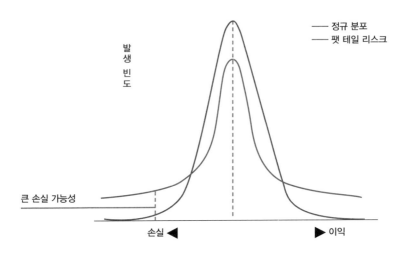

정규 분포와 팻 테일 리스크

발생 빈도

정규 분포
팻 테일 리스크

큰 손실 가능성

손실 ◀   ▶ 이익

자료: 파이낸셜타임스

돼왔다. 꼬리 부분이 두텁지 않아야 평균값의 의미가 강해지고 통계학적 예측력이 높아지는데 꼬리가 두꺼워지면 평균값의 의미가 떨어져 예측이 어려워진다.

2020년대 들어 세계 경제는 디플레이션을 넘어 장기 불황에 빠질 가능성이 크다. 성장률, 물가 상승률, 금리가 동시에 마이너스 국면에 빠지는 '3M(Triple Minus) 공포'가 확산될 것이다. 3M은 1930년대 대공황 이후 처음 나타나는 현상이다.

한국의 경우 '4V(Quadruple Vacant) 공포'가 확산되는 것에 주목해야 한다. 4V는 지표경기보다 일상생활에서 느끼는 체감경기와 관련된 용어로서 빈 손, 빈 집, 빈 상가, 빈 산업단지를 뜻한다. 빈 집의 경우 전국적으로 200만 채에 육박하게 되며, 더 이상의 대책이 나오지 않을 경우 '시카고 공포'가 현실이 될 것이다. 시카고 공포란 도시 발전의 원동력이자 상징이었던 제조업이 쇠락하면서 빈 집이 늘어나고 각종 범죄가 급증해 시카고가 결국 유령도시로 변한 현상을 말한다.

제3차 대전에 대한 우려는 전형적인 '롱테일 리스크(Long Tail Risk)'에 해당한다. 영국의 사디크 칸(Sadiq Khan) 런던 시장은 미중 간 경제 패권 전쟁이 벌어지고 있는 가운데 각국의 보호주의와 이기주의, 경쟁적인 자국통화 평가절하, 극우주의 세력 득세 등 지금의 상황이 제2차 대전 직전과 흡사하다고 경고했다.

제46대 대선 정국으로 점철될 2020년대 첫 해 미국 경제의 팻 테일 리스크는 '도널드 트럼프 대통령의 탄핵'과 제2의 '10월의 이변(October Surprise)'이 발생할지의 여부다. 2017년 취임 이후 20일 만에 제1차 탄핵설, 100일 만에 제2차 탄핵설, 1년 전 제3차 탄핵설을 어렵게 넘긴 트럼프 대통령이지만, 이번 제4차 탄핵설만큼은 대선과 맞물려 장기화되면서 상당한 고난이 예상된다. 2020년 11월 대통령 선거에 치명적인 영향을 줄 가능성이 높다.

10월의 이변이란 미국 대통령 선거 직전 달인 10월에 발생한 뜻하지 않은 사태로 그때까지 여론조사 등에서 불리한 후보가 당선되는 경우를 말한다. 미중 간 마찰, 북미 협상, 이민법, 헬스케어, 도드-프랭크법(Dodd-Frank Act, 단일금융법) 등 그 어느 하나 표심을 얻을 만큼 성과를 내지 못한 트럼프 대통령이 과연 어디에서 또 한 차례 10월의 이변을 만들어낼지 벌써부터 관심사가 되고 있다.

일본 경제는 1990년 이후 '잃어버린 20년' 과정에서 정책 함정, 유동성 함정, 구조조정 함정, 불확실성 함정, 좀비(zombie) 함정이라는 5대 함정에 빠져 고통을 겪었다. 2019년 9월을 기해 아베 신조가 전후 최장 집권 총리로 등극하는 데 성공했지만, 일본 국민 사이에서는 '지브리의 저주'에 빠질지 모른다는 새로운 우려가 확산되고 있다.

지브리의 저주는 일본의 지브리 스튜디오가 제작한 애니메이션을 방영하면 증시 등 금융 시장이 난기류를 보이는 현상을 뜻한다. 지브리의 저주는 금융변수 중 엔달러 환율 움직임과 상관관계가 높다. 아베 총리의 장기 집권 기반이 마련됐으면 아베노믹스가 탄력을 받을 것이라는 기대로 엔화가 약세를 띠어야 한다. 하지만 일본 금융 시장은 다른 양상을 보이고 있다. 트럼프 정부가 엔화 약세를 허용할 수 없다는 입장을 밝힘에 따라 아베노믹스를 더 이상 밀고 나갈 수 없기 때문이다. '안전통화의 저주'가 걸려 있는 일본 경제의 특성상 엔저를 인위적으로 유지하지 못한다면 엔화 강세가 재현돼 경기가 침체되고 만다.

2020년대 유럽 경제의 팻 테일 리스크는 '선행의 역설(Kind Act's Paradox)'이다. 선행의 역설이란 좋은 의미로 행동한 것이 도리어 안좋은 결과를 가져오는 것을 의미한다. 이를테면 기부를 할 때 기부의 순수성이 아니라 출세 등 다른 측면을 생각하는 것을 전형적인 선행의 역설로 볼 수 있다.

2010년 이후 발생한 유럽 재정 위기 극복의 핵심 역할을 담당했던 독일 경제가 그 후유증으로 2019년 2분기부터는 마이너스 국면으로 추락했다. 유럽에서 독일 경제가 침체에 빠진다면 유로랜드(Euroland) 중 비우량 회원국에 속하는 PIIGS(포르투갈·아일랜드·이탈리아·그리스·스페인) 경제뿐 아니라 EU에도 악영향을 미칠 것으로 예상된다.

중국 경제가 당면한 최대 팻 테일 리스크는 '제3의 톈안먼 사태' 가능성이다. 시진핑 주석이 미국과의 협상과 홍콩 시위 등에 적절히 대응하지 못했다는 비판이 일고 있다. 구조병인 3대 회색 코뿔소(그림자 금융·과다 부채·부동산 거품) 현안도 제때 해결하지 못함에 따라 '바오류(保六, 성장률 6퍼센트대)' 붕괴도 일보직전이다. 돼지 콜레라 열병 등으로 생활물가가 급등하면서 중국 인민이 느끼는 경제적 고통도 치솟고 있다.

제3의 천안문 사태가 일어난다면 자연스럽게 시진핑 주석의 축출 문제가 거론될 가능성이 높다. 1976년 제1차 톈안먼 사태 이후 덩샤오핑 실각, 1989년 제2차 톈안먼 사태 이후 자오쯔양(趙紫陽)에서 장쩌민(江澤民)으로 권력 이양이 발생했기 때문이다. 시진핑 주석의 부정부패 척결 과정에서 밀려난 권력층을 중심으로 시진핑 퇴출 작업이 시작됐다는 소문도 돌고 있다.

2020년대 들어 한국 경제는 10년 전 리먼브라더스 사태와 1990년대 후반 외환 위기와 같은 대형 위기가 발생할 것인지의 여부가 최대 관심사가 될 것으로 예상된다. 2018년 어렵게 도달했던 1인당 국민소득 3만 달러 시대가 2020년대 진입을 앞두고 무너질 것으로 예상되는 때 대형 위기가 발생한다면 한동안 잠복됐던 중진국 함정 논쟁이 거세질 가능성이 높다.

오랫동안 IMF 수석 이코노미스트로 활동했던 모리스 골드스타인(Morris Goldstein)의 위기진단지표, 글로벌 투자은행들의 외채 상환 계수 등으로 볼 때 아직까지는 대형 위기가 발생할 가능성이 낮다. 그러나 외국인 투자자들과 국민이 현 정부에 대한 기대를 저버리게 되면 자기실현적 기대 가설에 따라 대형 위기가 찾아올 수 있다. 2020년대 한국 경제와 관련해 가장 우려되는 팻 테일 리스크다.

이 밖에 2020년대 예상되는 팻 테일 리스크로는 비이성적 과열에 따른 미국 주가 20퍼센트 폭락, 신흥국에서의 외국 자금 대규모 이탈, 항로와 자원 확보를 위한 북극 전쟁, 외화조달 실패로 인한 북한

붕괴 가능성 등이 꼽힌다. 그 어느 10년보다 팻 테일 리스크 관리에
특별히 신경을 써야 할 이유다.

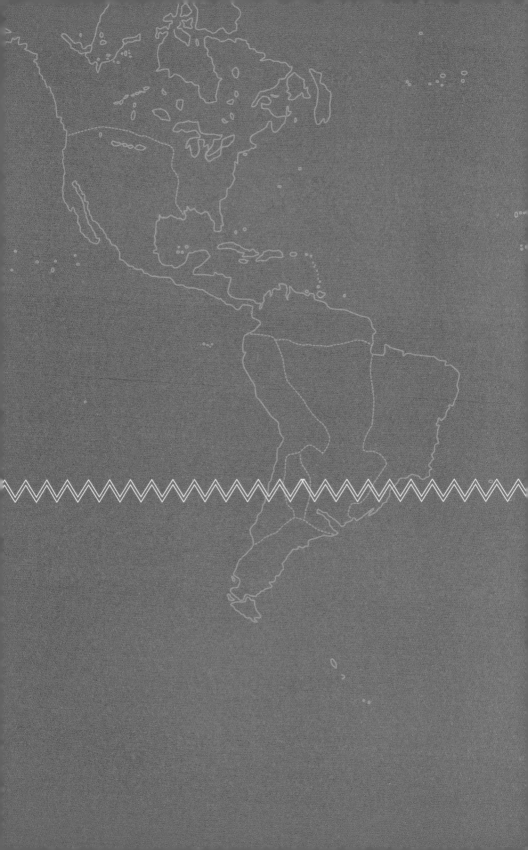

2020-2030 또 다른 10년

제2장

세계 각국이
봉착한 문제들

중국 위안화 환율이 달러당 7위안선이 뚫리고 트럼프 대통령이 연일 달러 약세를 외침에 따라 환율 전쟁에 대한 우려가 2020년대 진입을 앞두고 급부상하고 있다. 세계 경제가 대공황의 실수를 재차 저지르지 않기 위해서는 공생정신을 발휘해야 한다는 목소리가 높아지고 있다.

새롭게 탄생하는 비관론들

2020년대 진입을 앞두고 '세계 대전'이라는 용어가 자주 들린다. 2019년 9월부로 제2차 대전이 발생한 지 80년이 넘었다. 뉴욕시립 대학교 폴 크루그먼(Paul Krugman) 교수는 경제적으로 지금의 상황이 제2차 대전 이후 돌이킬 수 없는 '핀 포인트(Pin Point)'를 지나고 있다고 진단했다.

제2차 대전 직전 상황을 보면 세계 경제 패권이 '팍스 브리타니아'에서 '팍스 아메리카나' 체제로 넘어가는 과도기였다. 각국의 보호주의 물결은 '스무트-홀리 관세법(Smoot-Hawley Tariff Act)'으로 상징되듯 기승을 부렸다. 스무트-홀리 관세법은 미국이 대공황 초기인 1930년에 자국의 산업을 보호하기 위해 당시 공화당 리드 스무트(Reed Smoot)와 윌리스 홀리(Willis Hawley) 의원이 주도한 관세법으로, 2만 개 수입품에 대해 평균 59퍼센트 최고 400퍼센트의 높은 관세를 부과한 법안을 말한다. 이로 인해 각국의 보호주의가 기승을 부리면서 대공황을 심화시켰다. 이후 '근린궁핍화(Beggar-thy-Neighbor, 이웃나라 거지 만들기)' 정책으로 극단적인 이기주의에 해당하는 인위적인 자국통화 평가절하도 경쟁적으로 추진했다.

경제 외적으로는 독일의 나치즘, 이탈리아의 파시즘, 일본의 군국주의로 대변되는 극우주의 세력이 판을 쳤다. 각국이 분열될 때 중재자 역할을 해야 할 국제연맹(League of Nations)은 무력화됐다. 이렇게 대공황을 겪었던 세계 경제는 새로 탄생한 존 메이너드 케인스의 총수요 처방책에 의해 어렵게 탈출했다.

그로부터 1세기가 흘러 중국이 이처럼 급부상할 줄은 누구도 몰랐다. 하버드대학교 닐 퍼거슨(Niall Ferguson) 교수는 중국과 미국이 함께 가는 '차이메리카(Chimerica, China + America)' 시대가 아무리 빨라도 2020년은 넘어야 가능할 것으로 내다봤다. 하지만 중국은 이보다 5년 이상 앞당겨 미국과 세계 경제 패권 다툼을 벌이고 있다.

시진핑 주석은 중국 중심의 '팍스 시니카' 체제를 구축해 제2차 대전 이후 미국 독주의 '팍스 아메리카나' 체제를 뛰어넘겠다는 야망을 실행에 옮기고 있다. 이 과정에서 중국의 세 확장 전략인 '베이징 컨센서스(Beijing Consensus)'와 미국의 세 확장 전략인 '워싱턴 컨센서스' 사이의 충돌이 심각하다. '자본'을 매개로 한 트럼프 정부 출범 이후 더 심해졌다.

팍스 아메리카나 체제를 지킬 수 있는 마지막 시기를 자신의 집권 기간으로 본 트럼프 대통령이 중국을 집중 견제하는 것도 이 때문이다. 출범 초부터 보복 관세 부과, 첨단 기술 견제, 환율조작국 지정 등 가용할 수 있는 수단은 모두 동원하고 있다. 미국 헤리티지재단의 보호주의 지수로 보면 대공황 시절을 뛰어넘을 정도다.

자국 통화의 평가절하는 1930년대에 비유된다. 트럼프 대통령은 연일 달러 약세를 외치고 있다. 시진핑 주석은 넘어서지 말아야 할 '포치(破七)', 즉 '1달러 = 7위안'대 진입을 허용했다. 일본에서는 아베 총리가 발권력을 동원한 엔저 정책을 추진한 지 7년이 넘었다. 유로화 가치도 유로랜드 출범 이후 20년 만에 등가 수준(1유로 = 1달러)에 근접하고 있다.

환율 전쟁은 2020년 이후에도 지속될 것으로 예상된다. 트럼프 대통령은 Fed에 기준 금리를 1퍼센트포인트(%p) 이상 내리라고 압력을 넣고 있다. 일본은행에 이어 유럽중앙은행(ECB)도 기준 금리를 마이너스 수준으로 떨어뜨렸다. 중국 인민은행은 긴급 유동성 공급도 부족해 기준 금리까지 내리고 있다. 금융 완화는 통화 가치 하락으로 연결되기 때문이다.

10년 전 금융 위기 발생 때부터 고개를 들기 시작한 극우주의 세력도 갈수록 힘을 얻어가는 추세다. 독일, 프랑스 등 유로랜드 핵심 회원국은 제1야당 지위에까지 올랐다. 헝가리 등 일부 동유럽 국가는 집권에 성공했다. 일본은 군사력을 '방어적'에서 '공격적'으로 사용할 수 있는 헌법 개정을 넘볼 정도로 극우주의 세력이 힘을 얻고 있다.

그 어느 때보다 세계 경제 안정을 위해 절실한 WTO, IMF, 세계은행과 같은 국제기구의 조정자 역할이 유명무실한 상황이다. WTO는 무용론과 해체론, IMF는 파산설과 구제금융설까지 나도는 가운데 자체적으로 채권 발행을 검토해왔다. 2020년대 들어서도 회원국의 이기주의와 국수주의가 누그러지지 않으면 실행에 들어갈 것으로 예상된다.

경기도 심상치 않다. '전후 최장의 성장'이라는 수식어가 붙긴 하지만 연평균 성장률이 직전 성장 국면에 비해 절반 수준에 그치고 있다. 기업 내 또는 기업 간 무역으로 각국이 글로벌 가치사슬로 연결된 상황에서 중심국 경기가 둔화되면 성장률 하락 폭이 순차적으로 더 커지는 '나비 효과(Butterfly Effect)'가 우려된다. 이 과정에서 선

금융 위기 이후 세계 경제성장률

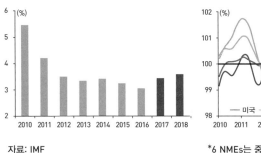

자료: IMF

OECD 경기 선행 지수

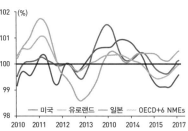

*6 NMEs는 중국, 브라질, 인도, 러시아, 인도네
시아, 남아프리카를 말함.　　자료: OECD

진국과 신흥국 사이의 격차는 더 벌어지기 때문에, 선진국이 이기주의를 버리지 않으면 공생과 협력은 요원해진다.

　금융 위기 이후 세계 경제를 이끌어왔던 미국의 장단기 금리가 12년 만에 역전된 것이 두려운 이유도 이 때문이다. 2019년 6월 말 전후 최장의 호황 국면을 기록하자마자 미국 경제에 'R(Recession, 경기 후퇴)의 공포'가 드리우기 시작했다. 중국 등 주요국 경기가 좋지 않은 상황에서 미국 경제마저 흔들린다면 세계 경기 10년 호황은 종료될 가능성이 높다.

　2020년대 진입을 앞두고 월스트리트에서 다시 주목받고 있는 미국 경제사이클연구소(Economic Cycle Research Institute, 이하 ECRI)의 창립자이자 경제학자 웨슬리 미첼(Wesley Mitchell)은 "그

롯된 낙관론이 위기에 봉착하면 흔적 없이 사라지고, 이 과정에서 태어난 그릇된 비관론이 문제가 된다"면서 "새로 탄생된 비관론은 신생아가 아니라 거인의 위력을 발휘한다"고 경고한 바 있다. 제3차 대전에 대한 우려가 끊이지 않는 것도 이 때문이다.

엄습하는 D의 공포

"엊그제까지 제2차 대전 이후 최장의 성장세가 지속된다던 세계 경제가 최근에 무슨 일이 있기에 갑작스럽게 'D(Deflation, 디플레이션)'의 공포가 우려되는가?"

또 다른 10년을 맞는 마지막 해에 가장 많이 던지고 있는 질문이다. 글로벌화와 네트워킹이 급진전됐던 1990년대 이후 세계 경제를 가장 잘 설명하는 '대안정기'와 '대수축기' 이론을 통해 그 답을 구할 수 있다.

세계 경제는 리먼브라더스 사태 직후 2009년 6월부터 회복 국면에 들어갔다. 예측 기관이 장기 침체 국면에 들어갈 것이라는 예상을 완전히 뒤엎는 상황이었다. 경기순환상으로 성장 국면이 10년 동안 지속됐다. 기간만을 놓고 따진다면 1960년대 케네디~존슨, 1990년대 부시~클린턴 성장 국면을 뛰어넘는 전후 최장기간이다.

주도국은 미국이었다. 2012년부터는 아베노믹스를 추진했던 일본 경제도 가세했다. 유럽 경제는 재정 위기와 브렉시트로 이어지는 통합 균열로 성장 대열에 동참하지 못했다. 중국 경제도 구조병(3대 회색 코뿔소)으로 성장률이 반토막 났다. 대중 편향적인 중화 경제권(한국도 포함)과 원자재 의존도가 높은 신흥국 경제도 부진했다.

모든 정책에는 양면성이 있다. 비상 대책일수록 더 크게 나타난다. 리먼 사태 직후 벤 버냉키(Ben Bernanke) 전 Fed 의장의 금융 위기 극복책과 아베노믹스는 2가지 결정적인 결함을 갖고 있었다. 하나는 위기 극복 과정에서 풀린 과잉 유동성이었고, 다른 하나는 제로 또는 마이너스 금리 정책에 따라 급증한 과잉 부채였다.

'위기 후 과제'로 통칭되는 이 문제를 해결할 수 있는 '출구 전략 (Exit Strategy)'을 제때 추진해야 대안정기가 지속될 수 있다. 그러나 너무 성급하게 추진하거나 너무 늦게 추진하면 곧바로 대수축기가 찾아온다. 성급한 출구 전략은 '에클스 실수(Eccles's Failure)', 너무 늦은 출구 전략은 '그린스펀 실수(Greenspan' Failure)'를 저지를 가능성이 높기 때문이다.

에클스 실수란 1930년대 위기 극복을 지나치게 낙관해 금리 인상 등의 긴축기조로 성급하게 돌아서 대공황을 초래했던 당시 Fed 의장 매리너 에클스(Marriner Eccles)의 이름을 딴 용어다. 조기 출구 전략은 어렵게 마련된 경기 회복의 '싹(green shoots)'이 노랗게 질려 경기 침체라는 '시든 잡초(yellow weeds)'가 될 수 있기 때문이다.

당시 Fed 의장 앨런 그린스펀은 2004년 초까지 기준 금리를 1퍼센트까지 내렸다가 인상 국면에 들어갔다. 하지만 중국의 국채 매입 등으로 시장 금리가 더 떨어지는 '그린스펀 수수께끼(Greenspan Conundrum)' 현상이 발생했다. 이 때문에 저금리와 레버리지 차입 사이의 악순환 고리가 형성되면서 2008년 이후 금융 위기로 연결됐다. 이것이 '그린스펀 실수'다.

각국의 통화 정책은 2가지 실수를 모두 저지를 가능성이 모두 존재한다. Fed가 2015년 12월 금리 인상을 필두로 시작한 출구 전략이 너무 성급했다는 평가가 지배적이다. 유럽은 경기가 받쳐주지 않아 출구 전략 추진을 엄두도 내지 못했다. 일본은 아베 총리의 정치적 야망 때문에 아베노믹스의 유혹을 끊지 못하고 있다. 유럽과 일본은 출구 전략이 너무 늦어지고 있다.

지난 10년 동안 대안정기의 내용도 좋지 못하다. 성장 기간 중 연평균 성장률이 종전의 절반 수준에도 못 미친다. 성장의 질도 자산 가격 상승에 따른 '부의 효과(Wealth Effect)'로 취약하다. 기업의 설비투자 등으로 지속 가능한 성장 기반이 마련돼야 금융이 건전해진다. 금융 완화로 돈 있는 사람에게 더 유리한 환경이 조성되면 계층 간 불균형이 더 심해져 뉴욕 폭등 사태가 언제든지 재현될 수 있다.

출구 전략만큼 추진 시기, 선택 수단, 사후 처리 등 3박자를 맞추기가 어려운 것도 없다. "출구 전략은 정책 예술이다(Exit Strategy is Policy Art)"라고 표현하는 것도 이 때문이다. 출구 전략 3박자 사이의 황금률을 지키지 못할 경우 경제를 안정시켜야 할 중앙은행이 오히려 경제를 크게 망치는 대실수를 저지른다.

출구 전략을 언제 추진하느냐를 결정하는 일이 중요한 이유이기도 하다. 추진 시기를 결정하는 데에는 여러 가지 기준이 있으나, 전기비와 전년 동기비로 산출되는 성장률이 2분기 연속 플러스로 돌아서고 그 수준이 잠재 성장률에 근접할 때를 가장 적기로 꼽는다. 그런데 이 경우 자산 거품과 인플레이션이 우려된다.

작두를 타는 무속인이 주변의 소음 때문에 실수를 하면 곧바로 크게 다친다. 각국 중앙은행이 출구 전략을 제때 추진하지 못한 과정 속에서 잠복돼 있던 세계 경제 위험이 미중 간 마찰 등을 계기로 노출되고 있다. 엊그제까지 전후 최장기 호황이라고 평가받던 세계 경제가 갑자기 대수축기가 우려되면서 'D의 공포'가 들리는 배경이다.

계속되는 21세기 블로그 전쟁

미국 장단기 금리가 12년 만에 역전돼 난리다. 전후 최장의 성장 국면을 기록했던 미국 경제에 갑작스럽게 'R의 공포'가 드리우기 시작했다. 중국, 유럽, 한국 등 주요국 경기가 좋지 않은 상황에서 미국 경제마저 흔들린다면 금융 위기 이후 지속돼왔던 세계 경기 10년 장기 호황은 종료될 가능성이 높다.

각국 중앙은행도 바빠지기 시작했다. 하지만 금융 위기 이후 추진해온 비전통적 통화 정책을 정상화시키지 못한 상황에서 금융 완화를 재추진해야 되기에 당혹스럽다. 가져갈 수 있는 정상적인 통화 정책 수단이 없기 때문이다. 이 틈을 타서 "돈을 더 찍어내 써야 한다"는 현대 통화 이론의 주장이 힘을 얻고 있다.

모든 것이 Fed의 갑작스러운 태도 변화에서 시작됐다. 금리 인상은 2019년 7월 Fed 회의에서 금리를 내린 것을 계기로 사실상 마무리됐다. '양적 완화(Quantitative Easing)'도 재개됐다. 2014년 10월 양적 완화 종료를 선언한 이후 추진해왔던 출구 전략이 채 궤도에 올라오기도 전에 중단됐기 때문에 경제 주체는 안도감보다는 불안감을 느낄 수밖에 없다.

투자자를 비롯한 경제 주체의 미묘한 변화는 시장에 즉각적으로 반영된다. 2019년 3월 Fed 회의 이후 시장에서 나타나고 있는 새로운 변화 중 가장 의미가 크고 주목을 받고 있는 것은 12년 만에 장단기 금리가 역전된 현상이다. 미국 경기를 진단하고 예측할 때 수익률 곡선(yield curve)을 중시해왔기 때문이다.

유동성 프리미엄 가설, 기대 가설, 분할 시장 가설에 따르면 수익률 곡선이 양(+)의 기울기(단저장고)를 나타내면 투자에 유리한 환경이 지속되리라고 예상할 수 있기에 경기가 회복되는 것으로 받아들일 수 있다. 반대로 수익률이 역전돼 음(-)의 기울기(단고장저)를 나타내면 차입 비용 증가로 경기가 침체 국면에 접어들 가능성이 높다.

Fed의 아르투로 에스트렐라(Arturo Estrella)와 프레더릭 미쉬킨(Frederic Mishkin)의 연구에 따르면 수익률 곡선 스프레드가 가장 성공적인 경기예측 모델로 나타났다. 특히 장단기 금리 차의 '수준(level)'이 '변화(change)'보다 예측력이 더 우수한 것으로 평가됐다. 뉴욕 연방은행도 장단기 금리 차이는 실물경기의 선행성을 판단하는 유용한 지표로 보고 4~6분기를 선행하는 것으로 추정했다.

1960년 이후 15차례에 걸쳐 장단기 금리 차이가 마이너스, 즉 단고장저 현상이 발생했고 대부분 경기침체가 수반됐다. 워런 버핏(Warren Buffett), 조지 소로스와 같은 투자의 구루(guru)가 뉴욕 연방은행이 매월 확률 모델을 이용해 발표하는 장단기 금리 차의 경기예측력을 각종 투자 판단 때 가장 많이 활용해온 것으로 알려졌다.

확률 모델이란 장단기 금리 차의 누적확률분포를 활용해 12개월 이내에 경기침체가 발생할 가능성을 확률로 변환하는 모델이다. 같은 모델로 추정한 결과 마이너스 장단기 금리 차가 경기침체를 예측한 확률은 1981~1982년 침체기의 경우 98퍼센트까지 상승한 적이 있다. 하지만 금융 위기 이후에는 그 확률이 떨어지는 현상이 자주 목격됐다.

Fed 내에서도 수익률 곡선의 유용성을 믿는 금리 결정 위원은 금리 인상과 보유자산 매각을 추진할 때부터 신중해야 한다는 입장을 견지해왔다. 수익률 곡선이 정상화되지 못한 여건에서 출구 전략을 성급하게 추진하다가는 지난 10년간 어렵게 회복시켜놓은 경기를 다시 망치는 실수를 저지를 가능성이 높다고 봤기 때문이다.

그러나 벤 버냉키와 재닛 옐런(Janet Yellen) 전 Fed 의장 그리고 제롬 파월 현 Fed 의장 및 일부 금리 결정권이 있는 위원들은 '과잉 저축' 때문에 수익률 곡선이 왜곡됐다고 보고 있다. 이들은 금융 위기 이후처럼 금융과 실물 사이의 연계성이 떨어진 상황에서 돈이 많이 풀렸을 때 수익률 곡선으로 경기를 판단하면 오히려 '그린스펀 실수'를 다시 겪을 수 있다고 반박한다.

앨런 그린스펀 전 Fed 의장이 금융 위기를 저지른 주범으로 몰리면서 붙여진 이 용어의 뿌리는 '그린스펀 독트린'에 있다. 통화 정책 관할 범위로 자산 시장을 포함시켜야 한다는 '버냉키 독트린'과 달리 그린스펀은 실물경제만 감안해 통화 정책을 추진해야 한다고 주장했고 실제로 행동에 옮겼다.

그린스펀 독트린대로 2004년 초까지 기준 금리를 1퍼센트까지 내렸다가 그 후 인상 국면에 들어갔으나, 되레 중국의 국채 매입 등으로 시장 금리가 더 떨어지는 수수께끼 현상이 발생했다. 그 결과 물가와 자산 시장 안정을 위한 금리 인상 효과를 거두지 못했을 뿐더러 이미 형성된 저금리와 레버리지 차입 간 악순환 고리가 걷잡을 수 없는 상황에 빠졌다.

당시 자산 시장 붕괴를 촉진시켰던 것은 다름 아닌 국제 유가였다. 2008년 초 70달러대였던 유가가 6개월 사이에 140달러대로 치솟자 각국 중앙은행이 일제히 기준 금리를 올렸다. 그 결과 저금리와 레버리지 차입 간 악순환 고리가 차단돼 자산 가격이 급락하자 마진콜(Margin Call, 증거금 부족 현상)에 봉착한 투자은행들이 디레버리지(Deleverage, 기존 투자자산 회수)에 나서면서 금융 위기가 발생했다.

Fed는 중국을 비롯한 아시아 국가의 과잉 저축과 금융 위기 이후 양적 완화 정책으로 풀린 과다한 유동성으로 왜곡된 수익률 곡선을 믿고 출구 전략 추진을 더 이상 미뤄서는 안 된다는 입장이다. 경기가 어느 정도 회복되고 있을 때 출구 전략을 정상대로 추진해야 이후에 닥칠 침체 국면에 Fed가 운신할 수 있는 여지를 마련할 수 있다고 주장한다.

이것이 장단기 금리 역전 이후 앞으로 벌어질 수익률 곡선과 경기 논쟁의 핵심이다. 판단은 쉽지 않다. 금융 위기 직후 미국 경기의 진단을 놓고 '21세기 블로그 전쟁'이라고 불렸던 하버드대학교 로렌스 서머스(Lawrence Summers) 교수와 버냉키 전 Fed 의장 사이의 설전이 아직도 지속되고 있다. 결말에 따라 Fed의 출구 전략과 미국 경기 그리고 세계 경기의 앞날이 갈릴 것으로 예상된다.

1930년대 미국과 2000년대 일본의 사례에서 보듯이 금융 위기 극복이 완전치 못한 상황에서 긴축 기조로 너무 빨리 돌아서면 경기와 증시는 어느 순간에 대침체기를 맞게 된다. 2018년 12월까지 트럼프 대통령의 반대에도 불구하고 강한 매파 기조를 유지했던 Fed가 불과 3개월 만에 슈퍼 비둘기 기조로 돌변한 것은 '파월의 실수(Powell' Failure)'를 의식해서라는 시각이 나오는 것도 이 때문이다.

2019년 3월 Fed 회의 이후 나타나는 새로운 변화가 일시적인 현상일 수 있다. 하지만 미국 경기의 '대침체기'와 증시의 '폭풍 전야설'을 방지하기 위해서는 출구 전략 중단만으로는 안 되고 금리를 의외로 빨리 내려야 할 상황에 몰릴 가능성도 배제할 수 없다. 1990년대 전후 최장의 경기 호황을 이끌었던 전 재무부 장관 로버트 루빈(Robert Rubin)의 "미국 금리도 2020년대 들어서자마자 마이너스 시대가 올지 모른다"는 예상을 그냥 넘겨버릴 상황이 아닌 것이다.

도널드 트럼프의 운명과 미국의 미래

미국 대통령 선거가 2020년대가 시작되는 첫 해 11월에 치러진다. 제46대 대선에서의 트럼프 대통령 연임 여부에 따라 미국 경제 정책에도 많은 변화가 예상된다. 트럼프 정부 출범 이후 추진해왔던 대내외 과제들이 말도 많고 탈도 많았던 만큼, 미국 국민뿐 아니라 전세계의 관심도 역대 어느 대선 때보다 높다.

2019년 7월 플로리다 출정식을 시작으로 대선 레이스에 뛰어든 트럼프 대통령은 '샤이 트럼프(Shy Trump, 숨은 트럼프 지지층)'의 결집에 나서면서 민주당 후보와 격차를 줄이기 위해 노력하고 있지만 좀처럼 줄어들지 않고 있다. 지금까지 실시한 여론조사 결과를 토대로 산출해보면 그가 연임에 성공할 가능성은 낮게 나온다.

2016년 대선과 마찬가지로 여론조사 결과를 뒤집을 만한 결정적인 한 방, 즉 '10월의 이변'이 2020년 대선에도 필요한 상황이다. '슈거 하이(Sugar High, 정치 입문생에 대한 일시적 흥분 기대)' 효과가 사라진 트럼프 대통령에게는 아직까지 10월의 이변이 될 만한 변수는 없어 보인다. 트럼프 정부가 가장 주력해왔던 미국과 중국 간 무역마찰은 대선 직전까지 극적으로 타결될 가능성이 희박하다. 세계 경제 주도권 싸움인데다 경제 발전 단계 차이가 워낙 커 미국의 대중국 무역 적자가 줄어들기 힘들기 때문이다.

북한과의 관계 개선도 쉽지 않다. 미국 국민은 북한의 핵실험, 대륙간탄도미사일(이하 ICBM) 발사 등을 위협적으로 느끼고 있지만, 2018년 3월 이후 지속되고 있는 북한과의 협상이 말만 많고 구체적인 성과와 행동이 없는 '나토(NATO, No Action Talk Only)'라는 비판

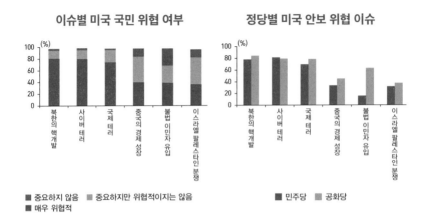

이슈별 미국 국민 위협 여부

정당별 미국 안보 위협 이슈

■ 중요하지 않음 ■ 중요하지만 위협적이지는 않음
■ 매우 위협적

■ 민주당 ■ 공화당

자료: 갤럽

이 거세게 일고 있어 트럼프 대통령 표심에 도움이 되지 못하고 있다. 이란 경제 제재 등 나머지 현안은 10월의 이변이 될 정도는 못 된다.

유일한 버팀목은 경기와 증시다. 성장률만 놓고 보면 2019년 3분기까지 125개월 동안 지속됐기에 120개월 동안 지속됐던 1990년대 성장 국면을 뛰어넘는다. 트럼프 대통령은 이를 자신의 최대 업적이라고 연일 외치고 있다. 그렇지만 오바마 정부의 금융 위기 극복과 경제 정책 효과가 뒤늦게 나타나면서 트럼프 대통령이 반사 이익을 누리고 있다는 평가도 만만치 않다.

미국 경기가 질적으로 크게 악화되고 있다는 점은 대선에 변수가 될 가능성이 높다. 트럼프노믹스(Trumpnomics)의 감세와 재정 지

또 다른 10년이 온다

출로 재정 적자와 국가 채무가 크게 확대되고 있다. 법인세와 소득세 인하가 기업인들과 고소득층에게 유리하게 작용해 계층 간 소득 불균형도 더 심화된 것으로 나타났다. 트럼프 정부 집권 후반기에 접어들수록 성장률이 떨어지고 있는 점이 이를 뒷받침해주는 대목이다.

대선이 다가올수록 트럼프 대통령과 제롬 파월 Fed 의장이 경기 부양을 위한 금리 인하를 놓고 벌이는 갈등은 더 심화될 것으로 예상된다. Fed는 2018년에 치러진 중간선거 직전까지 금리를 올리는 것에 부정적 관점을 보였던 태도에서 이제는 유럽과 일본처럼 마이너스 국면으로 내려야 한다고 주장하고 있다. 대통령과 Fed의 갈등은 1913년 설립 이래 어떤 상황에서건 Fed의 정치적 독립성만큼은 보장해준 역대 정부의 전통을 뒤엎는 것으로 트럼프 대통령에게 역풍이 될 가능성이 높다.

제46대 대통령 선거 결과에 따라 대외적으로는 WTO 탈퇴, 파리 기후변화협약 불참, 중국과의 무역 전쟁, 북한과의 협상 등이 크게 수정될 가능성이 높다. 대내적으로는 트럼프노믹스 추진, 헬스케어, 도드-프랭크법 등 오바마 지우기 정책 수정과 이민법 개정 등도 갈림길에 놓일 것으로 예상된다. 민주당 후보가 제46대 대통령에 당선된다면 오바마 정부에서 추진했던 방향으로 되돌아갈 가능성이 높아진다.

제46대 대선 결과에 가장 큰 변수는 트럼프 대통령의 탄핵 처리

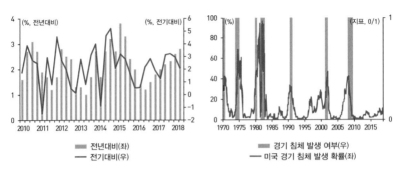

미국 경제성장률	미국의 경기 침체 역사

전년대비(좌)
전기대비(우)

경기 침체 발생 여부(우)
미국 경기 침체 발생 확률(좌)

자료: 블룸버그

여부다. 미국 대통령의 탄핵 절차는 한국과 차이가 있다. 탄핵 발의
는 하원(한국은 국회)에서 일반 정족수로, 탄핵 소추는 하원에서 특별
정족수로 확정되는 것은 비슷하다. 그런데 탄핵 결정은 미국의 경우
상원에서 이뤄지지만, 한국은 헌법재판소에서 특별 정족수로 확정
되는 점이 다르다.

　역사적으로도 미국 대통령에 대한 탄핵 소추는 여러 차례 있었지
만 실제로 탄핵을 당한 사례는 없다. 탄핵 일보 직전까지 몰렸던 제
17대 대통령 앤드루 존슨(Andrew Johnson)도 하원에서 압도적인 표
차로 탄핵 소추됐지만, 상원에서 에드먼드 로스(Edmund Ross) 의원
의 전혀 예상치 못한 반대표로 구제됐다. 1970년대 초반 워터게이
트 사태로 탄핵에 몰렸던 제37대 대통령 리처드 닉슨은 자진 하야로

탄핵을 모면했다. 제42대 빌 클린턴(Bill Clinton) 대통령도 탄핵으로 연결되지는 못했다.

그런데 중간선거 이후 변수가 생겼다. 그 이전까지 미국 의회는 상원과 하원 모두 집권당인 공화당이 다수당을 차지해 출범 이후 세 차례에 걸쳐 제기된 트럼프 탄핵을 실행에 옮기지 않았다. 하지만 중간선거 결과 하원은 민주당이 다수당을 차지했다. 다수당은 지켜냈지만 상원도 공화당 의원이 3분의 2를 차지하지는 못했다. 더욱이 공화당 내 초강경파 그룹인 '프리덤 코커스(Freedom Caucus)'가 돌아설 경우 탄핵이 결정될 가능성도 배제할 수 없다. 이 같은 취약점을 잘 알고 있는 민주당은 제4차 트럼프 탄핵을 주도적으로 밀고 나갈 계획이다. 대선까지 정치 쟁점화될 가능성이 높고, 이 과정에서 트럼프 대통령의 권력 누수, 즉 레임덕(lame-duck)도 불가피할 것으로 예상된다.

장기 전망에 강점을 갖고 있는 영국의 글로벌 경제 전망기관 옥스퍼드 이코노믹스(Oxford Economics)는 2020년대 선진국 경제는 2010년대와 비슷하거나 오히려 높은 2퍼센트대의 성장률이 지속되지만, 신흥국 경제는 6퍼센트대에서 4퍼센트대로 떨어진다고 내다봤다. 선진국과 신흥국 사이의 격차가 더 벌어진다는 의미다. 선진국 경제를 주도하는 국가는 다름 아닌 미국이다. 트럼프 연임 여부와 상관없이 아마존, 구글, 마이크로소프트, 애플 등 세계적인 기업의 성장세 덕분에 2020년대 미국 경제는 연평균 2퍼센트대 후반 성장률을 기록할 것으로 예상된다.

영국과 EU의 앞날

영국과 유럽연합(이하 EU) 앞날이 한 치 앞도 내다볼 수 없는 혼조 국면으로 치닫고 있다. EU는 경제연합체 가운데 역사가 가장 길다. 자유사상가들에 의해 '하나의 유럽' 구상이 처음 나온 20세기 초를 기점으로 하면 120년이며, 이 구상이 처음 구체화된 1957년 로마 조약을 기준으로 해도 60년이 넘는다. 한마디로 유럽 국민의 피와 땀이 맺히면서 어렵게 마련된 것이 EU다.

유럽 통합은 2단계로 추진돼왔다. 하나는 회원국 수를 늘리는 '확대(enlargement)' 단계로, 초기 7개국에서 28개국으로 늘어났다. 다른 하나는 영국은 가담하지 않았지만 회원국 간 관계를 끌어올리는 '심화(deepening)' 단계로, 유로화로 상징되는 경제 통합(EEU, European Economic Union)에 이어 정치 통합(EPU, European Political Union)과 사회 통합(ESU, European Social Union)까지 달성해 '하나의 유럽'을 만든다는 원대한 구상이었다.

그러나 EU 헌법에 대한 유로랜드 회원국들의 동의 과정에서 예상치 못한 주권 문제로 '심화' 단계가 난관에 부딪혔다. 오히려 EEU에 잠복해 있던 불안 요인이 2010년 이후 재정 위기를 겪으면서 퇴보된 느낌이다. EU로의 통합 과정에서 독일 및 프랑스와 함께 핵심 회원국 역할을 해온 영국의 위상을 감안할 때 브렉시트가 확정돼 탈퇴하게 되면 EU의 앞날에 커다란 시련이 예상된다.

브렉시트는 다른 회원국 탈퇴의 명분이 될 가능성도 높다. 모든 회원국은 경기 침체 속에 난민, 테러, 대량 실업 등이 겹치면서 EU에 신경 쓸 여유가 없다. 특히 유럽 재정 위기를 겪으면서 유로랜드 탈퇴 문제로 한 차례 홍역을 치렀던 'PIIGS'가 제2의 브렉시트에 가세할 가능성이 커 보인다.

회원국 내 분리 독립 운동도 거세질 것으로 예상된다. 영국의 스코틀랜드, 스페인의 카탈루냐와 바스크, 이탈리아 북부, 네덜란드의 플랑드르, 우크라이나 동부 등이 가능성이 높은 지역이다. 회원국 탈퇴가 잇따르고 분리 독립 운동마저 일어난다면 EU는 붕괴되는 것이나 마찬가지다.

조지프 바이너(Joseph Viner) 등의 연구에 따르면 유럽과 같이 경제 발전 단계가 비슷한 국가끼리 결합하면 무역창출 효과가 무역전환 효과보다 커져서 역내국과 역외국 모두에 이득이 된다. 반대로 영국 등 어떤 회원국이 탈퇴하면 당사국뿐 아니라 유럽, 나아가 세계 경제에도 악영향을 마친다. 당연히 한국 경제에도 타격이 크다.

시나리오 별 영국 경제에 대한 파급효과

구분	EEA 가입	양자 협정 체결	WTO 회원국 지위 유지
명목 GDP (전망 평균값)	3.4~4.3%p 하락 (3.8%p 하락)	4.6~7.8%p 하락 (6.2%p 하락)	5.4~9.5%p 하락 (7.5%p 하락)
1인당 GDP (전망 평균값)	1,000~1,200파운드 감소 (1,100파운드 감소)	1,300~2,200파운드 감소 (1,800파운드 감소)	1,500~2,700파운드 감소 (2,100파운드 감소)
가구당 GDP (전망 평균값)	2,400~2,900 감소 (2,600파운드 감소)	3,200~5,400파운드 감소 (4,300파운드 감소)	3,700~6,600파운드 감소 (5,200파운드 감소)
세수 규모	200억 파운드 감소	360억 파운드 감소	450억 파운드 감소

*2030년 이후 영국의 EU 잔류와 탈퇴 시 예상되는 편익 비용

영국의 재무성은 브렉시트가 결정될 경우 2030년까지 영국 경제가 6퍼센트 위축될 수 있다고 추정했다. 가구당 연간 4,300파운드의 손실을 가져다주는 커다란 규모다. OECD는 브렉시트가 발생하면 영국 GDP가 EU 잔류와 비교해 2020년에는 3퍼센트, 2030년에는 5퍼센트 위축될 것으로 내다봤다.

탈퇴와 분리 독립은 쉽지 않은 문제다. 일찍이 1975년 치러진 영국의 국민투표에서 브렉시트는 부결된 바 있다. 1995년 캐나다 퀘백 및 2014년 스코틀랜드 분리 독립 투표도 여론조사 결과와 달리 반대표가 더 많이 나왔다. 데이비드 캐머런(David Cameron) 전 총리의 정치적 야망으로 잘못된 길을 걸었던 영국이 테리사 메이(Theresa May) 총리의 사임과 유럽의회(European Parliament) 선거

에서 집권당인 보수당이 크게 퇴조한 것을 계기로 EU 잔류를 위한 재투표 문제가 부각되는 것도 이 때문이다.

유럽의회 선거에서도 그 직전까지 예상된 극우 세력의 압승에 제 동이 걸리면서 '약진' 수준에 그친 것은 EU가 해체되는 것을 막기 위 한 유권자들의 최후 견제 심리 때문이었다. 2010년 이후 유럽 재정 위기를 거치는 과정에서 '통합'이 얼마나 중요한 것인지 절실하게 깨 달았기 때문이다. 세계 경제 패권을 다투는 미중 간 무역마찰이 점입 가경으로 치닫는 과정에서 유럽의 위상이 얼마나 무력한지 유럽의 유권자들은 뼛속까지 체험하고 있다.

유럽의회 선거 결과로 EU의 행정 수반인 집행위원회 위원장, 대 외 부문 대표인 정상회의 의장, 입법기관 대표인 유럽의회 의장에 변 수가 생겼다. 2019년 10월 마리오 드라기(Mario Draghi) 유럽중앙 은행 총재의 임기가 끝남에 따라 유럽중앙은행의 통화 정책과 유로 랜드의 경기, 유로화의 가치에도 많은 영향을 줄 것으로 예상된다. 후임인 크리스틴 라가르드(Christine Lagarde) 전 IMF 총재가 재임 중에 큰 변화는 주지 않을 것으로 예상되는 점이 그나마 다행이라고 할 수 있다.

EU의 앞날은 어떻게 될 것인가? 테리사 메이 총리의 사임과 유럽 의회 선거 이후 '현 체제 유지(muddling through)', '붕괴(collapse)', '강화(bonds of solidarity)', '질서 회복(resurgence)' 등 4가지 시나

브렉시트 이후 EU 시나리오

구분	현 체제 유지	EU 강화	EU 붕괴	질서 회복
구체적 내용	• 유럽중앙은행의 국채 매입 확대 • 유럽안정기금(EFSF) 확대 • 국가부도 처리 장치 도입	• 유럽통화기금(EMF) 설립 • 유로본드(E-bond) 도입 • 재정동맹 이행	• 구제금융 수혜국의 EU 탈퇴 • 구제금융 지원국의 EU 탈퇴	• 재정 개선 • 경쟁력 회복
가능성	가장 높음	높음	낮음	거의 없음

자료: Ahearn et al., Economist Intelligence Uni(2011년)을 현 시점에서 재평가

리오가 거론되고 있다. 유럽 재정 위기와 브렉시트 그리고 투표율이 이례적으로 높았던 유럽의회 선거를 치르는 과정에서 노출된 문제를 놓고 회원국들이 정치적 명분과 경제적 이익 사이의 이견을 좁히지 못하면 최악의 상황을 맞을 수 있다. 세계 경제와 국제 금융 시장도 진흙탕 속을 헤맬 가능성이 높다.

영국과 다른 회원국 모두에 차선책으로 'B-EU(Britain + EU)' 방안이 주목받는 것도 이 때문이다. B-EU는 영국이 EU에 잔류하되 난민이나 테러 등에 대해서는 자체적인 해결 권한을 갖는 방식이다. 이때 영국은 EU의 구속에 얽매이지 않으면서 자국 현안을 풀어갈 수 있다. 브렉시트보다 현실적인 방안이다.

B-EU가 선택된다면 테러 피해 등으로 국수주의 움직임이 거센

또 다른 10년이 온다

프랑스나 난민 문제로 어려움을 겪고 있는 이탈리아 등과 같은 회원국들이 이 방식을 따라갈 가능성이 높아질 것이다. B-EU에 이어 'F-EU(France + EU)', 'I-EU(Italy + EU)'까지 적용될 경우 유로랜드에서도 이원적인 운용체계가 공식적으로 검토될 것으로 예상할 수 있다. 유로랜드의 앞날과 유로화 움직임에는 변곡점이 될 수 있다.

이원적인 운용체계는 유로화가 도입위기 이전에 운영됐던 '유럽조정메커니즘(European Realignment Mechanism)'과 원리는 동일하다. 독일이나 프랑스처럼 경제 여건이 좋은 회원국에는 수렴 조건을 보다 엄격하게(narrow band) 적용하고, 그리스나 포르투갈처럼 경제 상황이 좋지 않은 회원국에는 느슨하게(broad band) 적용한다.

유럽 경제도 통합의 모습에 따라 2020년대 성장률에서 크게 갈릴 것으로 예상된다. EU가 해체될 경우 2020년대에 연평균 성장률은 1퍼센트에도 못 미치고 일부 비핵심 회원국들은 재정 위기와 금융위기에 휩싸일 것으로 보인다. 하지만 브렉시트 등을 계기로 분열 양상을 보였던 EU가 재결속될 경우 2020년대 후반부터 성장률이 제고돼 10년 연평균 성장률 1퍼센트대 후반 유지는 가능할 것으로 예상된다.

"그래도 지구는 돈다."

이탈리아의 천문학자이자 물리학자 갈릴레오 갈릴레이의 말 한마디가 훗날 높게 평가받으면서 지동설이 확고해졌다. 브렉시트 및 유럽의회 선거에서의 극우 세력 약진 등으로 EU의 앞날이 당장은 어두워 보이지만, 그 속에서 움트고 있는 새로운 통합의 싹에 주목해야 한다.

끝나가는 엔저 도박, 아베의 선택

중국 위안화 환율이 달러당 7위안선이 뚫리고 트럼프 대통령이 연일 달러 약세를 외침에 따라 환율 전쟁에 대한 우려가 2020년대 진입을 앞두고 급부상하고 있다. 세계 경제가 대공황의 실수를 재차 저지르지 않기 위해서는 공생정신을 발휘해야 한다는 목소리가 높아지고 있다.

2012년 노벨 경제학상 수상자이자 지난 2016년에 타계한 게임이론의 대가 로이드 섀플리(Lloyd Shapley) 교수는 특별한 방법론적 설계가 어떻게 시장에서 참가자 모두에게 시스템적으로 혜택을 줄 수 있는지를 입증했다. 섀플리 교수와 함께 노벨 경제학상을 공동 수상한 하버드대학교 경영대학원 앨빈 로스(Alvin Roth) 교수는 안정성이 어떻게 특정 시장의 성공에 영향을 미치는지를 연구했다.

섀플리와 로스 교수는 함께 연구한 '안정적 할당과 시장 설계에 대한 실증적 연구 이론(Theory of Stable Allocations and Practice of

Market Design)'에서 공생적 게임 이론을 사용해 환율 전쟁처럼 게임 참가자가 위기에 처해 있을 때 모두에게 이익이 될 수 있는 방향으로 해결해낼 수 있는 방식을 제시했다.

기존의 제로섬 게임과 같은 이론과 다른 것은 사적인 이익보다 공공선, 참가자 사이의 협력, 견제와 균형을 강조한다는 점이다. 이 새 플리-로스 게임 이론을 아베 총리의 엔저 정책에 적용하려면 1990년 전후 대장성 패러다임과 미에노 패러다임 사이의 갈등에 대한 이해가 필요하다. 전자는 엔저와 수출로 상징되지만, 후자는 물가 안정과 중앙은행 독립성으로 대변된다.

1990년대 이후 일본 경제는 '복합 불황'에 빠졌다. 수많은 경기침체 요인이 얽히고설켰기 때문이다. 대표적인 것이 '안전통화의 저주'다. 앞서 언급했듯이 안전통화의 저주는 캘리포니아대학교 버클리 캠퍼스의 배리 아이켄그린 교수가 처음 주창한 것으로, 경기침체 속에서 엔화가 오히려 강세가 되어 가뜩이나 어려운 일본 경제를 더 어렵게 한 상황을 말한다. 일본처럼 국민의 저축률이 높아 민간자산이 많을 경우 나타나는 비정상적인 현상이다.

1990년 이후 일본 경제가 당면한 최대 현안은 디플레이션 국면을 언제 탈피할 수 있을 것인가 하는 점이었다. 일본의 실질 GDP 성장률이 1980년대 평균 4.7퍼센트에서 1990년대 이후 1.2퍼센트로 급락한 이유가 주로 내수 부진이었다는 점을 감안하면 디플레이션에 대한 우려도 이 요인이 가장 큰 것으로 지적되고 있다.

수출의 성장 기여도는 1970년대 이후 0.5~0.8퍼센트포인트 수준을 유지하고 있는 데 비해 내수 기여도는 1970년대 3.8퍼센트포인트와 1980년대 4.0퍼센트포인트에서 1991~2008년에는 0.6퍼센트포인트로 급락했다. 이 때문에 GDP에서 내수가 차지하는 비중은 1990년 89.6퍼센트에서 2008년에는 82.5퍼센트로 크게 떨어져 장기 경기침체라는 구조적 문제를 낳았다.

거듭된 정책 실수도 침체 기간을 연장하는 요인으로 가세했다. 1990년 이후 무려 25차례나 실시한 경기 부양책이 재정 여건만 악화시켰다. 일본 국채의 95퍼센트를 갖고 있는 일본 국민이 국가 부도 때 겪게 될 '낙인 효과(Stigma Effect)'보다 '최종대출자' 역할을 해준 덕분에 국가 부도에는 몰리지 않았지만 여전히 국가 채무는 세계 최고 수준이다. 일본의 국가 채무 비율은 GDP 대비 250퍼센트로 중국의 308퍼센트에 이어 두 번째다.

기준 금리도 제로 수준까지 인하했으나 경기회복에는 아무런 도움이 되지 않았다. 각종 미명 아래 구조조정 정책을 20년 넘게 외쳐왔으나 이 또한 경제구조를 개선하는 데 별다른 효과를 거두지 못함에 따라 국민 불신만 키웠다. 이 때문에 모든 정책이 무력화돼 죽은 시체와 같은 '좀비 경제(Zombie Economy)' 국면으로 떨어졌다.

일본 경제가 내수 부문의 활력을 되찾아 디플레이션 국면에서 탈피하기는 쉽지 않아 보인다. 내수 부진이 고용 및 임금 불안정성 증대와 인구 고령화 등 당장 해결하기 어려운 구조적 요인에 기인하기 때문이다. 정부의 재정 여건도 크게 악화돼 1990년대처럼 정부가 민간 수요를 적극적으로 대체해 촉진하는 데 한계가 있다.

내수가 쉽게 회복되지 않는다면 일본 경제가 당면한 문제를 해결하게 위해서는 경제 여건 이상으로 강세를 보이는 엔화 가치가 약세로 돌아서야 한다. 집권당 자민당은 일본 경제가 1990년 이후 장기간 침체된 이유를 일본은행 총재 미에노 야스시(三重野康)가 고집스럽게 물가 안정을 최우선으로 하는 비타협적 통화 정책을 실시한 데서 찾았다. 그래서 아베는 2012년 12월 자민당 총리로 재집권하자마자 엔저를 통해 성장을 지향하는 구로다 하루히코(黑田東彦)를 일본은행 총재로 임명한 뒤 아베노믹스를 추진했다.

아베노믹스를 추진한 지도 10년이 다 돼간다. 유감스럽게도 당초 의도대로 효과를 거두기보다는 국제 금융 시장 참가국들 간의 갈등만 조장시켰다. 아베의 엔저 정책이 문제가 되는 것이 바로 이 지점이다. 자국이 선진국인데도 인위적인 엔저 유도를 통해 경기 부양을 꾀한다는 것은 인접국 또는 경쟁국에게 고스란히 피해를 주는 '근린궁핍화' 정책에 해당되기 때문이다.

각국의 반발도 거세졌다. 브릭스(BRICS, 브라질·러시아·인도·중국·남아프리카공화국)에 이어 독일과 같은 유럽 선진국 간에도 갈등이 심했다. 독일의 경우 일본이 엔저 정책을 포기하지 않을 경우 무역보복 조치도 불사하겠다고 발표했다. 묵시적으로 엔저를 용인해왔던 미국도 2018년 하반기 환율 보고서 발표 때부터는 더 이상의 엔저 조작은 곤란하다는 입장을 거듭 밝혀왔다.

일본 내부에서의 여론도 좋지만은 않다. 가장 타격을 받는 곳은 엔저로 인해 채산성이 지속적으로 악화돼온 내수업체들이다. 일본 국민도 수입 물가 급등으로 일상생활에 경제적 고통을 느끼고 있다. 후쿠시마 원전 사태 이후 전체 에너지원에서 수입 에너지가 차지하는 비중이 높아졌기 때문이다.

수출업체의 불만이 누그러지지 않고 있다는 점도 주목할 만하다. 과거 장기간 지속된 엔고에 대응하기 위해 수출업체들은 해외로 진출해 기업 내 무역이 보편화됐다. 수출 결제통화도 한때 80퍼센트를 웃돌던 달러 비중을 40퍼센트 내외로 낮춰놨기에 엔저가 됐어도 채산성 개선보다 통상 환경만 악화됐다.

그런데 아베의 엔저 정책이 멈추면 일본은 곧바로 '위기'에 봉착할 것이라는 시각도 계속 나오고 있다. 일본이 지속 가능한 성장 기반을 마련하기 위해서는 내수부터 확보해야 한다. 하지만 엔저 정책은 내수 산업을 더 어렵게 만든다. 이 상황에서 수출마저 안 될 경우 일본 경제는 걷잡을 수 없는 국면으로 빠져들 수밖에 없다.

특정 목적을 겨냥해 정책 요인만으로 유도된 엔저 정책은 게임 참가자의 협조와 지지가 없으면 추세적으로 정착될 수 없다. 엔저 정책은 중앙은행이 협조하지 않을 경우 쉽게 무너지는 결정적인 허점을 안고 있다. 아베가 엔저 정책을 추진하면서 일본은행의 협조를 거의 강압적인 수준으로 구해온 것도 이 때문이다.

아베의 엔저 정책은 많은 부작용을 안고 있지만 자국 내에서는 견제할 세력이 없다. 국제적으로도 국가 이기주의가 기승을 부리고 있어 1995년 4월 달러 강세 엔화 약세를 유도한 '역(逆)플라자 합의'와 같은 대타협 가능성도 희박하다. 엔저 정책을 계속해서 밀고 나갈 수 있다. 하지만 그래서는 안 된다. 이제부터라도 아베 정부는 공생 정신을 발휘해야 한다.

2020년대 일본 경제는 아베 총리의 집권 기간에 따라 성장률이 크게 달라질 것이다. 아베 총리의 집권 기간이 길어질수록 일본 경제가 1990년대에 겪었던 '잃어버린 10년'을 다시 겪을 것으로 보는 예측 기관도 많다. 집권 기간이 길어지면 2020년대 연평균 성장률은 0퍼센트대, 빠른 시일 안에 교체될 경우 2020년대 전반기 과도기적 혼란을 거쳐 후반기에는 2퍼센트대에 올라설 것으로 예상한다.

성장통 겪는 중국

1978년 개혁과 개방을 표방한 이래 지난 30년 동안 중국 경제는 꾸준히 높은 성장세를 유지해왔다. 특히 2001년 11월 WTO 가입 이후 성장률이 한 단계 높아지면서 2010년 이전까지 연평균 10.7퍼센트대의 높은 성장세를 구가했다. 고성장을 계속하면 물가가 올라갈 것이라는 통념을 깨고 같은 기간 중 소비자 물가 상승률은 연평균 2.3퍼센트로 안정적이었다.

그러나 두 자릿수 성장률이 2010년대에 들어 한 자릿수로 떨어진 후 2020년대 진입을 앞두고 성장률 6퍼센트대 바오류도 붕괴될 위험에 직면했다. 엎친 데 덮친 격으로 안정세를 보여오던 물가마저 불안해져 국민이 느끼는 경제적 고통이 높아지고 있다. 양극화 정도가 심화되는 '성장통(growth pains)'을 겪고 있는 셈이다.

2010년대에 중국 경제 성장세가 둔화되자 로렌스 서머스를 비롯해 게리 베커(Gary Becker), 로버트 먼델(Robert Mundell)과 같은 경제학자들이 제기해온 '중진국 함정'에 빠질지 모른다는 우려의 목소리가 높아지기 시작했다. 2020년대 중국 경제 앞날은 단기적으로 벌어지고 있는 연착륙과 경착륙, 중장기적으로는 중진국 함정에 빠지느냐의 여부에 따라 3가지 성장 단계 중 하나를 밟을 것으로 예상된다.

첫 번째는 2010년대에 들어 둔화되기 시작한 경기가 2020년대에 회복돼 지속될 것이라는 '장기 낙관 시나리오'다.

두 번째는 2010년대에 둔화되기 시각한 경기가 2020년대에 들어 회복되더라도 다시 침체되는 '단기 낙관 시나리오'다.

세 번째는 계획경제에서 벗어난 체제가 제대로 자리를 잡지 못하면서 성장률이 잠재 수준 밑으로 떨어져 중진국 함정에 처할 것이라는 '중장기 침체 시나리오'다.

역사적으로도 중진국 함정에 빠져 경제 발전 단계가 후퇴했던 국가가 많다. 1960~1970년대 이후 브라질, 아르헨티나, 칠레와 같은 중남미 국가들이 중진국 함정에 빠져서 종속 이론이 탄생한 결정적 계기가 됐다. 동남아시아의 경우 필리핀이 중진국 함정에 빠져 후진국으로 전락했다. 현재 말레이시아는 자본통제를 강화하는 등 대외 개방에 소극적인 정책을 실시하면서 중진국 함정에 빠질 위험에 처해 있다.

이들의 사례를 볼 때 어떤 국가가 중진국 함정에 빠지는 이유로 몇 가지를 들 수 있다. 가장 큰 요인은 짧은 기간 안에 성장 단계를 일정 수준 끌어올리는 이른바 '압축 성장(Reduce Growth)'을 주도하던 경제 각료의 사고가 경직적으로 바뀔 때다. 국민소득이 일정 수준에 도달할 때 임금상승 등 고비용-저효율 구조로 바뀔 때 경제 운용체계 점검에 소홀히 하는 것도 원인이다. 산업구조 전환에도 소홀해 선진국의 첨단 기술과 인력 도입 등에 소극적으로 대응하고 초기 단계에 성장을 주도했던 주력 산업을 고집한다. 경제 및 사회에 대한 통제력이 약화돼 정치적 포퓰리즘이 성행하면서 경제 주체가 분출하는 욕구를 무조건 수용하는 것도 중진국 함정에 빠지는 요인이 된다.

중국과 같은 사회주의 국가는 외연적 성장에서 내연적 성장 단계를 거치는 것이 전형적인 성장 경로다. 외연적 성장은 사회주의 국가들의 성장 초기 단계로, 노동 등 생산 요소의 양적 투입을 통해 성장하는 국면이다. 내연적 성장 단계는 시장 경제 도입, 기술혁신 등을 통해 생산 요소 및 전반적인 경제 운용체계의 효율성을 제고하면서 성장해나가는 국면을 의미한다. 2020년대 진입을 앞두고 중국 경제는 외연적 성장 단계에서 내연적 성장 단계로 이행되는 과정 속에 심한 성장통을 겪고 있다. 그동안 광공업 비중은 42.8퍼센트로 매우 높은 수준이었으며, 수출에서도 2009년에는 독일을 제치고 1위를 차지했다. 1979년 개혁과 개방을 추진한 이래 중국 경제가 연평균 9.8퍼센트씩 고도성장을 하는 동안 제조업이 11.3퍼센트씩 신장해 전체적인 성장을 주도했었다.

그런데 장차 중국의 제조업 환경은 악화될 것으로 보인다. 지난 30년 동안 추진해온 산아제한 정책으로 2011년부터는 청년층 인구, 2015년부터는 생산 가능 인구가 빠른 속도로 감소할 것이기 때문이다. 공업화·도시화로 농촌의 잉여 노동력이 빠르게 줄어들고 있어 '루이스 전환점'도 지났다. 루이스 전환점이란 1979년 노벨 경제학상 수상자 아서 루이스(Arthur Lewis)가 제시한 개념으로, 개발도상국에서 농촌의 잉여 노동력이 고갈되면 임금이 급등해 성장세가 둔화되는 현상을 뜻하는 말이다. 어떤 국가가 루이스 전환점에 이르면 그때부터 인력 수요와 공급 간의 불일치가 일어나 노동자 임금이 급등하면서 고비용-저효율 구조가 정착된다.

노동력에 이어 생산에 필요한 자본도 부양 비율 증가 등으로 저축률이 2008년 이후 낮아지고 있어서 성장을 제약하는 요인으로 작용하고 있다. 저축률 하락의 원인으로는 중국 정부의 사회보장 지출 확대, 가계의 저축 필요성 감소와 소비 여건 개선, 기업의 경우 국유 기업의 배당 정책 변화와 민간 기업의 내부 유보 필요성 감소 등이 지적돼왔다. 2020년대 들어서는 더욱 심해질 것으로 예상된다.

대외적으로도 경제 규모가 커지면서 유치 단계에서의 장점을 상실하고 높아진 경제적 위상에 맞게 내수 시장이 발전되지 않음에 따라 미국 등 교역 상대국과의 마찰이 잦아지고 있다. 뉴욕대학교 누리엘 루비니(Nouriel Roubini) 교수는 과잉 투자에 따른 부실 대출과 과잉 설비의 영향 등으로 악재가 한꺼번에 겹치는 '퍼펙트 스톰(Perfect Storm)'에 빠질 수 있다고 경고한 바 있다. 쑨밍춘(孫明春) 다이와캐피털 수석 이코노미스트도 투자 과열에 따른 금융 위기가 발생할 수 있다고 지적했다.

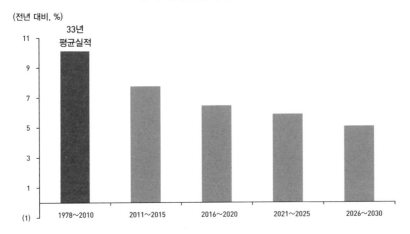

중국 경제 중장기 성장경로

(전년 대비, %)

자료: 중국 국무원 발전연구중심

　　2020년대 중국 경제의 앞날은 그리 밝지 못하다. 세계은행과 중국 국무원의 발전연구센터가 공동 연구한 자료에 따르면 앞으로 중국 경제는 기술혁신 등을 통해 성장 단계 이행 과정에서 나타난 고질병을 치유하지 못하면 2010년대에는 연평균 성장률 4퍼센트, 2030년대에는 1.7퍼센트로 경착륙에 빠진다. 개혁에 성공하더라도 각각 5.1퍼센트, 2.9퍼센트로 성장률 둔화가 불가피할 것으로 예상된다.

또 다른 10년이 온다

홍콩이 품은 폭탄

홍콩은 2020년대를 들어가기가 순탄치 않다. 갈등의 뿌리는 홍콩이 중국에서 영국으로 넘어간 1898년으로까지 올라가야 하지만, 홍콩 시위대 사태는 중국 정부의 범죄자 인도 협약, 즉 '송환법'이 직접적인 발단이 됐다. 홍콩을 예속하기 위한 중국의 숨은 의도가 깔려 있는 일종의 내정 간섭이기 때문이다. 1997년 영국에서 중국으로 반환됐으나 서구화 물결이 몸속 깊숙이 물든 체질에서는 송환법 그 자체가 구속이기 때문에 반발할 수밖에 없다.

세계 중계 무역 중심지와 아시아 금융 중심지로 대변되는 홍콩 경제는 그 특성상 돈과 상품이 자유롭게 이동하지 못하면 '싱가포르 쇼크(Singapore Shock)'에 걸린다. 싱가포르 쇼크란 돈과 상품이 유연하게 돌면 성장률이 잠재 수준 이상으로 뛰어올라 '인플레이션 갭'이 발생하지만, 그 반대의 경우 곧바로 '디플레이션 갭'으로 전환되는 현상을 말한다. 전형적인 천수답(天水畓) 부유(浮游) 경제에 해당한다.

중국에 반환되기 이전까지만 하더라도 연평균 성장률 5퍼센트 이상으로 한국, 대만, 싱가포르와 함께 '아시아의 네 마리 용(龍)'이라고 불렸던 홍콩 경제가 2020년대 직전인 2019년 2분기 이후 마이너스 국면으로 추락했다. 최대 성장 동력인 수출이 급감했기 때문이다. 투자는 무려 두 자릿수 떨어져 2020년대에 더 문제가 될 가능성이 높다. 골드만삭스를 비롯한 글로벌 투자은행은 홍콩이 2020년대에 진입하는 첫 해까지 잘해야 플러스 성장률을 유지할 것으로 내다봤다.

경제가 받쳐주지 못하면 본격적으로 자본이 빠져나가는 '홍콩 엑시트(HK + Exit)' 문제에 봉착하게 된다. 유입자금 대비 유출자금 비율(E/I Ratio)을 보면 홍콩 시위대 사태가 시작된 2019년 2월부터 높아지기 시작해 시위가 격렬해진 하반기에 들어서는 2.64배까지 급등했다. 홍콩 금융 시장에 100달러가 들어오면 264달러가 빠져나갔다는 뜻이다. 종전에 볼 수 없던 이례적으로 빠른 속도다. 외국인 자금이 빠지면 홍콩 경제는 무너진다.

홍콩은 1983년부터 달러당 7.8(밴드 폭 7.75~7.85)홍콩달러를 유지하는 '달러 페그제(Dollar Peg)'를 채택했다. 달러 페그제 상단과 하단이 뚫리면 홍콩 중앙은행격인 HKMA가 보유 홍콩달러를 팔고 사는 방법으로 유지해오고 있다. 달러 페그제 채택 이후 1987년 블랙먼데이, 2001년 9.11 테러, 2009년 리먼 사태 등 숱한 충격에도 잘 버팀으로써, 중국 반환 이후 급속히 쇠락할 것이라는 당초 예상을 뛰어넘고 오히려 국제 금융 중심지로 부상했다.

달러 페그제 유지 여부의 최대 관건은 풍부한 외환 사정과 순조로운 외국인 자금 유입이다. 홍콩의 외환 보유액은 한국과 비슷한

4,400억 달러 내외로 추정된다. 본원통화의 2배에 해당하기 때문에 E/I 비율이 1배가 넘지 않으면 달러 페그제는 유지된다. 그렇지만 E/I 비율이 2019년 하반기처럼 2.6배가 넘으면 사정은 달라진다. 은행 예금이 1조 7,000억 달러(13조 3,000억 홍콩달러)로 GDP 대비 470퍼센트에 달해 보유 외화로 달러 페그제를 유지할 수 없게 된다.

1990년대 초 유럽 통화위기, 1997년 아시아 통화위기 등에서 경험했듯이 달러 페그제가 위협당하면 홍콩달러 약세를 겨냥한 환투기 세력으로부터 집중적으로 공격당할 가능성이 높다. 홍콩처럼 천수답 부유 경제가 무서운 것은, 달러 페그제가 무너지면 자체적으로는 자금 이탈과 실물경기 침체 사이의 악순환 고리가 쉽게 형성될 수 있기 때문이다.

대외적으로도 홍콩이 아시아를 비롯한 국제 금융 시장에서 차지하는 위상을 감안할 때 전염 효과가 의외로 크게 나타날 가능성이 높다. 자금 이탈로 홍콩 증시와 부동산 시장이 무너지면 '마진 콜'이 발생해 '디레버리지' 과정에서 투자원천국의 자산 시장과 경기에 연쇄 파동이 예상되기 때문이다. 금융사 진출이 많은 한국에 직격탄이 될 수 있다.

달러 페그제를 유지하지 못할 경우 누가 최종 안전판 역할을 담당할 것인지도 관건이다. IMF는 재원 부족에 시달려 회원국의 구제금융 요청을 다 들어주지 못하고 있다. 자체 신용을 바탕으로 적자 국채 발행을 검토할 정도다. 회원국 금융 시장도 구제금융과 같은 사후적인 방안보다 지배구조 개선과 같은 사전적인 방안으로 안정을 기할 것을 권고하고 있다.

중국은 웨강아오(粤港澳) 대만구(大湾区, 큰 만이 있는 지역) 개발 계획에서 홍콩을 제외시켰다. 웨강아오는 광둥성을 뜻하는 웨(粤), 홍콩을 뜻하는 강(港), 마카오를 뜻하는 아오(澳)를 합친 말이다. 홍콩을 제외한 이유는 부진했던 선전과 상하이를 홍콩을 대체할 국제 금융 중심지로 키워 중국 중심의 팍스 시니카 야망을 실현해나간다는 전략 때문이다. 오히려 이 목적을 달성하기 위해 홍콩의 달러 페그제가 조기에 붕괴돼 미국과 단절되기를 더 바라고 있다. 원대한 신(新) 실크로드 전략 '일대일로(一帶一路)' 계획의 최대 아킬레스건으로 지적돼왔던 중국 내 외딴 섬 홍콩을 흡수하는 목적도 달성할 가능성이 높아진다.

미국은 달러 페그제가 붕괴되면 홍콩과 자유롭게 교역할 수 없게 되고 홍콩 금융 시장에서 누리는 특혜도 포기해야 한다. 트럼프 정부 출범 이후 중국 등 사회주의 국가를 중심으로 거세게 불고 있는 탈(脫)달러화 움직임도 빨라져 기축통화국의 이점도 줄어들 것으로 예상된다. 그러나 달러 페그제 유지만을 위해 기축통화인 달러 유동성을 공급하는 것은 사실상 어렵다.

군사적 충돌뿐 아니라 경제적으로 홍콩 시위가 오래 지속되면 달러 페그제 붕괴를 바라는 중국과 어떻게 하든 유지해야 하는 미국 사이의 마찰이 더 심해질 수밖에 없다. 트럼프 정부 출범 이후 지난 2년 동안 끌어온 미중 간 마찰은 최악의 국면으로 치닫고 있다. 돌이킬 수 없는 루비콘 강을 건넜다는 시각이 나올 정도다.

트럼프 정부의 보복 관세 부과에 시진핑 정부가 위안화 약세로 맞서면서 넘지 말아야 할 포치, 즉 '1달러 = 7위안'이 깨졌다. 곧바로 트럼프 대통령은 중국을 환율조작국으로 지정했다. 그 후 보복 관세 부과로 서로 맞받아치면서 진흙탕 싸움이 전개되고 있다. 중국이 환율조작국으로 지정됨에 따라 트럼프 대통령은 의회 승인 없이 행정 명령만으로 100퍼센트 보복 관세를 부과할 수 있다. 대중 무역 적자 축소와 함께 2020 대선의 최대 약점인 재정 적자를 관세 수입으로 메울 수 있는 매력적인 카드다. 하지만 극단적 이기주의라는 국제적 비난은 피할 수 없다.

앞으로 중국이 어떤 식으로 나오느냐가 국제 금융 시장과 세계 경제에 커다란 영향을 줄 것이다. 중국이 위안화 가치를 대폭 절하하고 미국도 달러 약세로 맞대응할 경우 글로벌 환율 전쟁이 일어나 세계 경제는 1930년대에 겪었던 대공황의 악몽을 꿔야 한다. 홍콩 문제의 본질과 위험성이 여기에 있다.

한국은 홍콩에 대한 수출액이 중국, 미국, 베트남에 이어 네 번째로 큰 나라다. 최대 수출국인 중국에 대한 수출액도 약 70퍼센트 이상이 홍콩을 통해 이뤄지고 있다. 미중 간 마찰이 날로 격화되는 가운데 전체 수출에서 양국이 차지하는 비중이 40퍼센트에 달한다. 홍콩 문제와 미중 간 마찰이 장기간 지속될 경우 직격탄을 맞을 가능성이 높다.

홍콩을 통한 자금 조달 규모는 아시아 국가 중 한국이 가장 많다. 한국 금융사의 H 지수를 기초로 한 ELS(주가연계증권) 잔액은 42조 원에 달한다. 이는 전체 ELS 잔액의 67퍼센트에 달하는 액수다. 홍콩 H 지수가 8,000포인트 아래로 떨어지면 '녹인(knock in)', 즉 원금손실구간에 들어간다. 선제적인 대책이 시급한 때다.

중국 넘보는 인도의 저력

2020년대에 들어가기에 앞서 가장 먼저 정비한 국가는 인도다. "세계 민주주의의 꽃", "지상 최대의 투표"라 불린 인도 총선에서 당초 어려움을 겪으리라는 예상과 달리 집권당인 인도 국민당의 압승으로 끝남에 따라 나렌드라 모디(Narendra Modi) 총리가 연임에 성공했다. 인도 총선은 5년마다 543명(대통령 임명 2명 제외)의 연방 하원을 선출하는 선거로, 다수당의 총리 후보가 차기 총리가 되는 영국 방식을 채택하고 있다.

인도가 영국에서 자치 독립한 이후 정치사회 이슈가 단골 메뉴가 돼왔지만, 2014년 총선 때부터 경제 문제, 특히 서민과 젊은 층의 고용 문제가 이례적으로 쟁점이 됐다. 인도 국민회의당 연정 체제가 들어선 이후 한때 '넥스트 차이나(Next China)'라고 불릴 정도로 고도성장세를 구가했던 인도 경제가 크게 흔들렸기 때문이다.

2014년 총선 당시 국민당 후보였던 모디 총리는 구자라트 주(州) 총리 당시 독특한 성장 모델로 높은 성과를 달성했다. 이 덕분에 서민과 청년층의 전폭적인 지지를 받으며 연임에 성공했고, 2020년대 인도 경제는 탄력을 받을 것으로 예상된다. 인도 경제의 고질병이었던 화폐 개혁과 상품 서비스 세제 개편도 마무리해놓은 상태다. 일부 예측 기관은 중국을 제치고 인도가 미국에 이어 세계 2위의 경제 대국으로 우뚝 설 수 있으리라고 전망한다.

집권 2기를 맞은 모디 정부의 최대 과제는 인도 경제가 최근의 부진한 상황을 극복하고 재도약하는 것이다. 월트 로스토(Walt Rostow) 교수의 경제 발전 5단계론에 따라 '도약' 단계에서 '성숙' 단계로 순조롭게 이행해 고성장의 후유증을 극복하고 지속 가능한 성장 기반을 마련할 수 있을지의 여부가 관건으로 작용할 것으로 예상된다. 월트 로스토 교수는 개발도상국은 해당 국가가 처한 정치적·사회적·경제적 여건과 관계없이 '전통 사회(traditional society)', '도약을 위한 선행조건 충족(preconditions for take-off)', '도약(take-off)', '성숙

(drive to maturity)', '대중 소비(mass consumption)'의 단계를 거친다는 '경제 발전 5단계 이론'을 제시했다.

역대 인도 총리 중 다섯 번째로 연임에 성공한 모디 정부에 대한 기대가 높다. 그는 취임사에서 집권 1기 때와 마찬가지로 저성장, 고실업, 고물가 등 경제 문제 해결을 최우선 과제로 삼겠다고 밝혔다. 모디 정부 경제 정책의 이론적 토대이자 경제 정책 운용의 근간이 된 '모디노믹스'는 구자라트 성장 모델이 핵심이다. 모디 총리는 2001년 구자라트 주총리로 취임한 이후 대규모 외자 유치와 대대적인 개혁을 통해 구자라트 주의 성장률을 연평균 13.4퍼센트까지 끌어올렸다. 구자라트가 인도와 파키스탄 사이의 분쟁 지역임을 감안하면 인도 전체를 깜짝 놀라게 한 성장률이었다.

2019년 4월에 치러진 2기 집권을 위한 총선 과정에서 내걸었던 공약과 기존의 구자라트 성장 모델 등을 감안할 때 모디노믹스는 크게 3가지 내용을 핵심으로 할 가능성이 높다. 집권 1기 내내 우선순위를 두고 추진해왔지만 여전히 미흡하다고 보는 잠재 성장 기반을 확충하고자 2020년대에 들어서도 제조업을 중심으로 한 대대적인 설비 투자와 대규모 인프라 확충에 나설 것으로 예상된다.

구자라트 주정부 시절 크게 성공한 경험을 살려 투자 환경 개선을 골자로 하는 대폭적인 개방조치 등을 통해 외국 기업과 외국 자본 유치에 적극 나선다는 방침이다. 특히 인도 성장 경로 특성상 초기의

'외연적' 성장 단계에서 모디 정부의 성장 경로가 될 '내연적' 성장 단계로 이행하는 과정에서 발생할 부정부패 등 성장통을 해결하기 위해 강도 높은 개혁과 구조조정을 추진해나갈 가능성이 높다.

집권 1기 때와 마찬가지로 집권 2기에도 저항 세력이 만만치 않으리라고 예상된다. 정치적으로 인도가 영국에서 독립한 직후 오랫동안 집권하는 과정에서 자와할랄 네루(Jawaharlal Nehru)와 그의 딸 인디라 간디(Indira Gandhi) 그리고 외손자 라지브 간디(Rajiv Gandhi) 등 총리를 3명이나 배출한 인도의 명문가 네루-간디 가문을 중심으로 한 기득권층의 영향력이 여전히 높다. 카스트와 힌두교 이념을 극복하는 과정에서 이전 정부처럼 상당한 어려움에 봉착해 개혁 및 구조조정이 정체될 가능성도 배제할 수는 없다.

경제적으로도 만성적인 재정 적자와 경상수지 적자로 인해 선거 과정에서 내건 공약이 구체적으로 실현될 수 있을지 의문을 제기하는 시각이 만만치 않다. 대외 경제 정책에 있어서는 지방정부에 대한 재정자치권 부여와 외국과의 통상협상에 주정부를 참여시킬 예정이어서 자유무역협정 등이 더뎌질 가능성도 높다. 자유무역 확대가 관세 장벽을 없애면서 인도 기업의 경쟁력을 약화시킨다고 여길 수도 있다.

한국과 인도는 우호적인 관계를 유지해왔다. 모디 정부 집권 1기 5년 동안 한국의 대인도 수출 증가율은 전체 수출 증가율의 2배를 기록할 정도로 괄목할 만한 성과를 냈다. 모디 총리는 구자라트를 인도에서 가장 빠르게 성장하는 주로 만든 경험을 살려 청년 일자리 창출과 물가 안정 등 경제성장을 위한 정책을 마련하겠다고 강조했다.

농촌 지역 인프라 지원을 통한 농업 부문 성장을 통해 유휴 인력을 산업 부문에 재배치하고 대기업 중심으로 적극적인 산업화를 추진해나간다는 방침이다. 이 모델은 인도 전체에 적용 가능한 것으로 보이며, 이를 위해 조세개혁과 노동법 분야에 대대적인 개혁이 있을 가능성도 커졌다. 조세제도 간소화, 토지수용 절차, 각종 인허가 제도의 간소화가 추진될 경우 예측 가능성이 높아져 인도 현지 진출 한국 기업의 사업 환경도 개선될 것으로 기대된다.

전력과 건설 등 인프라 시장 진출 기회가 확대되고 장기적으로는 경기 회복으로 소비 시장 진출 기회도 확대될 것으로 예상됨에 따라 인도 진출 희망 한국 기업은 이에 대한 사전 준비가 필요하다. 인도 시장에서의 일본 및 중국 등과의 경쟁이 치열해질 것을 대비해 정부는 한국과 인도 사이의 포괄적 경제동반자 협정(Comprehensive Economic Partnership Agreement, CEPA) 개정 협상도 서둘러 추진할 필요가 있다.

인도 경제의 성장 잠재력은 그 어느 나라보다 크다. UN은 2020년대 들어 인도 인구가 중국을 초월할 것으로 내다봤다. 내수 비중도 75퍼센트에 달해 미중 간 마찰 등 대외 변수로부터의 충격을 완충시

또 다른 10년이 온다

킬 수 있다. 경제 연령도 25세(중국 37세, 한국 47세) 전후로 창의적이고 유연한 사고를 요구하는 제4차 산업혁명에 걸맞은 인구 구조를 갖고 있다. 예측 기관은 인도가 2020년대에도 연평균 6~7퍼센트대의 성장세를 지속할 것으로 내다보고 있다.

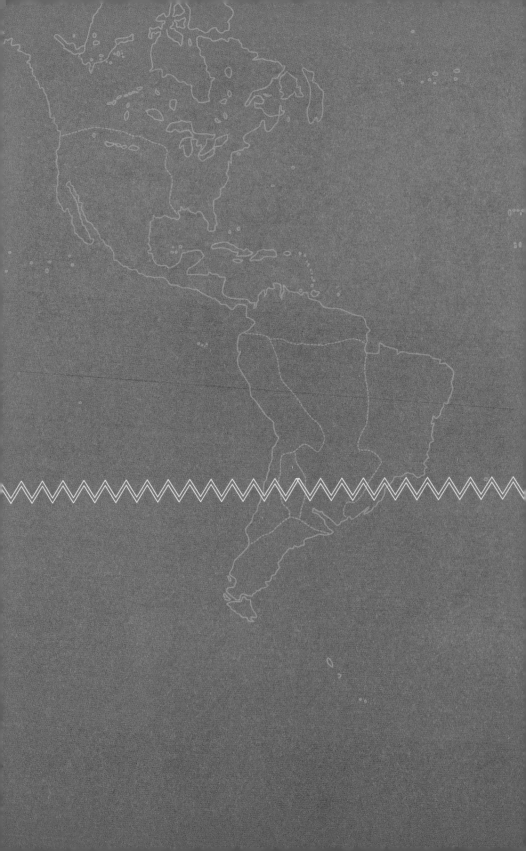

제3장

제3섹터가 다시 그리는
세계산업지도

금융 위기 이후 전세계적으로 양극화 문제가 심화되면서 위기 이전의 중산층이 하위 계층인 빈곤층으로 떨어지는 경우가 많아지고 있다. 금융 위기를 계기로 선진국 중심의 수요가 한계에 도달한 상황에서 저소득 계층의 구매력이 확대될 것으로 예상된다. 하위 계층은 절대 소득은 낮으나 소득에서 소비가 차지하는 비중, 즉 소비성향은 상대적으로 높다.

알파라이징 산업과 BOP 비즈니스

━━   ━━

뉴밀레니엄 시대를 맞은 지 20년이 된다. 지금까지 나타난 모습을 보면 당초의 희망과 기대와는 달리 서브프라임 모기지 사태, 유럽 재정 위기, 미중 간 무역마찰 등과 같은 예외적인 상황이 잇달아 발생하고 있다. 특히 이전보다 영향력이 커진 심리 요인과 네트워킹 효과로 상황이 순식간에 바뀌는 절벽 효과 때문에 앞날을 내다보기가 더욱 힘들어졌다.

미래 예측이 어려우면 어려울수록 차별화 현상은 더욱 심화된다.

알파 라이징 산업 트렌드

분야	트렌드
건강	치료를 넘어 인간다운 의학으로
영양	감성을 불러 질병을 예방하라
환경	지구에 생명력을 불어 넣어라
에너지	깨끗한 에너지와 함께 미래로
컴퓨터	이머전(Immersion), 상호작용 그리고 인공지능
안전	생명보호, 그리고 서로 신뢰하는 세상을 만든다
건축	자연과 과학이 어울려진 주거공간
교통	더 편하게, 더 빠르게, 더 깨끗하게
생산	혁신과 아이디어로 변화를 이끈다

자료: 기획재정부

기업은 뉴밀레니엄 시대에 나타나는 차별적인 경쟁우위 요소, 즉 '제3섹터'를 잘 포착해 대응하면 이전보다 빨리 중심국과 우량 기업에 올라서고 그 지위를 오랫동안 유지할 수 있다.

제3섹터 산업도 떠오르고 있다. 이른바 '알파라이징 산업(Alpha-Rising Industry)'이다. 알파라이징 산업이란 현존하는 기업 이외라는 점에서 '알파(α)', 금융 위기 이후 적용될 새로운 평가 잣대에 따라 부각된다는 의미에서 '라이징(rising)'이 붙은 용어다. 이들 업종은 시간이 경과하면서 큰돈을 벌 수 있는 빅 마켓(Big Market)으로 떠오를 가능성이 높다.

각 분야에서 이뤄지는 다양한 미래 상품 가운데 기업인을 비롯한 경제 주체가 가장 먼저 주목해야 할 것은 건강 분야로, 암세포만을 집중 공격해 치료하는 바이러스다. 통상적으로 암 치료는 지속적으로 분열하는 암세포를 죽이는 화학 치료가 대부분이다. 하지만 화학 치료는 암세포뿐 아니라 멀쩡한 정상세포도 함께 죽이기 때문에 암세포만을 선택적으로 제거하는 방법이 절실했던 상황이다.

이 아이디어가 현실화된 것은 '파르보바이러스(parvovirus)' 덕분인데, 암세포와 같은 비정상적인 세포 속에 살면서 그 세포를 죽게 만드는 것이 결정적인 단서가 됐다. 파르보바이러스를 파발꾼으로 이용하는 방법과 파르보바이러스에 추가로 암세포를 죽일 수 있는 독을 주입해 일종의 우편 폭탄을 만들고 암세포에 다가가 터지게 하는 획기적인 방안이 개발 중에 있다.

또한 앞으로는 카드를 분실해도 걱정할 필요가 없는 시대를 맞을 것으로 예상된다. 카드에 내장되어 있는 극평면 마이크로 카메라가 주인을 알아보고 현금 인출을 거부할 수 있기 때문이다. 곤충의 눈 복안(複眼)에서 힌트를 얻은 전자공학 기술로 카메라 크기를 극도로 줄일 수 있기에 가능해졌다. 아직 상용화 단계는 아니다. 국내 업체에서도 많은 시도를 하고 있지만 완벽히 작동하는 데까지는 시간이 다소 걸릴 것으로 예상된다.

어떤 외국어든 완벽하게 이해하도록 도와주는 도구를 활용해 언어의 장벽이 허물어지는 세상도 온다. 유사한 기능을 가진 제품들이 현재에도 꽤 출시된 상태다. 그렇지만 한층 진화된 제품은 말할 때 생기는 근육 운동을 통해 신호를 알아내고 이를 언어로 전환해 상대방 언어로 통역해주는 수준이 될 것이다. 그렇게 되면 세계인의 언어 생활에 획기적인 변화가 올 것이다. 오히려 이에 대한 반작용으로 각국 국민과 민족별로 고유 언어를 다시 찾으려는 이른바 '언어 정체성 찾기 운동'이 전개될 것이라는 시각도 있다. 아울러 자국의 언어가 세계 공용어가 되기 위해 다른 민족에 수출하는 노력도 진전될 것으로 예상된다.

석유 원유나 휘발유 등 기름을 먹는 박테리아로 바다가 안전해지는 시대도 기대할 수 있다. 독일 빌레펠트대학의 생명공학자들이 석유를 주식으로 하는 '알카니보락스 보르쿠멘시스(Alcanivorax Borkumensis)'라는 박테리아를 발견해 연구하고 있다. 그런데 OPEC 회원국 등을 중심으로 이 박테리아가 자국에 미칠 부작용을 감안해 확산될 수 있는 반대 운동을 어떻게 극복할 것인지가 성공 여부에 또 다른 변수가 될 것으로 보인다.

같은 관점에서 자동차 연료로 휘발유만을 사용하지 않기 때문에 휘발유 값이 아무리 올라도 걱정할 필요가 없는 시대가 올 수 있다. 주유소에는 각종 연료 메뉴판이 걸리고 운전자는 가장 싼 연료를 구매한다. 연료 연소로 생기는 에너지를 전기로 바꾸고 이 전기가 모터를 움직이는 '자유 피스톤 엔진(Free Piston Engine)' 발명으로 가능해지기 때문이다.

'좋은 바람'이라는 의미의 '벨로벤트(velovent)'는 뮌헨공과대학교 스포츠기기재료 학부에서 개발하고 있는 시범 프로젝트다. 도심의 교차지점을 터널과 같은 특별한 통로의 네트워크와 결합한 독특한 방식이다. 벨로벤트의 핵심은 속도를 쉽게 낼 수 있도록, 예컨대 자전거를 타는 사람의 등을 향해 바람이 불게 하는 원리다.

이 밖에 다양한 미래 상품들이 개발 중에 있다. 이처럼 핵심 '알파라이징' 업종은 대부분 친인간적·친환경적이라는 공통점을 갖고 있다. 그때그때 인기주와 주도주를 쫓아 '성장의 함정'에 빠지기보다 사람 냄새가 물씬 풍기는 기업의 주식이 중장기적으로 수익이 높게 나온다는 제러미 시겔(Jeremy Siegel) 교수의 투자 기법과도 일치한다. 금융 위기가 어느 정도 마무리되는 상황에서 투자자들은 이들 업종에 대한 관심을 높일 필요가 있다.

빈곤층을 대상으로 한 비즈니스인 'BOP(Bottom of the Pyramid)' 관련 업종도 주목하고 있다. BOP는 1998년 미시간대학교 코임바토레 프라할라드(Coimbatore Prahalad) 교수와 코넬대학교 스튜어트 하트(Stuart Hart) 교수가 처음 정립해 사용한 용어다. 소득 피라미드의 최하위 계층으로 1인당 연소득 3,000달러(1일 8달러) 미만

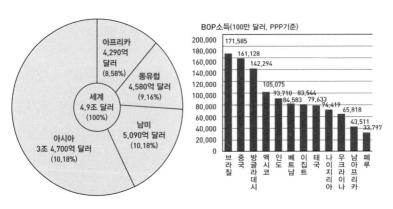

지역별 BOP 시장 규모

아프리카
4,290억
달러
(8.58%)

동유럽
4,580억 달러
(9.16%)

세계
4.9조 달러
(100%)

남미
5,090억 달러
(10.18%)

아시아
3조 4,700억 달러
(10.18%)

*시장 규모는 2005년 구매력평가 기준.

BOP 계층 소득비교

BOP소득(100만 달러, PPP기준)

브라질	171,585
중국	161,128
방글라데시	142,294
멕시코	105,075
인도	93,710
베트남	84,583
이집트	83,544
태국	79,633
나이지리아	74,419
우크라이나	65,818
남아프리카	43,511
페루	33,797

자료: The Next 4 Billion, IFC and WRI

으로 생활하는 경제적 빈곤층을 말한다. BOP 계층은 세계 인구의 약 72퍼센트인 40억 명에 이르며 시장 규모도 5조 달러에 달하는 거대 시장이다.

　금융 위기 이후 전세계적으로 양극화 문제가 심화되면서 위기 이전의 중산층이 하위 계층인 빈곤층으로 떨어지는 경우가 많아지고 있다. 금융 위기를 계기로 선진국 중심의 수요가 한계에 도달한 상황에서 저소득 계층의 구매력이 확대될 것으로 예상된다. 하위 계층은 절대 소득은 낮으나 소득에서 소비가 차지하는 비중, 즉 소비 성향은 상대적으로 높다.

또 다른 10년이 온다

BOP 비즈니스는 BOP 계층을 원조의 대상이 아닌 미래의 잠재 시장으로 간주해 이들에게 필요한 제품이나 서비스를 기존과 다른 방법으로 제공해 수익을 확보하고 빈곤층의 후생 수준을 높이는 사업 모델이다. 글로벌 기업일수록 '넥스트 볼륨 존(Next Volume Zone)'과 '넥스트 마켓(Next Market)'으로 간주하고 이 사업에 주도적으로 뛰어들고 있다.

제4차 산업혁명 시대 유망 기술 TOP 10

저유가 쇼크, 신흥국 자금 이탈, EU 붕괴, 중국 및 일본 증시 폭락…. 언제 어떻게 터질지 모르는 위기징후군이다. 극단적인 비관론인 '칵테일 위기(Cocktail of Risks)'까지 고개를 들고 있다. 칵테일 위기란 영국 재무성 장관 시절 조지 오즈번(George Osborne)이 2016년 신년 기자회견에서 처음 언급한 것으로, 특정 사건을 계기로 잠복된 악재가 동시다발적으로 터지는 현상을 말한다.

또 다른 10년을 맞이하는 2020년대 진입을 앞두고 칵테일 위기론까지 거론되는 것은 새로운 먹을거리가 될 수 있는 산업이 새롭게 탄생하지 않고서는 위기로 점철돼온 2010년대 상황을 풀 수 없기 때문이다. 제로 또는 마이너스 금리와 양적 완화로 대변되는 각국

산업혁명의 발전 과정

산업혁명	1차	2차	3차	4차
발생 시기	1784년~	1870년~	1969년~	?
혁신 분야 및 기술	증기의 동력화	분업, 전기 에너지를 활용한 대량 생산	전자기기 보편화	인공지능, 빅데이터 ICT와 제조업의 융합
생산방식	기계 생산	컨베이어 벨트 도입, 대량 생산	공작기계 자동화	디지털 기기, 인간, 물리적 환경의 융합
커뮤니케이션	책, 신문, 전신	전화, 라디오, 텔레비전	인터넷, SNS	사물 인터넷
교통	철도	자동차, 항공기	고속철도	자율주행 자동차, 항공우주 산업
주요 에너지	석탄, 철	석탄, 석유 등 화석연료	원자력 에너지 재생 가능 에너지	환경 친화적 에너지 관심 확산

자료: 세계경제포럼

의 금융 완화 정책은 캠플 주사 효과만 있을 뿐 세계 경제를 장기 침체라는 더 깊은 수렁으로 빠지게 할 것이라는 경고가 잇따르고 있다. 뒤늦은 반성이다.

2020년대가 다가올수록 제4차 산업혁명에 대한 논의가 활발히 전개되고 있는 이유도 이 때문이다. 2016년 세계경제포럼 의제로 "제4차 산업혁명의 이해(Mastering the Fourth Industrial Revolution)"가 채택된 이래 계속해서 각국의 지도자와 기업인들을 중심으로 격의 없는 논의가 이뤄져왔다.

세계경제포럼의 창시자인 클라우스 슈밥(Klaus Schwab)은 "제4차 산업혁명은 이전의 산업혁명보다 훨씬 큰 변화 속도와 규모와 강도로 생산, 분배, 소비 등 전체 시스템을 바꾸는 기회가 됨과 동시에 인간의 본성에까지 영향을 미칠 수 있는 인류의 새로운 도전이 될 것"이라고 선언했다. 2020년대 화려하게 꽃 피울 제4차 산업혁명의 주도권 확보 여부에 따라 세계 경제 패권과 각국의 운명이 좌우될 것으로 관측된다.

① 인공지능

제4차 산업혁명을 주도할 미래의 유망 기술로 가장 자주 거론되고 폭넓은 공감대가 형성돼 있는 분야는 '인공지능(Artificial Intelligence, AI)' 또는 '슈퍼 인공지능(Super Artificial Intelligence, SAI)'이다. 실용화 정도도 가장 앞선다. 인공지능이란 인간성, 지성, 학습 능력, 추론 능력 등 인간의 두뇌 작용을 기계(컴퓨터)가 스스로 추론, 학습, 판단하면서 행동하는 시스템을 말한다.

인공지능의 개념은 제2차 대전 전후로 경제, 공학, 수학, 물리학 등 다양한 학문들 사이에서 처음 논의되기 시작했다. 그중에서도 1950년 영국의 수학자 앨런 튜링(Alan Turing)이 발표한 논문 〈계산 기계와 지능(Computing Machinery and Intelligence)〉과 1960년 조지프 리클라이더(Joseph Licklider)의 〈인간-컴퓨터 공생(Man-

Computer Symbiosis)〉 논문이 현대 인공지능 연구의 시초가 된 것으로 알려져 있다.

1950년대 말 이후 인공지능은 실험 학문으로 시작됐지만, 당초 기대와 달리 뚜렷한 접근 방법과 성과가 없어 1980년대까지 침체기였다. 그런데 1990년대 이후 기계 학습, 로봇공학(Robotics), 컴퓨터 비전(Computer Vision) 등 특정 공학 분야에서 연구되고 있던 머신러닝(Machine Learning)을 중심으로 인공지능 분야가 각광을 받기 시작했다.

2008년 금융 위기 이후에는 글로벌 IT 기업을 중심으로 인공지능을 비즈니스에 접목하기 위한 투자가 빠르게 진행됐다. 인공지능 기술 분야에서 가장 빨리 치고 나간 구글은 2013년 DNN리서치(DNN Research)를 인수했으며, 2014년 영국의 딥러닝(Deep Learning) 전문 기업 딥마인드(DeepMind)를 시작으로 제트팩(Jetpac), 다크블루랩스(Dark Blue Labs), 비전팩토리(Vision Factory) 등 다양한 인공지능 벤처 기업을 인수해나가고 있다.

인공지능 분야의 또 다른 강자 IBM은 1997년 세계 체스 챔피언인 개리 카스파로프(Garry Kasparov)를 이긴 인공지능 슈퍼컴퓨터 딥블루(Deep Blue)를 개발했다. 금융 위기 이후에는 슈퍼컴퓨터 왓슨(Watson)을 활용한 의료 인공지능 관련 사업을 본격화했다. 2020년대 IBM의 미래를 좌우할 핵심 사업으로 보고 2,000명 이상의 개발자로 구성된 인공지능 비즈니스 솔루션 사업부도 설립했다.

투자자문 및 트레이딩 등 금융 서비스에서도 인공지능 시스템을 활용하려는 금융 회사가 많아지는 추세다. 싱가포르개발은행(DBS) 은 자산관리 업무에 IBM의 왓슨을 적용해 우수 고객들을 대상으로 한 맞춤형 투자자문과 자산관리 서비스를 제공하고 있다. 성과가 좋아서 2020년대 들어서는 대부분의 금융 회사가 인공지능 시스템을 모든 업무에 적용할 것으로 예상된다.

미국에서 웰스프론트(Wealthfront), 베터먼트(Betterment) 등 로보어드바이저(robo-advisor) 기업들이 속속 생겨나고 있는 점도 주목할 만하다. 로보어드바이저는 로봇(robot)과 투자자문가(advisor) 의 합성어로, 인간이 아닌 인공지능이 빅데이터를 기반으로 투자 의사결정을 내리는 것을 뜻한다.

2020년대를 앞두고 이들이 운용하는 자산 규모는 아직 1조 달러에 미치지 못하는 수준이지만 글로벌 금융 컨설팅 업체 AT커니(AT Kearney)는 2020년대 말이 되면 로보어드바이저 시장이 10조 달러까지 성장한다고 내다봤다. 세계 최대 규모의 중국 외환 보유액을 3배나 웃도는 규모다.

트레이딩 분야에서도 인공지능이 확산될 조짐이 있다. JP모건의 헤지펀드 자회사 하이브릿지캐피털(Highbridge Capital)은 인공지능 스타트업 기업 센션트테크놀로지(Sentient Technologies)와의 협업

글로벌 IT 기업들의 인공지능 개발 현황

회사	주력 분야	관련 기업 인수 및 투자
구글	• 인공지능 기술을 접목한 채팅 로봇 개발 중 • 자율주행 자동차를 비롯한 스마트 검색엔진 개발 • 가상현실 기술과 인공지능을 결합한 제품 개발	• 네스트랩(자동 온도조절 장치) • DNN리서치(뉴런네트워크) • 딥마인드테크놀로지(인공지능)
IBM	• 슈퍼컴퓨터 왓슨 활용 사업	• 인지 비즈니스 솔루션 사업부 설립
애플	• 음성인식 서비스 Siri의 지속적인 업그레이드 • 인공지능 기술 기반 자율주행 자동차 개발	• 이모션트(표정 분석) • 페이스시프트(모션 캡처) • 보컬IQ(음성인식) • 자율주행 자동차 개발
페이스북	• 인공지능 소프트웨어 개발	• 위트에이아이(음성인식) • 얀 레쿤 뉴욕대 교수 영입
테슬라	• 인공지능 활용한 자율주행 자동차 개발	• 오픈AI 재단 설립 후 10억 달러 투자
바이두	• 차세대 검색엔진 개발 • 인공지능 기술 기반 자율주행 자동차 개발	• 앤드루 응 스탠퍼드대 교수 영입 • 미국에 3억 달러 투자, 인공지능 • 연구소 설립

자료: 이코노미스트

으로 머신러닝 기반의 투자 시스템 개발에 성공했다. 브릿지워터어소시에이츠(Bridgewater Associates) 등의 헤지펀드사 또한 자체 머신러닝 투자 시스템 개발을 마무리했다. 모든 트레이딩 인력이 없어져 금융 분야에서 대규모 실업 사태가 현실로 닥칠 가능성이 높아 우려된다.

2020년대에 들면 인공지능 기술 개발은 가히 상상도 못할 속도로 빨라질 것이다. 각국의 국민생활에도 커다란 변화를 초래할 것으로 확실시된다. 수많은 임상 정보가 축적되는 의료 서비스나 쉴 새 없는 거래가 이뤄지는 금융 및 유통업 등 산업별로 그 적용 속도와 수준에는 차이가 있겠지만 궁극적으로는 인공지능이 인간의 역할을 상당 부분 대체해나갈 것으로 예상된다.

② 뇌과학

인공지능 다음으로 제4차 산업혁명을 주도할 유망 기술로 '뇌과학(Brain Science)'을 꼽는다. 뇌는 인간의 기억을 저장하고 판단, 인지, 정서, 행동 등에 영향을 미치는 가장 중요한 신체 기관이다. 현대 과학 기술의 한계에 있는 미지의 영역이자 인류의 건강과 행복을 위해 정복해야 할 최후의 난제로 평가받고 있다.

뇌과학은 뇌 신경계에 관한 신경생물학과 인지과학 이론을 바탕으로 뇌의 구조, 근본 원리 및 기능, 질병 해결책 등을 파악하는 연구 분야다. 현대 뇌과학은 의학, 공학, 심리학, 금융 등 다양한 분야가 서로 연결돼 있는 융합 학문이며 주요 분야는 크게 뇌의 신경생물학적 이해, 뇌질환 예방과 극복, 인지 기능 이해, 정보 처리 응용 등으로 나뉜다.

2020년대 진입을 앞두고 인구 구조, 생활 패턴, 기술 발전 등 변화하는 환경 속에서 뇌 연구의 필요성과 관심이 부쩍 높아지고 있다.

뇌과학의 궁극적인 목표이기도 하다. 한국을 포함한 전세계가 고령화 사회로 진입하고 있으며 인간의 기대 수명이 늘어나자 알츠하이머 및 파킨슨병 등 퇴행성 뇌 활동 장애와 인지 능력 저하 질환이 사회적 문제로 확산되고 있기 때문이다.

뇌과학은 천문학적인 비용이 소요되기 때문에 주요 선진국에서 국가 차원의 연구로 진행돼왔다. 미국은 1990~2000년을 '뇌과학의 10년(Decade of the Brain)'으로 선언하고 세계 뇌 연구를 선도하고 있다. 금융 위기 이후 오바마 정부는 뇌 활동 지도(Brain Activity Map, BAM)를 완성하는 연구에 2023년까지 매년 3억 달러씩 투자해나간다는 야심찬 계획을 발표한 바 있다. '오바마 지우기'로 일관했던 도널드 트럼프 정부 들어서도 예산을 더 배정해 이 계획만큼은 차질 없이 추진하고 있다.

EU는 영국과 독일 등 7개 국가의 연구기관이 함께 참여하는 공동 프로젝트를 추진하고 있다. 앞으로 10년 동안 10억 유로를 투자해 최신 뇌과학 지식을 슈퍼컴퓨터에 입력해 인간의 뇌를 시뮬레이션할 수 있는 '인간 뇌 프로젝트(Human Brain Project, HBP)'를 시행해나갈 계획이다.

일본 역시 고령화가 빠르게 진전되자 뇌 연구의 중요성을 일찌감치 깨달았다. 1996년에는 21세기를 '뇌 연구의 세기(Century of Brain)'로 선언하고 뇌 연구를 국가 프로젝트로 격상시켜 추진해왔다. 아베 정부 들어서는 인간의 뇌 질환을 이해하기 위해 원숭이의 뇌를 지도로 표현하는 연구를 진행하는 등 매년 300~500억 엔을 투자하고 있다. 2020년대 들어서는 정부의 지원 규모를 2배 이상 늘린다는 계획이다.

한국의 경우 전체 생명공학 분야 중 뇌 연구에 편성된 예산은 5퍼센트에도 못 미친다. 미국의 18퍼센트, 일본의 7퍼센트, 영국의 20퍼센트와 비교할 때 턱없이 부족한 액수다. 그래도 한국과학기술연구원(KIST), 기초과학연구원(IBS) 등을 중심으로 뇌 연구를 위한 본격적인 투자 유치에 나서고 있다. 이들 국가에 뒤처지지 않기 위해서는 지원액을 2배 이상 늘릴 필요가 있다.

앞으로 뇌과학 프로젝트를 통해 뇌 지도와 뇌의 역할에 대한 이해가 확립되면 사회 전반에 상당한 파급 효과를 불러올 것으로 전망된다. 뇌 지도 연구가 완성되면 뇌의 호르몬 분비를 조절해 고소공포증, 공황장애, 대인기피증 등과 같은 정신질환을 치료할 수 있음은 물론 뇌세포와 신경회로 변화 등 퇴행성 뇌 활동 장애를 줄여 인간의 기대 수명을 더 끌어올릴 수 있다.

산업적인 측면에서 뇌 연구는 생각만으로 기계를 움직이는 '뇌-기계 인터페이스(Brain Machine Interface, BMI)' 기술처럼 이종 기술과의 융합 연구가 빠르게 확산되는 추세다. 앞으로는 기술 융합 연구를 통해 특정 기억을 저장하거나 지우게 되는 것이 가능해질 뿐더러 로

뇌과학 연구 분야

분야	연구 내용
뇌의 신경생물학적 이해	• 신경세포의 발생 및 분화, 신호 전달 및 유전자 발현, 재생 및 신경가소성 이해 및 신경계의 통합적 조절 체계 및 고등 기능 이해
뇌질환 예방 및 극복	• 퇴행성 뇌질환, 급성 신경계 손상, 정신질환의 기전 규명, 진단, 예방 및 치료제 개발 연구
뇌 인지 기능	• 학습과 기억, 의사결정, 언어 및 정서 발달의 뇌신경 고등 기능 연구
뇌 정보 처리 이해 및 응용	• 감각 및 운동 기능에 대한 정보 처리 이해, 모델링 및 공학적 구현

자료: 한국과학기술기획평가원

봇 및 인공지능 연구에도 가속도가 붙을 것으로 예상된다.

③ 핵융합

주요 에너지 자원인 화석연료의 고갈, 환경오염 및 온난화 문제가 세계적인 화두로 대두되면서 '핵융합(nuclear fusion)'과 같은 친환경 대체 에너지 수요와 개발 관심이 부쩍 높아지고 있다. 지금까지 대표 에너지원이었던 석유가 정제와 사용 과정에서 이산화탄소나 아황산 가스 등 환경과 대기를 오염시키고 지구 온난화를 유발하는 주범이기 때문이다.

석탄도 마찬가지다. 매장량은 풍부하지만 수송이 어렵고 석유보다 더 큰 환경오염을 유발한다. 수력 에너지는 개발 과정에서 주변

환경을 파괴하는 단점도 있다. 풍력, 태양광 등의 에너지는 환경을 파괴하지 않는다는 장점은 있지만 에너지 밀도가 낮고 간헐적으로 이용할 수밖에 없어서 대용량 에너지원으로 발전하기에는 어려움이 존재한다.

반면 핵융합에 의해 생성되는 에너지는 비교적 저렴한 비용에 막대한 에너지를 생산하고 이산화탄소와 같은 환경오염 물질을 배출하지 않는다는 장점이 있다. 이 때문에 선진국에서는 차세대 대체 에너지로 핵융합 에너지에 큰 관심을 두고 있다. 정책 요인으로 원자력 발전 주도국 지위가 흔들리고 있는 한국이 2020년대 들어 핵에너지 정책에 우선순위를 되찾을 것인지에도 관심이 쏠리고 있다.

핵융합은 여러 기준에 의해 정의되지만 에너지 관점에서는 중수소(deuterium)와 삼중수소(tritium)를 섭씨 1억 도의 초고온에서 융합시켜 더 무거운 원자핵을 만들어내는 것을 말한다. 이 과정에서 전체의 99.29퍼센트가 헬륨 가스로 전환되고 나머지 0.91퍼센트는 질량이 막대한 에너지를 생성하게 된다. 태양을 포함한 우주의 모든 별(항성)에서 발생하는 에너지의 근원 역시 핵융합이다. 1그램의 핵융합 반응은 석유 8톤에 해당되는 에너지를 만들어낼 수 있다.

핵융합 발전은 핵분열인 원자력 발전과 달리 많은 원료와 냉각수를 필요로 하지 않기 때문에 넓은 해안가 등지에 건설할 필요가 없다. 따라서 핵과 관련된 모든 산업의 고질적인 외부 불경제 문제를

주요 에너지원 사용량 전망

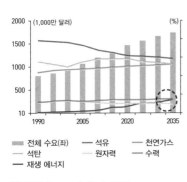

자료: BP Energy Outlook 2035

1기가와트 생산에 필요한 연료량

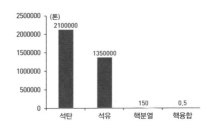

자료: 국가핵융합연구소

줄일 수 있다. 외부에서의 연료 공급 여부에 따라 발전소 가동을 자유자재로 조절할 수 있으므로 폭발하지 않으며 통제도 가능하다. 주원료인 중수소는 바닷물 전기분해를 통해 거의 무제한으로 확보할 수 있다. 삼중수소는 리튬의 핵반응에 의해서 생성된다. 리튬은 수만 년 지속될 정도로 충분히 매장돼 있어서 융합 연료 고갈에 대한 문제도 전혀 없다. 에너지원으로 제4차 산업혁명을 핵융합이 주도할 것으로 보는 가장 큰 요인이다.

하지만 막대한 장점을 지닌 대체 에너지를 발견했음에도 불구하고 핵융합은 최근까지 상용화하기가 매우 어려웠다. 핵융합 발전을 상용화하기 위해서는 태양 표면의 온도와 같은 1억도 이상의 고온과 높은 압력을 필요로 한다. 이 상태에서 변형되는 고체·액체·기체

136 ㅣ

또 다른 10년이 온다

상태가 아닌 제4의 물질인 '플라즈마(plasma)' 상태를 오랫동안 안전하게 유지하면서 중수소와 삼중수소를 넣을 수 있는 장비를 개발하는 데 어려움을 겪었기 때문이다.

한국을 비롯한 일부 국가에서는 핵융합 발전을 위한 리튬을 수입해야 하기 때문에 에너지 개발을 위해 필요한 재료를 외국에서 구해야 하는 단점도 있다. 그 뿐만 아니라 핵융합은 핵분열을 이용한 원자폭탄 및 그보다 수백 배 강력한 수소폭탄을 만드는 주요 기술이기에서 군사적 용도로 사용될 우려도 있다. 바세나르 체제(Wassenaar Arrangement)에서 거래 금지 대상에 포함된 것도 이 때문이다. 바세나르 체제란 1949년 소련과 중국 등 공산권이 서방의 첨단 군사 기술에 접근하는 것을 막기 위해 출범한 코콤(COCOM)을 민주권 국가에도 확대시킨 국제 협약이다.

핵융합은 여전히 논란이 많은 에너지이지만 많은 국가들이 미래의 대체 에너지로 인식하고 기술 상용화를 위해 애쓰고 있다. 중국의 과학기술대학은 매년 학부생 600명과 석·박사생 900명 규모의 핵융합 전문 인력을 배출하고 있다. 한국의 경우 1995년 건설을 시작해 2007년 완공된 핵융합 실험로가 플라즈마 유지 시간을 55초를 기록해 세계 최고 기록을 세우는 등 경쟁력이 높았는데 정책적인 이유로 주춤거리고 있다.

국제원자력기구(IAEA)는 국가 간 기술과 핵 인식도 차이 등으로 어렵게 출범시킨 '국제핵융합실험로(International Thermonuclear Experimental Reactor, ITER)'를 통해 미국, EU, 러시아 등 7개 국가가 함께 핵융합 실험로를 건설하며 기술 상용화를 위한 협력을 강화해나가고 있다. 2020년대에는 석유를 대체하는 핵심 에너지원이 될 것으로 예상된다. 벌써부터 국제유가가 2016년 2월에 기록했던 배럴당 25달러 아래로 떨어지리라는 관측이 나온다.

④ 양자컴퓨터

2015년 미국항공우주국(NASA)과 구글이 공동으로 개발한 '양자컴퓨터(Quantum Computer)'인 'D-Wave 2X'의 실물과 연구 시설을 공개했다. D-Wave 2X는 머신러닝과 음성인식, 자연어 처리를 위한 방대한 데이터를 분석할 수 있고, 일반 컴퓨터에 비해 최소한 1억 배 이상 빠른 속도로 처리가 가능해 세상을 깜짝 놀라게 했다.

양자컴퓨터는 '0'과 '1'로 만들어지는 숫자 조합인 2진법 비트(bit) 단위로 정보를 처리하는 기존의 컴퓨터와 다르다. '0'과 '1'이 결합된 중첩 상태에서 형성되는 큐비트(qubit, quantum bit, 양자 비트) 단위를 기반으로 훨씬 방대한 양의 데이터를 빠른 속도로 처리할 수 있다.

2020년대에 들어 양자컴퓨터가 상용화되면 기존의 일반 컴퓨터는 물론 슈퍼컴퓨터로도 처리할 수 없던 인공지능, 재료과학, 유전자 배열, 우주 시뮬레이션 등 다양한 분야에서 빅데이터 계산이 가능하게 된다. 이 경우 오랫동안 이어져온 인류와 과학의 수수께끼가 풀리게 될 것으로 기대된다.

양자컴퓨터 기술은 상용화되기까지 상당할 시간이 걸릴 것이라는 당초 예상을 깨고 빠르게 발전하고 있다. 양자컴퓨터는 매우 미세한 양자역학적 현상이 적용되므로 주변의 전기장, 자기장, 진동에서 철저히 격리돼야 한다. 데이터 처리장치인 양자컴퓨터 칩도 15밀리켈빈(milikelvin, 우주의 온도인 2.7캘빈, 즉 섭씨 영하 270.45도)보다 180배 차가운 온도에서 작동한다. 모두 난제였으나 의외로 빨리 풀리고 있다.

양자컴퓨터 개발은 오랜 기간과 높은 비용을 필요로 하지만 여러 나라에서 양자컴퓨터의 무한한 활용 가능성을 주목해 많은 투자를 하고 있다. 미국은 2008년 국가양자정보과학비전을 수립하고 주요 국가의 연구 기관에 우리 돈으로 연간 1조 원 규모의 투자를 지원하기로 확정했다. 2020년대에는 지원 규모를 2배 이상 늘리겠다는 방침이다.

EU는 2006년부터 양자 기술 연구에 연간 525억 원씩 투자해왔다. 캐나다도 2000년 워털루 지역에 퀀텀밸리(Quantum Valley)를 설립한 이후 지금까지 1조 원 넘게 투자했다. 최근에는 워털루, 토론토, 캘거리 등 주요 대학에 양자정보통신학과를 개설하고 인재 양성에 주력하고 있다.

중국은 2012년부터 5년 동안 양자 기술에 2,900억 원을 투자했다. 2015년 8월에는 알리바바 그룹의 클라우드 컴퓨팅(cloud computing) 자회사 알리윈이 중국과학원(CAS)과 함께 CAS-알리바바 양자컴퓨터 연구소를 설립하는 양해각서를 체결했다. 같은 해 9월 화웨이도 독일 뮌헨에 양자암호 연구소를 설립해 경쟁에 뛰어들었다. 미국이 화웨이에 첨단 기술 견제를 할 만큼 성과도 나타나고 있다.

한국은 2005년부터 일부 대학과 연구소를 중심으로 제한된 투자 내에서 양자정보통신 기술 연구가 이뤄져왔다. 이후 양자정보통신의 중요성과 발전 가능성에 대해 주목하고 2020년 양자정보통신 글로벌 선도국가 진입을 목표로 양자정보통신 중장기 추진 전략을 수립해 연구 속도에 박차를 가하고 있다.

⑤ 자율주행 자동차

대부분의 완성 자동차 업체의 최대 목표는 친환경 자동차와 '자율주행 자동차(Self-Driving Car)' 등의 미래형 자동차 상용화에 있다. 불과 몇 년 전까지만 하더라도 자동차 업체는 고유가, 석유 고갈, 환경오염 등을 우려해 엔진 다운사이징, 차체 무게 절감, 디젤 및 하이브리드 자동차 개발 등 연비와 효율성을 끌어올리는 데 주력해왔다.

미래 에너지 자동차라고 불린 '전기 자동차'가 개발된 이후에는 전방 충돌 경고장치(FCW), 자동 비상 제동장치(AEBS), 차선 이탈 경고장치(LDWS)와 같은 첨단 운전자 지원 시스템(이하 ADAS) 기술을 융합함으로써 어떤 환경에서도 자동차 스스로 주행이 가능한 완전 자율주행 자동차 양산으로 관심이 확대됐다.

국제기술박람회에서도 자율주행 자동차가 최대 키워드로 떠올랐다. 매년 독일 프랑크푸르트에서 열리는 모터쇼에서 완성차와 부품 업체들이 ADAS 기술을 선보였다. 매년 초 미국 라스베이거스에서 개최되는 국제전자제품박람회(CES)에서는 가전제품과 스마트폰에 초점을 맞춘 과거와 달리 자동차 기술이 더 주목을 받고 있다.

지금까지 주요 박람회에서 공개된 ADAS 기술을 보면 자율주행 자동차는 현재 거론되는 미래 유망 기술 가운데 상용화가 가장 빠르게 이뤄질 것으로 예상된다. 독일의 메르세데스-벤츠는 2020년까지 운전자가 스티어링 휠을 잡지 않고도 시속 120킬로미터까지, 2020년대가 끝나는 2029년에는 레이싱 자동차의 속도까지 주행하는 완전 자율주행 자동차를 완성하겠다고 발표했다.

현대자동차는 국내 최초로 앞에 차량이 있을 경우 자동으로 멈췄다가 출발하고, 제한속도 구간이나 과속 위험 구간에서는 자동으로 속도를 줄이는 ADAS 기술을 적용한 '제네시스 EQ900'을 선보였다. 기아자동차도 자율주행 시스템 '드라이브 와이즈(Drive Wise)'를 론칭했으며 2030년까지 완전 자율주행 자동차 상용을 목표로 하고

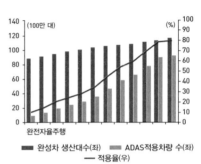

연령별 ADAS 요구율

ADAS 적용 전망

자료: JD Power

자료: Strategy Analytics

있다.

　자율주행 자동차 시장 규모는 빠르게 확대될 것으로 보인다. 미국의 소비자 만족도 조사기관 JD파워(JD Power)에 따르면 고령 인구일수록 완전 자율주행 자동차와 ADAS 기술의 필요성을 더 느낀다. 전세계적으로 빠르게 진행되는 고령화 그리고 ADAS 기술의 발전 속도 등을 감안하면 이 분야의 기술 수요는 더욱 증가할 것으로 예상된다.

⑥ 우주 발사체

군사, 안보, 정치적 영향력 강화에 주된 목적을 두고 발전해온 항공우주 산업은 21세기 들어 새로운 경제성장 동력으로 급부상했다. 우

또 다른 10년이 온다

주 산업은 제2차 대전이 끝난 이후 미국의 자본주의 진영과 소련의 공산주의 진영 사이의 갈등이 심화된 냉전 당시 미국과 소련이 군사적 우위 선점, 국력 과시, 정치적 목적 등으로 경쟁을 펼친 데에서 지금까지 발전해왔다.

1990년 베를린 장벽이 무너지고 소련이 붕괴되면서 냉전 시대가 끝나게 되자 우주 산업은 군사적 목적보다 경제적 부가가치를 창출하기 위한 산업으로 변모해 투자도 확대됐다. 우주 산업은 항공, 방송, 통신, 자원개발 산업과 긴밀한 연관성이 있어 경제적 파급 효과가 매우 크다. 그러나 천문학적인 비용이 소요되기 때문에 정부의 지원 아래 미국항공우주국(이하 NASA), 유럽우주국(ESA), 러시아우주청(RFSA)과 같은 정부기관과 보잉(Boeing), 에어버스(Airbus), 록히드마틴(Lockheed Martin) 등의 글로벌 항공우주 기업들이 주도해왔다. 세계 우주 산업 시장 규모는 2010년 이후 연평균 10퍼센트 이상 급성장하고 있다.

주목해야 할 부분은 우주 산업이 구글이나 스페이스X(SpaceX) 등과 같은 민간 기업들이 주도하는 프로젝트로 확산되고 있다는 점이다. 구글과 X프라이즈재단(X-Prize Foundation)은 달착륙선과 탐사로봇 개발을 활성화하기 위해 총상금 3,000만 달러에 달하는 '구글 루나 X프라이즈(Google Lunar X-Prize)' 대회를 개최하고 있다. 탐사로봇을 달 표면에 착륙시켜 500미터 이상 이동하며 영상을 촬영해 이를 지구로 가장 먼저 전송한 팀이 우승한다.

또한 구글은 2012년에 우주개발 기업 플래니터리리소스(Planetary Resources)와 플래니터리벤처스(Planetary Ventures)를 설립해 항공우주와 로봇 그리고 기타 신기술 개발을 위한 연구를 추진하고, 2022년부터는 소행성에서 광물을 채취하는 우주 채굴 프로젝트를 진행하는 계획을 추진하고 있다.

아마존의 제프 베조스(Jeff Bezos)가 사비로 설립한 또 다른 우주개발 기업 블루오리진(Blue Origin)은 6명 내외의 우주 발사체로 무중력 상태를 체험하는 우주 관광을 대중화한다는 계획을 갖고 있다.

스페이스X는 대형 로켓을 대상으로 우주 발사체 회수 실험을 진행해오다 마침내 기술 개발에 성공했다. 전세계에서 가장 싼 값으로 우주에 물품을 수송할 수 있는 기업이 될 가능성이 매우 높다. 2020년대 들어 우주 발사체 기술 개발이 상용화된다면 민간 우주 관광은 물론 우주 채굴 개발도 활성화될 것으로 전망된다. 현재 NASA의 아틀라스(Atlas)나 델타(Delta)와 같은 1회용 발사체를 한 번 쏘아 올리는 데 소요되는 비용은 우리 돈으로 2,700억 원에 달한다.

다른 선진국들보다 뒤늦게 개발에 뛰어든 한국의 우주 산업 시장이 전세계에서 차지하는 비중은 약 1퍼센트로 미미한 수준이다. 몇차례 실패 끝에 2013년 나로호 발사에 성공했다. 2020년대에 진입하기 전 순수 국내 기술로 만든 한국형 우주 발사체를 확보해 우주

개발에 박차를 가한다는 계획이다.

⑦ 휴머노이드

로봇 기술은 산업 생산과 전문 서비스 분야에서 두루 활용되며 인류 사회와 경제 발전에 커다란 영향을 미치고 있다. 로봇의 실용화는 1962년 GM이 자동차 생산에 산업용 로봇을 투입한 것을 시작으로 생산 현장에서 용접, 도장, 자재 운반, 소형 부품 조립 등 인간에게 어렵거나 위험한 일들을 대신해왔다.

현대 제조업에서 산업용 로봇은 높은 작업 속도, 힘, 정밀도 등의 강점을 바탕으로 생산 자동화를 가능케 했으며 제3차 산업혁명을 견인하는 역할로 경제구조에 큰 변화를 이끌어왔다. 최근에는 시각 인식, 다기능 센서 등의 기술이 접목돼 비정형적 업무와 다양한 산업에도 활용 가능성이 확대되는 추세다.

2020년대 로봇 시장의 성장 가능성은 무한할 것으로 평가된다. 세계로봇연맹(IFR)은 2020년부터 2030년까지 로봇 시장이 연평균 10퍼센트 이상 성장할 것으로 예상했다. 이 가운데 산업용 로봇은 연평균 9퍼센트, 전문 서비스 로봇은 5퍼센트, 개인 서비스 로봇은 25퍼센트 증가할 것으로 분석했다.

산업용 로봇은 자동차, 정밀 기계, 전자부품, 디스플레이 등 제조업 산업의 시장 규모를 확대하는 역할과 더불어 생산성과 노동력 등 산업 경쟁력을 확보하기 위한 일환으로 발전할 것이다. 전문 서비스용 로봇은 방위, 공공 서비스, 의료, 물류를 중심으로 모든 서비스 산업에서 성장할 것으로 보고 있다. 개인용 서비스 로봇은 가사, 의료, 간병, 교육, 보안 등 단순한 기계가 아니라, 저출산·고령화의 변화하는 인구구조와 개인의 삶 속에서 인간과 함께 공존하며 삶의 질을 제고하는 동반자로서 성장할 가능성이 높다. 잠재적 시장 규모가 가장 큰 부문으로 평가된다.

특히 서비스 부문 로봇 산업에서는 인간형 로봇 '휴머노이드(humanoid)'의 기술 개발과 상용화 여부에 주목하고 있다. 다른 로봇과 달리 인간과 흡사한 인식 기능과 운동 기능을 구현하는 등 고난도의 인공지능 수준과 활용 가능성을 자랑하는 로봇이다. 서던캘리포니아대학교에서 개발한 휴머노이드 로봇인 '밴딧(Bandit)'은 인간과 교감할 수 있는 감성 능력을 보유해 기초적인 사교 기술을 취할 수 있어서 자폐증을 앓고 있는 아이들의 사회성과 언어력 향상에 활용되고 있다. 일본의 소프트뱅크는 프랑스의 휴머노이드 개발 기업 알데바란(Aldebaran)을 인수해 '페퍼(Pepper)'를 선보였다. 현재 시판되고 있는 페퍼는 감정 표현이 가능해 노인과 환자를 돌보는 데 활용되고 있다.

한국 카이스트(KAIST)가 개발한 휴머노이드 로봇 휴보-II(Hubo-II)는 소리 및 사물을 인지해 장애물을 피하거나 가위바위보를 할 수 있을 정도로 다섯 손가락이 정밀하게 움직인다. 미국 고등연구계획국(DARPA)이 주관하는 세계 재난로봇 경진대회(DRC)에 참가해 우승을 차지하는 등 기술력과 활용도에서 세계 최고 수준으로 평가받았다.

국가 차원에서도 로봇 시장의 성장 잠재력을 인식하고 휴머노이드를 포함한 세계 로봇 시장을 선점하기 위한 경쟁이 치열하다. 미국의 경우 오바마 정부 때 제조업 부흥에 로봇을 적극 활용하기 위한 첨단 제조 파트너십(AMP) 계획을 발표한 이후 재정 지원 규모를 매년 증액하고 있다. 일본에서는 총리 직속 기구인 로봇혁명실현회의를 출범해 '로봇 신전략 5개년 계획'을 발표하는 등 2020년까지 산업 및 서비스 분야의 로봇 시장을 각각 현재의 2배와 20배로 늘린다는 방침이다. 중국은 2020년까지 세계 로봇 시장 점유율 45퍼센트와 200조 원 규모의 시장 창출 목표를 세우고 세계 1위 로봇 강국으로 도약한다는 계획이다.

한국은 연구기관 지원을 통해 세계 최고 수준의 기술력을 개발해왔지만, 휴보-II 개발 이후 정부의 투자 지원이 끊어진 상태다. 휴머노이드 연구의 주축을 이뤄오던 한국과학기술연구원(KIST) 또한 2010년 이후 정부 지원금을 받지 못하고 있는 것으로 확인된다.

미래에 인간과 로봇이 공존하는 세상이 반드시 오게 되겠지만, 지능형 서비스 로봇 산업 발전에 대한 논쟁과 비관론은 계속 확산되고

주요 에너지원 사용량 전망

*자산 운용 시장 점유율 기준. 자료: AT커니

주요 에너지원 사용량 전망

플랫폼	설명
	Dash Button • 버튼 클릭으로 주문 및 결제
	Amazon Echo • 음성 인식 기반 제품 주문
	Amazon Firely • 사진으로 최저가 제품 검색

자료 : 아마존

있는 추세다. 가장 크게 우려되는 사안은 인간의 일자리를 위협하는 문제다. 영국 옥스퍼드대학교와 BBC가 702개 직업을 대상으로 진행한 연구에 따르면 앞으로 20년 이내로 35퍼센트의 직업이 로봇과 컴퓨터로 대체된다. 2020년대에는 로봇세 부과와 함께 대량 실업 등으로 발생하는 사회 병리 현상을 어떻게 해결할 것인지의 논쟁이 로봇 산업이 발전하면 할수록 더 확산될 것이다.

⑧ 웨어러블

'웨어러블(Wearables)' 기기는 말 그대로 시계, 안경, 의복 등 신체에 착용하거나 부착해 사용할 수 있는 전자기기를 말한다. 1960~1970년대 미국의 HP에서 개발한 손목시계 겸 계산기가 시초다.

또 다른 10년이 온다

1990년대에 들어 컴퓨터 기술과 보급이 확산된 이후로는 타이핑과 저장 기능을 보유한 기기들이 등장하게 됐다.

2000년대에 들어서는 스마트폰과 태블릿 PC 등 모바일 인터넷의 상용화가 이뤄져 시계나 밴드 등의 기기에서 수집된 정보를 스마트폰과 컴퓨터로 전송해 연동하는 방식으로 발전했다. 2020년대가 되면 컴퓨팅 기능을 탑재한 모든 전자 제품이 연결되는 통신 환경인 사물 인터넷 상용화로 활용도가 가속화될 것으로 예상된다.

지난 10년 동안 가장 빠른 성장세를 보인 스마트폰 시장이 서서히 포화 상태에 접어들면서 글로벌 IT 기업은 미래 혁신 제품으로 웨어러블 기기 개발을 가속화시키며 모바일 트렌드 변화를 이끌 것으로 예상된다. 시장조사 기관들에 따르면 2020년대 진입을 앞두고 세계 스마트폰 시장 증가율이 상용화 이후 처음으로 한 자리대로 떨어졌다. 애플과 삼성 등 주요 기업도 출하량을 지속적으로 감산해나갈 것으로 보인다. 그 대신 신성장 동력으로 웨어러블 기기 개발에 박차를 가할 계획이다. ABI리서치의 조사에 따르면 2012년 12억 6,000만 달러에 불과했던 전세계 웨어러블 기기 시장 규모는 2020년대 진입 직전까지 10배 이상 성장했다. 같은 기간 생산된 스마트폰 시장 규모의 30퍼센트가 넘는 규모다. 2020년대에 들어서는 웨어러블 기기로 빠르게 대체되리라고 예상된다.

⑨ 가상현실과 증강현실

'가상현실(Virtual Reality, VR)'은 기술을 활용해 현실과 비슷한 상황이나 환경을 만들어 사용자가 마치 실제 환경과 상호 작용을 하고 있는 것처럼 느끼게 해주는 인간과 컴퓨터 사이의 인터페이스를 뜻한다. 초기 가상현실 기술은 전투기나 전차 등 각종 군사 훈련 시뮬레이터로 개발됐으며, 실제 훈련에서 소요되는 비용을 절감하려는 목적에서 활용됐다.

이후 가상현실 기술은 원격 제어와 과학적 목적에서 수요가 많을 것으로 기대를 모았지만 높은 가격, 이동성, 기술 호환성 등의 문제를 해결하지 못해 시장 확장에 실패했었다. 그런데 최근에는 영화와 게임 등 미디어 엔터테인먼트 용도로 비교적 저렴한 가격에 구매할 수 있고 휴대성이 좋은 가상현실 기기가 개발돼 다시 한번 시장 확장을 노리고 있다.

현재까지 개발된 가상현실 기기는 크게 스마트폰 연동, 게임 콘솔 연동, 독자 기기 형태로 구분된다. 스마트폰 가상현실 기기는 스마트폰에 탈부착하는 방식으로 독자 기기에 비해 저렴한 편이다. 삼성전자는 갤럭시 S6와 결합해 가상현실 콘텐츠를 구현할 수 있는 헤드셋 기기 기어VR을 출시한 후 이 분야를 선도하고 있다.

소니(SONY)는 게임 분야에서 구축한 역량을 바탕으로 자사의 플레이스테이션 콘솔과 연동해 다양한 콘텐츠를 제공하는 헤드셋 프로젝트 모피어스를 개발했다. 구글은 스마트폰 사용자가 매우 저렴한 가격으로 가상현실을 쉽게 체험할 수 있도록 종이 재질의 카드보드 VR을 생산해 가상현실 기기 보급을 확대시키는 플랫폼 전략을 추진하고 있다.

IT 시장에서는 가상현실 기기 개발이 더 큰 주목을 받고 있다. 심지어 2016년 국제전자제품박람회에서는 가상현실 기기가 자율주행 자동차와 함께 최대 이슈가 됐다. 일상과 가상을 결합한 '증강현실(Augmented Reality, AR)' 실현 가능성에 대한 관심도 뜨거운 가운데 빠른 속도로 각 가정에 파고들고 있다. 증강현실은 실제 환경에 가상 정보를 중첩해 하나의 영상으로 보여주는 컴퓨터 그래픽 기술을 말한다.

증강현실과 관련된 사업은 하드웨어, 전자상거래, 데이터 비즈니스, 기업용 앱, 광고 등에 걸쳐 광범위하게 추진되고 있다. 기업은 증강현실 기술을 통해 참가자들이 실제로 같은 공간에 있는 것처럼 느낄 수 있는 화상회의 시스템 텔레프레전스(telepresence)를 활용할 수 있고, 학교에서는 교육용 콘텐츠 개발에 증강현실을 이용하는 등 수많은 산업 생태계와의 상호 연관성을 통해 큰 변화를 불러일으킬 수 있다.

상호 연관성을 가장 큰 장점으로 가상현실 및 증강현실 시장은 앞으로의 성장성이 밝다. 영국의 투자은행 디지캐피털(Digi-Capital)

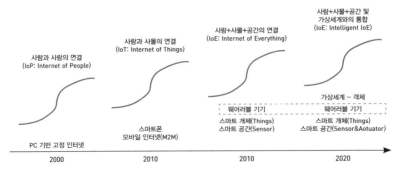

네트워크와 디바이스의 진화 단계

사람과 사람의 연결
(IoP: Internet of People)

사람과 사물의 연결
(IoT: Internet of Things)

사람+사물+공간의 연결
(IoE: Internet of Everything)

사람+사물+공간 및
가상세계와의 통합
(IoE: Intelligent IoE)

PC 기반 고정 인터넷

스마트폰
모바일 인터넷(M2M)

웨어러블 기기
스마트 개체(Things)
스마트 공간(Sensor)

가상세계 - 객체
웨어러블 기기
스마트 개체(Things)
스마트 공간(Sensor&Aotuator)

2000 2010 2010 2020

자료: 정보통신산업진흥원

은 가상현실과 증강현실 세계 시장 규모가 또 다른 10년이 시작되는 2020년에는 5,000억 달러 이상으로 확대될 것으로 내다봤다. 그중 증강현실은 3,500억 달러로 폭넓은 상호 연관성을 내세운 증강현실 시장이 가상현실보다 더 급속히 규모가 커질 전망이다.

⑩ 헬스케어와 바이오

행복하고 건강한 삶은 인간의 궁극적 목표다. 예전에는 몸에 이상이 생기면 병원에 가서 진료나 치료를 받는 것이 거의 유일한 방법이었다. 그런데 현대 사회에 접어들고 개인의 생활 수준이 개선되면서 사후 요법인 치료보다는 사전 예방을 통해 건강을 추구하려는 욕구가 강해졌다.

특히 세계 인구가 고령화 시대로 접어듦에 따라 신체적 노화 과정에서 필연적으로 수반되는 질병 치료, 신체 기능 유지, 보건 서비스 등에 대한 수요가 매년 확대돼왔다. 글로벌 기업들은 신산업 분야로 헬스케어를 선정하고 새로운 성장 동력으로 육성하기 위해 노력하고 있다. 헬스케어에 대한 관심과 성장 가능성이 대두되자 관련 업체에 대한 투자도 금융 시장을 통해 급격히 증가하는 추세다.

헬스케어 산업의 수익률 또한 높은 것으로 나타났다. 스마트 헬스케어 산업은 개인의 건강을 스스로 예방할 수 있는 하드웨어, 소프트웨어, 데이터 플랫폼 서비스를 중심으로 성장하고 있다. 데이터 플랫폼 서비스는 웨어러블 헬스케어 기기와 앱을 통해 수집된 각종 개인 정보를 저장하고 관리하는 플랫폼을 말한다. 대표적으로 애플의 헬스킷(HealthKit), 구글의 구글 핏(Google Fit), 삼성전자의 SAMI 등이 있다.

헬스케어 산업이 생명체의 DNA, 단백질, 세포 등 고유의 기능을 높이거나 개량하는 바이오테크 기술 투자로도 확대되고 있다는 점도 주목할 만하다. 〈사이언스(Science)〉와 〈네이처(Nature)〉 등 세계적인 학술 잡지들은 2020년대 가장 기대되는 바이오테크 기술로 유전자가위 '크리스퍼(CRISPR)'를 꼽았다. 크리스퍼는 아데닌(adenine), 구아닌(guanine), 사이토신(cytosine), 타이민(thymine) 등으로 이뤄진 유전체에서 원하는 부위의 DNA를 정교하게 잘라내는 기술이며, 인간 및 동식물 세포의 유전체를 교정하는 데 활용할 수 있다.

유전자 가위와 비슷한 사례로 새로운 기능을 가진 생명체를 만들기 위해 기존 생명체의 서로 다른 기능을 인공 합성하는 학문인 '합성생물학(synthetic biology)' 또한 미래 바이오테크 산업의 새로운 핵으로 떠오르고 있다. 합성생물학은 공학적인 접근을 통해 생물 시스템의 주요 패턴을 분석하고 설계하는 데 초점을 맞춘 학문이다.

합성생물학은 새로운 항생제를 개발하거나 항생제 내성 유전자를 제거해 바이러스에 대항할 수 있는 치료제를 개발하는 데 활용될 가능성이 높다. 큰 관심을 끌었던 말라리아 치료제 '아르테미시닌(artemisinin)'이 합성생물학 기술을 통해 개발돼 상용화에 성공했다. 그 뿐만 아니라 합성생물학을 활용해 친환경 대체 연료를 개발하는 연구도 활발히 진행 중이다.

바이오매스, 지구를 구하라

지금 우리는 기후변화 시대에 살고 있다. 기후변화야말로 생태적 대참사를 가져올지도 모를 인류가 직면한 가장 심각한 환경 문제다. 지구는 10년마다 섭씨 0.2도씩 뜨거워지고 있으며 2020년대에 들어서는 더욱 빠르게 지구 온난화가 진행될 것으로 예상된다. 매년 찾아오는 폭염으로 극심한 가뭄 피해와 함께 인명 사고도 해마다 급증하고 있다.

기후변화협약을 윤리적 문제로 인식하는 시각이 커지는 것도 이 때문이다. '포스트 교토 체제(Post Kyoto Protocol)' 논의를 앞당겨야 한다는 목소리도 높아지고 있다. 포스트 교토 체제에서는 회원국들이 윤리적 의무를 다하겠다는 다짐과 함께 이 협상에 임하는 것이 얼마나 중요한지를 검토할 것으로 예상된다.

2020년대를 맞아 기후변화협약 논의에 초점이 될 윤리적 문제에 관심이 커지고 있는 이유는 시간과 공간에 의해 피해와 혜택이 분리되고 가장 취약한 계층에는 기후변화의 영향이 사망 사고 등 재앙이 되기 때문이다. 전지구적인 환경 문제를 야기한 사람들이 사는 지역은 피해가 없고 오히려 공간적·시간적으로 멀리 떨어진 지역의 사람들이 심각한 타격을 받는 경우가 점점 더 심해지고 있다.

매년 여름 북반구 지역의 폭염과 같은 이상 기온은 지구 환경 문제의 이 같은 특성을 보여주는 대표적인 사례다. 기후변화에 가장 큰 피해를 보는 국가는 온실가스를 가장 적게 배출하는 가난한 나라들이다. 윤리학 이론은 동식물과 생태계를 보호하는 책임에 관해 각기 다른 견해를 낼 수 있지만, 누군가의 잘못으로 다른 사람이 죽는 것은 어떤 윤리건 간에 정당한 일이 아니다.

기후변화가 윤리적 문제로 부각될 수밖에 없는 까닭이다. 기후변화의 재앙은 역설적이게도 지구상 가장 취약한 지역과 사람들에게 닥친다. 또한 기후변화는 지속적인 삶과 건강을 위한 자원뿐 아니라 전세계 생명체 및 생태계를 직접적으로 위협한다. 그 피해는 질병, 가뭄, 홍수, 태풍, 쓰나미, 해수면 상승, 식량 부족 등 광범위한 분야에 걸쳐 나타난다.

2020년대에 이르면 기후변화로 인한 해수면 상승에 따라 지구 전체가 위협을 당할 가능성이 높아진다. 기후변화는 어떤 사람들에게는 재앙이 되며, 그 윤리적 책임은 해당 행위가 야기한 피해의 양에 비례해야 할 것이다. 자원개발 문제를 놓고 각국의 경쟁이 치열해지는 상황에서 기후변화의 윤리적 문제 또한 강력한 어젠다로 부상할 것이다.

그러나 상황은 좋지 않다. 각국이 자국의 경계 내에서 영토와 국민을 보호하기 위한 여러 규제 권한을 갖는다고 하더라도, 구속력 있는 국제법이 존재하지 않으면 자국의 울타리 밖에서 벌어지는 변화에 대해서는 아무런 책임도 지지 않을 것이다. 그래도 다행인 것은 인류는 노력하고 있으며, 각국 정부도 윤리적 의무감으로 다른 국가에 피해를 줄 수 있는 자국의 온실가스 배출을 제한하는 조치가 필요하다고 인지하고 있다는 점이다.

각 국가마다 정책 차원에서 '녹색 성장(Green Growth)'과 국제 협

세계 삼림 지역 바이오매스 자원 보유량

단위: 100만 톤

순위	국가	지상 (열매, 줄기 등)	지하 (뿌리 등)	고사목 (뿌리 포함)	합계
1	브라질	79,219	22,017	6,359	107,595
2	러시아	51,574	12,846	24,396	88,815
3	콩고	37,376	8,970	2,432	48,778
4	호주	12,929	5,581	4,909	23,419
5	콜롬비아	11,945	4,180	2,419	18,544
6	중국	9,271	2,920	1,836	14,027
7	인도네시아	8,867	2,926	1,297	13,090
비고	한국	383	132	57	572

자료: 국제식량농업기구, 세계 삼림자원 보고서

력 차원에서 '그린 글로벌 스탠더드(Green Global Standard)'를 정립하고 준수하는 일이 그 어떤 과제보다 중요해질 것으로 예상된다. 기업 입장에서는 '에너지 청정형'으로 생산 구조를 바꾸는 동시에 에너지 자원을 다변화시킬 필요가 있다. 미국은 '아폴로 프로젝트', 일본은 '뉴 21세기 플랜', 한국은 '녹색 성장'을 고려하고 있거나 추진 중이다.

기후변화협약에 따라 청정 에너지원에 대한 인식이 전반적으로 확산되는 가운데 최근 들어서는 '바이오매스(Biomass)' 에너지 자원에 대한 관심이 부쩍 높아지는 추세다. 바이오매스는 이상 기온을 일으키는 주범인 이산화탄소를 흡수하고 광합성 작용 등을 통해 태양 에너지를 저장하는 식물성 유기체를 통칭하는 에너지원을 말한다. 이를 통해 얻는 에너지를 바이오매스 에너지라고 한다.

2020년대 에너지원으로 바이오매스가 부상하는 이유는 많은 장점을 갖고 있기 때문이다. 바이오매스에서 추출한 바이오 연료 등은 에너지 자원을 재배·육성해 반복 생산할 수 있는 '재생 가능한' 에너지다. 게다가 바이오매스 자원은 에탄올이나 디젤과 같은 액체 연료 또는 메탄이나 수소와 같은 기체 연료로 변환해 기존의 석유나 가스의 대체 에너지로 사용이 가능하다.

하지만 바이오매스가 전세계에서 각광받을 보편적인 에너지원이 되기 위해서는 해결해야 할 과제들이 아직 많다. 바이오매스는 재생이 가능하지만 산림 조성 및 토지 확보 등 재생을 위한 에너지 투입이 필요하다. 계절에 따라 자원량이 급변해 공급 안정성을 확보하기 어렵다는 난제도 있다. 바이오매스가 그동안 식량이나 소재 자원으로 이용돼왔던 것도 이 때문이다.

현재 바이오매스는 연간 2,000억 톤이 생산되는데, 이를 모두 전력과 열에너지로 전환할 수만 있다면 전세계 에너지 사용량의 8배에 이를 것으로 추정된다. 지금까지 이용 가능한 바이오매스는 농산물, 산림, 해양 식물의 일부로 한정됐다. 2020년대에 들어 기술 개발

바이오매스 에너지의 사용 촉진 청사진

구분	2005~2010년	2011~2015년	2016~2025년
바이오디젤	디젤 소비의 10% 또는 241만 킬로리터	디젤 소비의 15% 또는 452만 킬로리터	디젤 소비의 20% 또는 1,022만 킬로리터
바이오에탄올	가솔린 소비의 5% 또는 148만 킬로리터	가솔린 소비의 10% 또는 278만 킬로리터	가솔린 소비의 15% 또는 628만 킬로리터
바이오매스 추출 등유	100만 킬로리터	180만 킬로리터	407만 킬로리터
바이오매스에너지 발전	40만 킬로리터	74만 킬로리터	169만 킬로리터
바이오매스에너지 소비	에너지믹스의 2% 또는 529만 킬로리터	에너지믹스의 3% 또는 984만 킬로리터	에너지믹스의 5% 또는 2,226만 킬로리터

자료: Biofuel Development in Indonesia

등을 통해 관련 영역을 확대해나갈 경우 바이오매스 에너지원은 무궁무진하다고 기대하고 있다.

앞으로 전개될 기후변화협약 시대에서 에너지원으로서 바이오매스에 대한 수요는 크게 늘어날 것으로 예상된다. 바이오매스 에너지원을 연소시키더라도 대기에 방출되는 이산화탄소는 바이오매스 육성 시 광합성을 통해 흡수되는 중립적인 에너지로 인식될 가능성이 높다. 바이오매스 에너지 자원과 관련된 단점을 보완할 경우 대체 에너지로서의 가치가 매우 높다.

리쇼어링과 제조업 르네상스

금융 위기 이후 각국 산업 정책에서 우선순위가 바뀌고 있다. 한때 IT 산업에 주력했던 각국의 산업 정책이 제조업을 중시하는 경향으로 변화하고 있다. 지난 2010년대에 제조업이 재조명되면서 오랜만에 세계 산업을 이끈 것도 사실이다.

'제조업 르네상스'라는 말이 나올 정도로 각국의 제조업 정책을 보면 미국은 세제 지원을 통한 제조업 '재생(refresh)', 일본은 엔저를 통한 수출 제조업 '회복(recovery)', 독일은 제조업 경쟁력을 계속 유지해나가는 제조업 '고수(master)', 중국은 잃은 활력을 다시 불어넣는 제조업 '재충전(remineralization)' 정책 등을 저마다 자국이 처한 여건에 따라 독특하게 추진했다.

각국이 제조업을 중시하는 데는 거시 정책 목표를 단순히 성장률을 끌어올리는 것이 아닌 체감경기 개선에 두기 때문이다. 체감경기 대표 지표는 경제 고통 지수다. 이 지수는 한 국가의 국민이 느끼는 경제적 고통의 정도를 측정하기 위해 미국의 경제학자 아서 오쿤(Arther Okun)이 고안한 것으로, 실업률과 물가 상승률을 더해 산출한다.

개념상 물가와 실업률이 낮아지면 이 지수가 하락해 국민들이 느끼는 삶의 고통은 개선된다. 금융 위기 이후 물가가 추세적으로 안정된 시대에 체감경기를 개선한다는 것은 일자리 창출에 주력하겠다는 뜻이다. 전통적으로 물가 안정을 중시해왔던 Fed의 경우 2012년부터 고용 창출을 양대 목표로 도입했다. 1913년 Fed 설립 이후 가장 큰 변화로 평가된다.

IT 산업은 네트워크만 깔면 생산성이 증가하는 '수확 체증의 법칙'이 적용된다. 이 때문에 IT 산업 주도로 경기가 회복되더라도 일자리, 특히 청년층의 일자리는 늘어나지 않는 결정적인 한계를 갖고 있다. 이른바 '고용 창출 없는 경기 회복(jobless recovery)'이며, 지표와 체감경기 사이의 괴리가 확대되고 계층 간 소득 양극화 현상도 심화된다.

청년층이 두꺼워짐에 따라 증강현실 산업 발전에 따른 반작용도 나타나고 있다. 2011년 이후 각종 매스컴에서 그 해 10대 뉴스로 런던 폭력 시위 사태와 뉴욕의 반(反)월스트리트 시위를 비롯한 기성세대를 향한 반사회 운동이 매년 선정돼왔다. 2020년대에 들어서는 이런 상황이 민주주의와 자본주의 체제의 붕괴로 이어질지 주목된다.

학계를 중심으로 런던 사태와 뉴욕 반월스트리트 시위를 낳게 한 신자유주의에 대한 반성이 제기돼왔다. 2020년대에 들면 부유층과 대기업이 청년층과 빈곤층에게 기부 및 세제 지원 등을 통해 도움을 주는 '온정적 자본주의'가 자본주의 4.0으로 정착될 것이다. 앞서 언급했듯이 역사상 자본주의 1.0은 애덤 스미스의 자유방임주의, 자본주의 2.0은 존 메이너드 케인스의 수정자본주의, 자본주의 3.0은 프리드리히 하이에크의 신자유주의로 분류된다.

또 하나의 반작용은 증강현실 산업의 최대 이용자이자 피해자인 청년층을 중심으로 고개를 들고 있는 '네오 러다이트 운동(Neo-Luddite Movement)'이다. 네오 러다이트 운동은 19세기 초 기계를 파괴하자는 러다이트 운동과 구별해 증강현실, 즉 첨단 기술을 파괴하자는 움직임을 지칭한다. 각종 컴퓨터 바이러스 확산, 디도스(DDos) 공격, 사이버 테러 등을 이 운동의 일환으로 해석하는 시각도 설득력을 얻고 있는 상황이다.

네오 러다이트 운동과 함께 온라인상에 경계선을 긋고 그것을 사유화 또는 유료화하자는 '네오 인클로저(Neo-Enclosure)', 선거법에 규정돼 있는 연령 제한과 관계없이 증강현실 이용자들의 정치 참정권을 늘리자는 '네오 차티스트(Neo-Chartist)', 다시 오프라인으로 돌아가자는 '네오 브나로드(Neo-V Narod)' 등도 고개를 들고 있다. 법적 허용 여부와 상관없이 네오 차티스트 운동은 확산되고 있으며, 증강현실 산업 이용자들의 정치권에서 차지하는 영향력도 커지는 추세다. 2020년대가 되면 모든 분야에서 더 커다란 변화를 가져올 수 있는 새로운 변수들이다.

'신인본주의(Neo-Humanism)'도 주목된다. 증강현실 산업의 발전으로 온라인상에서 모든 것을 해결할 수 있게 됨에 따라 사람과의 직접적인 접촉이 줄어들고 감정이 메말라간다. 일부 학자는 이런 이들을 '온라인상의 고립된 인간'으로 부르기도 한다. 이런 부작용에 따라 인간 본연의 모습으로 되돌아가자는 움직임이다.

그러나 '수확 체감의 법칙'이 적용되는 제조업이 주도할 때와 같은 성장률을 유지하기 위해서는 반드시 노동력을 더 투입해야 한다. 과거 제조업 주도로 경기를 부양할 때에는 그만큼 일자리가 늘어나 지표와 체감경기 사이의 괴리가 발생하지 않았고 양극화도 심해지지 않았다.

제조업을 중시할 때 그 추진 방법에 있어서도 종전과 달라야 한다. 가장 눈에 띄는 것은 미국이 주력하고 있는 '리쇼어링(Reshoring)' 정책이다. 리쇼어링이란 아웃소싱의 반대 개념으로 해외에 나가 있는 미국 기업들을 세제 혜택과 규제 완화 등을 통해 다시 미국 내로 불러들이는 것을 뜻한다. 이른바 제조업의 본국 회귀다. 오바마 정부 집권 2기 때는 '일자리 자석(Employment Magnet)' 정책이라는 이름으로 더욱 강화됐다.

리쇼어링 정책을 통해 자국으로 들어오는 미국 기업은 퇴거국으로부터 관세와 각종 비관세 장벽을 통한 보복을 받을 가능성이 있다. 이 때문에 이들 국가에 수출하기 위해서는 어느 정도 환율을 유지해 가격 경쟁력을 보완해줘야 한다. 오바마 정부가 수출 진흥 차원에서 추진했던 달러 약세책이 나온 때가 리쇼어링 정책 추진 시기와 맞물리는 것도 이 같은 이유다.

또 다른 방법은 인수합병(Mergers & Acquisitions, 이하 M&A) 시장을 적극 활용하는 것이다. M&A 시장은 거래되는 매물의 성격에 따라 크게 2가지로 구분된다. 정상적인 기업이 거래되는 '제1선(primary)' 시장이 있고, 부실기업이 거래되는 '제2선(secondary)'이 있다. 다수의 기업들이 제2선 시장에 매물로 나오는 부실기업을 인수해 제조업을 육성하고 있는 것도 유념할 가치가 있다.

한 국가의 경제에서 IT와 제조업 중 어떤 것이 산업을 주도하느냐는 경기 및 증시와 관련해서도 큰 의미가 있다. IT 산업은 상품 주기가 짧기 때문에 이 산업이 주도할 때는 주가 변동 사이클이 짧아지고 '경기순응성(procyclicality)'이 심해진다. 경기순응성이란 금융 시스템이 경기 변동을 증폭시킴으로써 금융 불안을 초래하는 금융과 실물 간의 상호 작용 메커니즘을 의미한다. 쉽게 말하면 금융 회사가 경기가 좋아질 때 대출을 늘리고 경기가 나빠질 때 대출을 줄이는 속성을 뜻한다. 즉, 경기 상승기에는 자산 가격 상승과 위험 선호도 증가로 인해 은행 대출이 증가하면서 정점(peak)이 더 올라가고 이 과정에서 잠재적인 금융 부실이 커진다. 반대로 경기 하강기에는 실물 활동 위축, 자산 가격 하락, 위험 회피 성향 등으로 은행 대출이 급감하면서 저점(trough)이 더 떨어지고 금융 부실이 더 심화된다.

경기순응성은 일반적으로 국가 간 자본 흐름에도 나타난다. 이로 인해 선진국 자본의 유출입이 신흥국의 경기 변동을 증폭시키는 현상이 발생한다. 급격한 자본 유입은 신흥국의 통화팽창, 자산 가격 상승 등의 부작용을 초래하다가 자본 유출로 돌변 시에는 주가 급락, 환율 급등 등으로 거시 경제의 변동성이 증폭된다는 사실은 이미 널리 알려져 있다.

경기순응성은 그 어느 분야보다 주가를 예측할 때 가장 뚜렷이 나타난다. 예측 시점에 주가가 상승할 때와 맞물리면 향후 증시를 지나칠 정도로 낙관적으로 예상한다. 반면 하락 시점에서 증시를 전망할 때는 비관론 일색이어서 예측의 본래 역할인 투자자에게 안내판 구실을 하지 못하고 더 큰 혼란과 손실만 가져다준다.

한 국가의 경기 순환에서 주기가 짧아지고 경기순응성이 나타날 때는 예측 기관의 예측력이 떨어진다. 이 때문에 경제 정책을 비롯한 각종 계획을 세우기도 어려워진다. 주가를 포함해 가격 변수의 변동성이 확대되면서 위험관리가 중시된다. 국민의 일상생활도 냄비 속성이 서둘러 자리 잡는다.

IT 산업과 대조적으로 제조업이 주도가 될 때는 어느 국면이든 진입하기가 어려울 뿐 일단 진입하면 오래간다. 주기가 길어지고 진폭이 축소되는 '자동 안정장치(automatic stabilizer)' 기능이 강화된다. 이때는 예측 기관의 예측이 잘 맞기에 이를 토대로 계획을 세우더라도 큰 무리가 없다. 금융 위기 직후 회복세를 보인 미국 경기는 성장률이 낮았지만 전후 최장의 호황 국면을 기록한 것도 이 같은 이유 때문이다.

미국 증시의 앞날과 관련해 벌이는 '비이성적 과열(Irrational Exuberance)' 논쟁이 어느 쪽으로 결론이 날지도 가늠해볼 수 있다. 비이성적 과열이란 1996년 들어 주가가 거침없이 오를 때 당시 Fed 의장 앨런 그린스펀이 처음 사용한 용어다. 이 발언 직후 미국 주가는 20퍼센트 폭락했다.

주도 산업이 IT에서 제조업으로 바뀌고 있는 점도 미국 주가가 비이성적 과열이 아니라고 보는 이유 중 하나다. IT가 주도할 때는 거품이 특정 사건을 계기로 터지게 되면 시장과 경기에 커다란 혼란을 초래한다. 2001년 9.11 테러 사태를 계기로 IT 거품이 붕괴된 것이 그 대표적인 사례. 그렇지만 제조업 주도일 때는 주가가 일단 상승세를 타면 설령 거품 우려가 제기되더라도 랠리(rally)가 오래간다.

각국 산업 정책에서 이런 변화는 한국 경제에도 많은 시사점을 던져준다. 비중과 인식 면에서 쏠림 현상이 심한 IT 산업에서 벗어나 제조업과의 균형을 유지해야 할 것이다. 2020년대 산업 정책에 있어서는 '한국판 리쇼어링' 정책을 병행해 추진해나갈 필요가 있다.

또 다른
10년이
온다

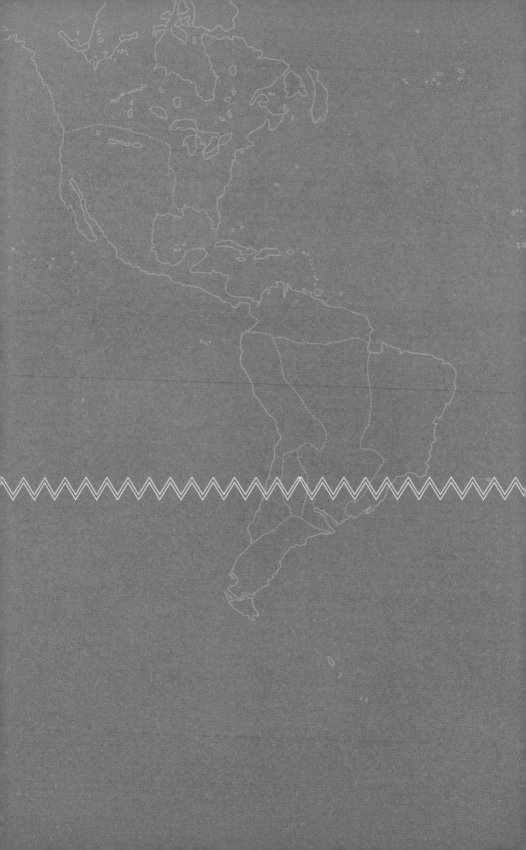

제4장

글로벌 환율 전쟁과
화폐의 미래

최대 수출국인 중국과 미국의 틈새에 끼어 있는 한국의 상황은 복잡하다. 북미 정상회담, 북중 정상회담, 한국판 플라자 합의 등 주변국 스트롱맨 간의 관계와 의지에 따라 좌우되는 메가톤급 현안이다. 각각의 현안도 호재와 악재 요인이 겹쳐 있어서 더 혼란스러우며, 원달러 환율 등 금융 변수의 변동성이 크게 확대될 것으로 예상된다.

변화하는 국제 통화 질서

2020년대 국제 통화 질서가 어떻게 될 것인지 알아보기 위해서는 크게 2가지 문제를 짚고 넘어가야 한다. 하나는 전세계를 대상으로 하는 기축통화가 도입될 만큼 전세계가 하나의 시장이 되었는지의 여부이고, 다른 하나는 그동안 기축통화 역할을 담당해왔던 달러화가 과연 새로운 기축통화에 그 역할을 넘겨줄 수 있는지의 여부다.

2008년 서브프라임 모기지 사태, 2009년 리먼 사태, 2011년 미국 국가신용등급 강등 조치 등을 계기로 달러 가치가 흔들리면서,

1970년대 이후 미국과 아시아 국가 사이에 묵시적으로 유지돼온 제 2의 브레턴우즈 체제가 붕괴되는 것이 아니냐는 우려가 제기됐다. 브레턴우즈 체제는 1944년 IMF 창립 이후 미국의 달러화를 기축통화로 하는 금환본위제를 말한다. 제2의 브레턴우즈 체제는 1971년 닉슨 대통령의 금태환 중지 선언 이후 '강한 달러-약한 아시아 통화'를 골자로 미국과 아시아 국가 간 묵시적인 합의하에 유지해온 환율 제도를 의미한다. 미국이 이 체제를 유지해온 데는 아시아 국가들의 경제 발전을 도모하고 공산주의의 세력 확산을 방지하고자 한 숨은 의도가 깔려 있었다.

기준에 따라 다소 차이는 있지만 제2의 브레턴우즈 체제는 이런 미국의 의도를 충분히 달성했던 것으로 평가된다. 일부에서 제2의 브레턴우즈 체제를 제2차 대전 이후 폐허가 된 유럽의 부흥과 공산주의의 세력 확장을 막기 위한 지원 계획 '마셜 플랜(Marshall Plan)'의 또 다른 형태라고 부르고 있는 것도 이 때문이다.

그 후 제2의 브레턴우즈 체제에 균열을 보이기 시작한 때는 1980년대 초다. 한국과 일본 등 아시아 통화에 대한 의도적인 달러화 강세로 미국의 경상수지 적자가 더 이상 용인할 수 없는 위험 수준에 도달했다. 당시 로널드 레이건 정부는 여러 가지 방안을 동원했으며, 결국 선진국 간의 미 달러화 약세를 유도하기 위한 '플라자 합의'로 이 문제를 어느 정도 극복할 수 있었다. 플라자 합의란 1985년 미국,

제2차 대전 이후 국제 통화 질서 변천

(교역) (1948년) →	GATT 체제 (8차례 협상)	→ (1995년) →	WTO 체제	→ (2002년) →	뉴라운드 체제	→	잠정 중단
(금융) (1945년) →	브레턴우즈 체제	→ (1972년) →	스미스 소니언 체제	→ (1978년) →	킹스턴 체제	→	2009년 이후 신브레턴우즈 체제 논의

자료: 한국은행

프랑스, 독일, 일본, 영국의 G5 재무장관이 뉴욕 플라자 호텔에서 일본 엔화와 독일 마르크화에 대해 달러 가치를 절하하기로 합의한 것을 말한다.

제2의 브레턴우즈 체제에 또 한 차례 균열을 보이게 된 계기를 제공한 것은 1995년 4월 달러화 가치를 부양하기 위한 역(逆)플라자 합의와 아시아 외환 위기다. 역플라자 합의에 따라 미 달러화 가치가 부양되는 과정에서 외환 위기로 아시아 통화 가치가 환투기로 폭락하면서 '강한 달러-약한 아시아 통화' 구도가 재현됐다. 역플라자 합의 이후 엔달러 환율은 79엔에서 148엔이 될 정도로 강한 달러 시대가 전개됐다. 당시 재무장관 로버트 루빈의 이름을 딴 '루빈 독트린'이 전개됐던 시기다.

신흥국은 대규모 자금 이탈에 시달렸다. 1994년 중남미 외채 위기, 1997년 아시아 외환 위기, 1998년 러시아 모라토리엄(국가 채무 불이행) 사태까지 이어지는 이른바 '그린스펀-루빈 쇼크(Greenspan & Rubin's Shock)'가 발생했다. 미국도 슈퍼달러의 부작용으로 경상수지 적자가 불거지면서 1980년대 초 상황이 재현됐다. 쌍둥이 적자 이론에 따라 미국은 경상수지 적자가 확대되면 재정수지 적자도 확대된다.

강한 달러 시대가 10년 이상 지속되면서 자국 통화의 약세라는 반사적 이익을 누린 중국을 비롯한 아시아 국가는 무역수지 흑자가 대폭 확대됐다. '국민소득 3면 등가의 법칙(X - M = S - I, X: 수출, M: 수입, S: 저축, I: 투자)'에 따라 아시아 국가의 과잉 저축분은 미국의 자산 시장으로 흘러들어왔다. Fed 앨런 그린스펀 의장이 자산 거품을 해소하기 위해 2004년부터 기준 금리를 올렸지만 중국의 국채 매입 등으로 시장 금리가 더 떨어져 자산 거품이 심해지는 '그린스펀 수수께끼' 현상이 발생한 것도 이 때문이다.

거품 붕괴 모델에 따라 자산 거품을 떠받치는 돈이 더 이상 공급되지 않으면 거품은 터진다. 2008년 서브프라임 모기지 사태의 실체다. 세계 제일의 경제 대국과 기축통화국이라는 지위를 바탕으로 레버리지 투자(증거금 대비 총투자 금액)가 활성화돼 있는 미국에서 자산 거품이 터지면 자국 금융사에는 마진 콜이 발생하고 이를 해결하기 위한 디레버리지 과정에서 금융 시스템이 무너져 2009년 리먼 사태와 같은 대형 금융 위기가 발생한다.

사상 초유의 금융 위기 극복을 위해 Fed는 전쟁 중일 때나 사용하는 비전통적 통화 정책을 동원했다. 대공황 관련 연구를 가장 많이 한 버냉키 의장은 한꺼번에 두 단계 이상 내리는 '빅 스텝(Big Step)' 방식으로 기준 금리를 제로 수준까지 끌어내렸다. 유동성 공급도 무제한 국채를 매입해주는 양적 완화 정책으로 마치 공중에 떠있는 헬리콥터기 물을 뿌리듯이 돈을 풀었다.

브라운 방식으로도 알려진 Fed의 비전통적 통화 정책은 달러 가치와 위상에 치명적인 타격을 준다. 특정국가가 금융 위기 극복과 경기 부양을 위해 자국통화를 평가절하할 경우 그 피해가 고스란히 인접국이나 경쟁국에게 전가된다. 대표적인 '근린궁핍화 정책'이다. 특히 미국과 같은 중심국이자 기축통화국에서 자국 통화를 평가절하하면 그 피해는 경제 발전 단계상 한 단계 아래 국가에 집중된다. 중국과 한국 등 대부분의 아시아 국가가 해당된다.

금융 위기 이후 국제통화제도는 1976년 킹스턴 체제(길게는 스미스소니언 협정 포함) 후 시장의 자연스러운 힘에 의해 형성된 것으로, 국가 간 조약이나 국제협약이 뒷받침되지 않아 '비시스템(non-system)' 또는 '젤리 시스템(jelly system)'으로 불린다. 그 결과 브레턴우즈 체제는 이전보다 느슨하고 불안한 형태로 유지됐다.

시스템이 없는 국제통화제도 아래에서는 기축통화의 신뢰성이 크게 저하되더라도 이를 조정할 제도적 장치가 없다. 이 때문에 새로운 기축통화가 필요하다는 주장이 계속해서 제기되고 있지만, 아직까지 달러화를 대체할 수 있는 통화는 없다. 유일한 기축통화국인 미국이 대외 불균형을 시정하려고 해도 무역수지 흑자국은 이를 조정할 유인이 없다. 새로운 기축통화 논쟁과 함께 글로벌 환율 전쟁이 수시로 발생하는 까닭도 이 때문이다.

금본위제 부활 이슈와 달러라이제이션

금융 위기 이후 달러화 중심의 브레턴우즈 체제가 흔들리는 것은 금융 위기 극복 과정에서 누적된 재정수지 적자와 국가 채무 등과 같은 구조적 문제로 달러화에 대한 신뢰가 예전만 못하기 때문이다. 금융 위기 후유증에 따른 일종의 '낙인 효과'라고 볼 수 있다.

2020년대에 들어 브레턴우즈 체제가 재차 강화될 경우 제3기에 해당한다. 외형상 여건은 형성돼 있다. 유럽, 일본, 중국 등 미국 이외의 국가는 양적 완화, 마이너스 금리제도 등을 통해 금융 완화 정책을 추진하고 있다. 이 과정에서 의도 여부와 관계없이 이들 국가의 통화 가치는 떨어지고 달러화 가치는 높아질 수 있다.

중요한 것은 미국이 달러화 강세를 받아들일 수 있느냐 하는 점이다. 현재 미국 경제는 완전하지 못하다. 달러 강세에 따른 경기 부담

또 다른 10년이 온다

이 의외로 크다. Fed의 계량 모델인 '퍼버스(Ferbus, FRB + US)'에 따르면 달러 가치가 10퍼센트 상승하면 2년 후 미국 경제 성장률이 무려 0.75퍼센트포인트가 떨어진다.

재닛 옐런 전 Fed 의장과 제롬 파월 현 의장이 고민하는 지점도 이 부분이다. 경기가 여의치 못한 상황에서 달러 강세가 재현된다면 언제든지 침체 국면으로 떨어질 위험이 높다. 만약 현실화된다면 '제2의 에클스 실수'다. 금융 위기 이후 미국 재무부 장관이 잊을 만하면 대미 흑자국을 중심으로 환율 전쟁을 불사하겠다는 입장을 보여온 것도 같은 맥락이다.

2020년대에 들어 달러화를 대신할 수 있는 세계 단일통화에 대한 논의가 지속될 것으로 전망된다. 가장 쉽게 생각할 수 있는 방안은 '금본위제'로의 회귀다. 금본위제란 금과 달러화 교환 비율을 고정시키는 국제 결제 시스템을 말하는 것으로 세계 무역량이 급증할 때에는 한계가 있다. 제2차 대전 이후 1972년 리처드 닉슨 대통령이 금태환 중지를 선언할 때까지 제1기 브레턴우즈 시대에서는 금본위제가 유지됐다.

금본위제 부활은 달러 기축통화국인 미국에서 공화당이 궁지에 몰릴 때마다 위기 타개책으로 제시한 단골 메뉴였다. 제2차 오일 쇼크 직후인 1980년대 초 미국 경기가 침체인데도 물가가 오르는, 기존에 볼 수 없던 스태그플레이션에 빠지자 당시 레이건 정부는 특별

위원회까지 설치해 금본위제 도입을 심각하게 검토했다.

2012년 11월 대선을 앞두고 당시 공화당 후보 미트 롬니(Mitt Romney)가 오바마 정부에 편향돼 있던 Fed의 통화 정책을 견제하기 위해 금본위제 부활을 공론화시킨 바 있다. 세계은행 로버트 졸릭(Robert Zoellick) 총재도 같은 입장을 밝혔다. 트럼프 대통령도 자신의 금리 인상 속도 조절론을 정면으로 비판하고 있는 Fed의 제롬 파월 의장을 길들이고자 화폐 개혁을 통해 금본위제를 도입해야 한다고 주장했다.

금본위제 부활 논의는 그 자체만으로도 세계 금융 시장에 커다란 영향을 미친다. 각국 중앙은행이 금본위제 부활에 대비해 금 확보에 나서면 금값이 크게 오를 것이라는 예상 때문이다. 그런 까닭으로 금본위제 부활 논의가 가장 활발했던 2011년에 한국은행은 외화 보유 통화 다변화 차원에서 금 96톤을 사들였다. 국내 시중은행도 온스당 1,930달러 초반대였던 금값이 3,000달러까지 오르리라는 예상을 근거로 금을 사둘 것을 추천했다. 결과는 대규모 국부 및 재산 손실만 가져다줬다.

2020년대에 들어서 달러를 대신해 금본위제를 부활시키려면 가장 큰 전제조건인 '충분한 금'을 확보할 수 있어야 한다. 제2차 대전 이후 유지돼오던 금본위제였는데도 1971년 닉슨 대통령이 금태환 중지를 선언한 것은 늘어가는 세계 교역량에 맞춰 달러화 가치를 금

또 다른 10년이 온다

주요 통화의 국제통화로서의 국제화 정도

	지표	달러	유로	엔	파운드	위안
국제적 사용도	외환 보유 통화 사용도	●	●	●	●	×
	자본 및 무역 거래 사용도	●	●	△	△	×
	외환 시장 사용도	●	●	●	●	×
경제력 및 금융경쟁력	경제 규모	●	●	●	●	●
	무역 네트워크	●	●	●	●	●
	투자적격성	●	●	●	●	●
	자본거래 개방성	●	●	●	●	×
	양적 금융심화 정도	●	●	●	●	●

●는 기준 완전 충족, △는 일부 충족, ×는 전혀 충족시키지 못함을 의미함. 자료: IMF, 한국은행

으로 맞출 수 없었기 때문이다. 금이 모자란 것이다. 그로부터 50년이 지난 현재 금본위제 부활은 사실상 불가능하다. 세계 교역 규모가 그때와는 비교할 수 없을 정도로 크게 늘었기 때문이다.

유로화 탄생의 산파 역할을 한 버나드 리테어(Bernard Lietaer) 전 벨기에 루뱅대학교 교수는 "인플레이션에 영향을 받지 않고 각종 투기적 공격에도 안전한 세계 단일통화인 '테라(Terra)'를 만들자"고 제안했다. '땅', '대지', '지구'라는 뜻의 테라 화폐가 만들어질 경우 현재 세계 단일통화 부재에 따른 거래 비용 부담과 투기 문제를 해결하고 통화 정책의 유용성까지 높아져 세계 경제 성장과 국제 금융 시장

안정을 꾀할 수 있다. 한마디로 이상적인 화폐가 탄생하는 셈이다.

그런데 가능할까? 이 우문(愚問)의 답을 찾기 위해서는 테라를 어느 기관에서 발행하고 화폐 가치를 어떻게 유지할 것인가 하는 본질적 문제를 리테어 교수가 처음 테라를 구상할 때 어떻게 해결하고자 했는지 살펴볼 필요가 있을 것이다. 그는 테라의 발권 기능을 원자재 생산업자가 참여하는 '테라 연합(Terra Alliance)'에서 담당하는 것으로 설정했다. 테라 연합이 국제 상품의 수급을 조절할 수 있으므로 테라의 가치를 안정적으로 유지할 수 있다는 근거에서였다.

테라의 화폐 단위는 주로 원유, 밀, 구리, 주석 등 국제 상품을 표준화한 바스켓(basket)에 의해 매겨진다. 리테어 교수는 이에 따라 바스켓에 포함된 상품 시세가 변할 경우 테라의 실질 가치도 변하게 되므로 각국의 물가에는 전혀 영향을 주지 않는다고 생각했다. 거래적 수요, 예비적 수요, 투기적 수요 등 화폐의 3대 기능도 국제 무역 결제에 사용되는 무역용 화폐로 못 박고 있다.

하지만 문제는 테라의 출현이 현실적으로 얼마나 가능할지의 여부다. 테라를 창설할 경우 중앙은행 역할을 담당하게 될 테라 연합이 제 역할을 할 수 있을지가 크게 2가지 점에서 의문시된다. 하나는 테라 바스켓을 구성하는 현물 교역이 세계 교역에서 차지하는 비중이 20퍼센트 정도에 그치기 때문에 테라 연합의 대표성과 신뢰성에서 한계가 있다. 다른 하나는 국제 상품 시세가 그 어떤 가격 변수보다

또 다른 10년이 온다

변동이 심해 테라의 가치 유지가 현실적으로 어렵다. 오히려 테라 연합 회원국들이 담합해서 테라 바스켓을 구성하는 상품을 무기화할 경우 세계 경제와 국제 금융 시장에 또 다른 화(禍)를 가져올 가능성이 높다.

화폐의 3가지 기능은 동전의 앞뒤와 같다. 좀 더 정확히 표현하면 가상화폐와 대안화폐 활성화로 거래적 기능보다 화폐의 가치 저장과 투기적 기능이 중시되는 추세다. 이런 현실을 무시하고 테라와 다른 화폐를 병행해서 사용할 경우 테라가 퇴출될 가능성이 훨씬 높다. "악화가 양화를 구축한다"는 '그레셤의 법칙(Gresham's Law)'은 테라 구상에서는 통용될 수 없기 때문이다. 테라와 같은 새로운 화폐 발행을 통한 글로벌 통화 구상은 논의 차원에만 그칠 가능성이 농후하다.

모든 거래에서 절대적인 결제 비중을 갖고 있는 미국 달러화가 더 빠른 방안이 될 수 있다. 국제 금융 시장 안정 차원에서 미국 달러화를 공식화폐로 채택해야 한다는 '달러라이제이션(dollarization)', 그리고 새로운 국제 통화제도로 환율 움직임에 상하 제한폭을 설정하는 '목표 환율대(target zone)'가 테라 논의보다 설득력을 얻는 것도 이런 이유 때문이다.

위안화의 야망

2016년 중국은 오랜 숙원 과제였던 위안화의 IMF 특별인출권 (Special Drawing Rights, 이하 SDR) 통화 바스켓 편입에 성공했다. 이는 신흥국 통화 가운데 첫 번째로 준비통화로서 인정받았다는 것이며, 2020년부터 시작되는 또 다른 10년 동안 미국과 선진국 중심으로 이어져온 기존 국제 금융 질서에 커다란 변화를 초래할 것으로 예상된다.

SDR은 회원국들이 경제적 어려움에 처했을 때 담보 없이 인출할 수 있는 가상적인 국제 준비자산이자 준비통화를 말한다. 1967년 IMF 이사회에서 SDR이 도입되고 1970년 최초로 배분할 당시 SDR의 가치를 금 0.888671그램으로 설정했다. 이는 '1SDR = 1달러'로 맞추기 위해서였는데, 1944년 브레턴우즈 체제 때 금 1온스(약 31.1그램)가 35달러로 책정됐기에 이렇게 환산한 것이었다.

이후 브레턴우즈 체제가 붕괴되고 자유변동환율제가 도입되자 SDR의 새로운 산출 방식이 모색됐다. 금의 경우 생산량에 한계가 있기 때문에 미국이 기축통화인 달러를 공급하기 위해서는 대규모 경상수지 적자를 감수해야 했다. 이 때문에 1974년부터는 SDR의 가치를 세계 무역의 1퍼센트 이상을 구성하는 상위 16개 국가의 통화와 연계해 산출하는 바스켓 방식을 도입했다. 하지만 구성 통화가 많아 계산이 복잡하고 변동성이 높았기 때문에 1981년부터는 미국 달러화, 일본 엔화, 독일 마르크화, 영국 파운드화, 프랑스 프랑화로 구성했다. 2001년부터는 마르크화와 프랑화가 유로화로 흡수되면서 현재는 달러화, 유로화, 엔화, 파운드화의 4개국 통화로 구성돼 있다. 이들의 비중은 각각 42퍼센트, 37퍼센트, 10퍼센트, 11퍼센트다.

SDR 바스켓 통화 편입 여부는 5년에 한 번씩 기존 편입국의 85퍼센트가 찬성하면 확정된다. 편입 희망국 통화는 2가지 요건을 충족해야 한다. 하나는 '세계 무역 시장에서 활발히 활동하는 국가'로 국제 무역 결제에서의 해당 통화 활용 여부를 평가한다. 세부 기준으로는 전세계 수출에서 차지하는 비중, 외환 보유액 활용 여부, 활용 금융 기관의 비중 등이다. 또 다른 요건은 '국제 외환 시장에서의 사용 편의성'으로 충분한 외환 거래량, 선물환 시장의 존재 여부, 자본 거래 개방성, 금융 자유화 등이다. 이런 맥락에서 SDR 통화 바스켓 편입의 의미는 활용 규모와 편의성 측면에서 통화 국제화를 내포하고 있다.

특정국 통화가 국제화된다는 것은 통화의 일부 또는 전체 기능이 원래의 사용 지역에서 글로벌 범위로 확대돼 국제 통용 화폐가 되는 과정이라고 볼 수 있다. 통화 국제화에 중요한 영향을 미치는 요인으로는 경제 규모, 외환 거래 규모, 결제 통화로서의 수요, 금융 시장 발

통화 국제화의 개념

기능별	교환매체수단 무역결제 대외채무상환	계산단위 무역금융거래 표시단위	가치저장수단 예·대출 채권발행 대외지급 보유자산
용도별	결제통화 Settlement Currency	투자통화 Investment Currency	보유통화 Reserve Currency
지역별	교환매체수단 무역결제 대외채무상환	계산단위 무역금융거래 표시단위	가치저장수단 예·대출 채권발행 대외지급 보유자산

통화 국제화

자료: 대외경제정책연구원(KIEP)

전 상황, 해당 통화 가치의 안정성 등이 있다. 한 국가의 통화가 국제 통화가 되면 해당 국가의 대외 무역과 투자가 효율적으로 촉진되는 동시에 국제사회에서의 발언권도 강화된다. 즉, 통화 국제화는 해당 국가의 미래 경제 형세는 물론 세계 경제의 형세에도 중요한 영향을 미칠 수 있는 각국 대외 경제 정책의 최종적인 목표다.

자국의 통화가 국제화되기 위해서는 기능별·용도별·지역별로 각각 3단계의 국제화 단계를 거쳐야 한다. 기능별로는 교환 수단, 계산 단위, 가치 저당 수단 등 3가지 기능을 수행해야 하고, 용도별로는 결제 통화·투자 통화·보유 통화 단계를 거쳐야 하며, 지역적으로는 주변국에 걸쳐서 전세계적으로 통용돼야 한다. 참고로 '결제 통화'가 되려면 환율 변동성이 적고 유동성이 부족하지 않아야 하는 등 일정

또 다른 10년이 온다

조건을 충족해야 한다. 그리고 '보유 통화'는 준비통화라고도 하는데 각국 간에 쓰일 수 있고, 통화 가치가 안정돼 있으며, 외국환 관리가 존재하지 않는 등의 요건을 구비한 통화를 일컫는다.

중국 정부는 2009년 개최된 양회에서 위안화 국제화를 공식 선 언한 이후 다양한 정책 실행을 통해 위안화의 국제화를 촉진시켜왔 다. 환율제도 개편뿐 아니라 무역과 투자 대금 결제 시 위안화 사용 권유, 자본 시장 개방을 통한 외국인 투자 자본 유치, 역외 인프라 구 축을 통한 수요 확대를 바탕으로 위안화 국제화를 실현하고자 노력 했다. 경상 거래와 포트폴리오 투자뿐 아니라 역외 위안화 거래 센터 구축, 역내 위안화 직거래 확대, 통화 스와프 체결 등을 통해서도 위 안화 국제화를 추진했다.

중국은 2003년 홍콩을 시작으로 서울, 프랑크푸르트, 파리, 토론 토 등 각국 주요 도시에 위안화 거래 센터를 설립했다. 역내 위안화 직거래 시장도 꾸준히 활성화되는 추세이며, 현재 중국 외환 교역 센 터에 기준 환율(중간 환율)이 고시되는 외국 통화는 달러화, 유로화, 엔화, 파운드화 등 9개 통화다. 중국은 글로벌 금융 위기 이후 28개 국가와 통화 스와프를 체결해 위안화 거래 여건 개선은 물론 국제 사 회에서의 영향력을 꾸준히 확대해왔다.

환율제도의 경우에도 중국 정부는 국제사회에서 받아온 비난을 줄이고 통화 국제화와 시장의 수요에 맞춰 탄력적으로 흘러갈 수 있

세계 역외 위안화 거래센터

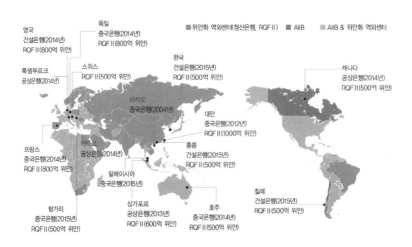

*RQFII는 위안화 적격 외국인 투자자, AIIB는 아시아인프라투자은행을 지칭함. 자료: 현대경제연구원

는 정책을 수립하고 있다. 2015년 고정환율제 폐지 이후 중국은 단계별로 일일 변동 폭을 확대해나가는 관리변동환율제를 추진해오고 있다.

위안화 환율이 외환 거래 시장 참여자인 중국 및 외국계 은행의 전일 종가 평균, 외환 수급 상황, 주요 통화의 국제 시장 환율 변화를 종합적으로 고려해 결정되고 있다는 점을 감안할 때 2020년대가 되면 자유변동환율제로 이행할 것으로 예상된다.

중국이 위안화 SDR 편입에 주력해온 가장 큰 이유는 위안화가 중국 경제에 걸맞은 국제 통화로서 거듭날 수 있기 때문이다. 중국은 GDP, 무역액, 외환 보유액, 시가총액 등으로 평가되는 하드웨어 경제 위상이 미국에 버금갈 정도로 높아졌지만, 여전히 미국과 유럽 선진국을 중심으로 한 국제 금융 시장에서는 큰 목소리를 낼 수 없었다.

이제 SDR 편입을 계기로 위안화가 준비통화로서의 위상을 찾을 경우 국제 금융 시장에서 중국의 목소리가 커질 것으로 예상된다. 세계 각국이 위안화를 보유 통화로 소유하게 되기 때문에 그동안 신흥국에 속했다는 그 자체만으로 불이익을 당해왔던 '낙인 효과'로부터도 자유로워질 수 있다.

국제 금융 시장에서 효율적인 자금 조달도 가능하게 된다. 현재 국제 채권 시장의 경우 대부분 달러화, 유로화, 파운드화, 엔화 등 선진국 통화로 이뤄져 있어 중국의 경우 빠른 경제 성장과 규모에도 불구하고 신흥국 우려에 따른 높은 리스크 프리미엄 지불 때문에 자금 조달에 어려움을 겪어왔다. 위안화의 SDR 통화 바스켓 편입을 통해 각국에서 위안화를 보유 외화 자산으로 구성할 수 있게 됨에 따라 위안화 채권 비중 확대로 이어질 가능성이 높다. 그렇게 되면 낮은 금리로 자금 조달이 가능해져 '일대일로'와 같은 대형 프로젝트 재원 마련이 용이해지고 경기 부양에도 도움이 된다.

미국 달러 의존도를 낮춰 '달러 함정(Dollar Trap)'에서도 벗어날 수 있다. 중국은 일본과 함께 미국 국채 최대 보유국이다. 중국이 미국 국채의 비중을 낮추기 위해 미국 국채 매입을 중단하거나 매도하게 되면 보유 국채 가치 하락을 부추겨 환차손이 발생할 수밖에 없다. 이 때문에 지속적으로 달러 자산을 매입해야 하는 달러 함정에 빠졌다. SDR 통화 바스켓에 포함되면 위안화가 국제 준비통화의 한 축을 담당할 수 있으므로 외환 보유액에서 점차 달러화 의존도와 비중을 줄여나가 달러 함정에서 벗어나는 계기가 될 것으로 기대하고 있다.

또 다른 10년에는 IMF에도 커다란 변화가 있을 것이다. 현재 IMF 이사회 투표권은 미국을 비롯한 선진국의 비중이 압도적으로 높고 나머지 16개 신흥 회원국의 비중은 30퍼센트 내외에 불과하다. 위안화가 SDR에 편입되면 제2차 대전 이후 선진국 중심으로 운영되던 IMF 내에서 신흥국의 권리를 주장할 수 있는 계기로 작용할 수 있다. 특히 미국의 압도적으로 높은 의결권과 SDR 구성 통화 비중에서 균형을 찾는 기회가 될 가능성이 높다.

앞으로 국제 금융 질서는 미국과 중국 주도의 경쟁 구도가 더 심화될 것으로 예상된다. 제2차 대전 이후 미국 중심의 IMF, 세계은행, 아시아개발은행(ADB)을 근간으로 하는 '팍스 아메리카나' 시대가 전개돼왔다. 그렇지만 위안화의 SDR 편입을 계기로 중국 중심의 긴급 외환보유기금(CRA), 신개발은행(NDB), 아시아인프라투자은행(AIIB)을 대칭으로 한 '팍스 시니카' 시대를 전개하고자 하는 중국 정부의 움직임이 빨라질 것으로 전망된다.

SDR 통화 바스켓 편입은 위안화가 세계 5대 중심 통화로 거듭나게 된다는 뜻이다. 많은 예측 기관들은 앞으로 미국과 중국이 함께 주도하는 세계 경제 구도가 펼쳐져 2020년대에는 국제 외환 보유액 중 현재 70퍼센트에 육박하는 달러화 비중이 60퍼센트 아래로 떨어지고 한 자릿수에 그치고 있는 위안화 비중이 두 자릿수로 올라서리라고 내다보고 있다.

SDR 편입으로 인해 위안화가 무역 결제 통화뿐 아니라 준비통화로 부상해 국제적 영향력과 신뢰성을 확보하게 된다면 위안화 가치는 장기적으로 절상될 확률이 높다. 국제 거래와 외환 보유액에서 위안화 비중이 높아지면서 위안화 수요가 꾸준히 늘어날 가능성이 매우 크다.

미중 환율 전쟁과 한국의 자세

중국 위안화 가치는 미중 간 무역 마찰의 바로미터다. 마찰이 심화되면 '절하', 진전되면 '절상'되기 때문이다. 그런 미국과 중국 간 마찰이 새로운 국면으로 진입하고 있다. 가장 우려해왔던 무역에서 시작된 마찰이 본격적으로 금융과 연계될 움직임을 보인다. 앞으로 미중 간 마찰은 세계 경제에 이어 국제 금융 시장에서도 커다란 변수가 될 것이다.

2020년대 진입을 목전에 둔 2019년 하반기까지 숨 가쁘게 펼쳐졌던 미중 간 마찰 과정을 살펴보면 식접적인 발단은 중국의 '태도'였다. 트럼프 정부 출범 이후 2년 동안 '수세적' 입장을 보였던 중국이 미국의 기대와는 달리 '공세적'으로 변한 것이다.

트럼프 정부가 2018년 7월 340억 달러(한화 약 40조 2,050억 원) 상당의 중국산 수입품에 25퍼센트의 관세를 부과하고, 중국 또한 이에 대한 조치로 미국산 수입품 340억 달러 규모에 25퍼센트 관세를 부과하면서 양국 간의 무역 전쟁이 시작됐다. 2018년 8월 미국이 다시 160억 달러 중국산 수입품에 25퍼센트 관세를 부과하자, 중국도 마찬가지로 160억 달러에 25퍼센트로 응수했다. 그러자 다음 달인 9월 미국이 2,000억 달러 규모에 10퍼센트의 관세를 부과했고, 중국 역시 600억 달러 규모의 미국산 수입품에 최고 10퍼센트의 관세를 부과했다.

이후 12월부터 휴전 국면에 돌입했지만 몇 번의 협상이 별다른 성과 없이 끝났으며, 2019년 6월 일본 오사카에서 개최된 G20 정상회담에서 교착 상태에 빠져 있던 무역 협상을 재개하기로 합의하면서 해결의 실마리가 나오는 듯 보였으나, 2019년 7월 중국 상하이에서 열린 미중 무역 협상이 성과 없이 종료된 직후 미국이 9월부터 나머지 3,000억 달러 규모의 중국산 수입품에 10퍼센트 관세를 부과하겠다고 발표하면서 미국과 중국 간 무역 전쟁이 다시 시작됐다.

그런데 중국의 대미 수출액은 5,050억 달러나 되기에 미국이 그만큼의 보복 관세를 부과할 수 있지만, 미국의 대중 수출액은 1,300억 달러 정도이므로 이미 관세 규모가 2,000억이 넘어간 이상 중국 입장에서 더 이상 관세로는 보복이 불가능하다. 결국 보복 관세 부과로 맞대응할 수 없는 중국으로서는 '1달러 = 7위안', 즉 포치선 진입을 허용하게 됐다. 무려 11년 만에 일이다. 국제 금융 시장에서는 어떤 경우라도 포치선 진입은 안 될 것으로 봤다. 중국으로서도 실익이 크지 않다. 금융 위기 이후 다섯 차례 포치선 붕괴 위험을 맞을 때에도 중국 인민은행이 적극적으로 방어했다.

하지만 막상 뚫리자 충격이 큰 쪽은 미국이었다. 중국이 위안화 절하로 맞설 경우 지난 2년 동안 주력해온 보복 관세 효과가 무력화될 수밖에 없기 때문이다. 재정수지 적자를 메워줄 관세 수입도 줄어들게 된다. 2020년 대선을 앞두고 치명타를 입게 될 트럼프 대통령은 곧바로 중국을 '환율조작국'으로 지정했다. 역플라자 합의 이후 사라졌던 환율조작의 악몽이 되살아나 중국 이외 다른 교역국에도 충격을 줬다.

지난 2019년 8월에 트럼프 대통령이 중국을 환율조작국으로 지정한 것은 2가지 점에서 미국의 전통을 지키지 않는 파격적인 조치로 평가된다. 하나는 예정된 '시기'를 지키지 않은 점이며, 다른 하나는 정해진 '규칙'을 어겼다는 점이다. 정치적 욕망이 강한 트럼프 대통령의 독단적인 조치라는 비판이 나오는 이유도 이 때문이다.

미국 재무부는 매년 4월과 10월에 주요 교역국을 상대로 환율 보고서를 발표한다. 2019년 상반기 환율 보고서를 당초 예정일보다 1개월 이상 늦어진 5월 말에 발표했던 것도 중국을 환율조작국으로 지정할 것인지를 놓고 마지막까지 고민했기 때문이다. 지난 8월 중국에 대한 환율조작국 지정 조치는 이때부터 어느 정도 예견됐다고 볼 수 있다.

'무역촉진법 2015(Trade Facilitation and Trade Enforcement Act of 2015)' 제7장 '환율조작' 부문의 수정법안인 베넷-해치-카퍼(Bennet-Hatch-Carper, 이하 BHC)에 따라 새롭게 적용된 환율조작국에 해당하는 환율관찰대상국에 지정되려면 대미 무역흑자 200억 달러 이상, GDP 대비 경상수지 흑자 3퍼센트 이상, 외환 시장 개입이 지속적이며 그 비용이 GDP의 2퍼센트를 넘는다는 3가지 요건을 충족해야 한다. 하지만 중국은 첫 번째 요건에만 걸려 있다. 환율조작국으로 지정되기 전단계인 환율관찰대상국도 아닌 것이다.

BHC 수정법안에서 명시한 요건대로라면 트럼프 대통령은 2016년 대통령 선거 당시 중국을 환율조작국으로 지정하겠다는 공약을 어떤 경우에든 지킬 수 없었기 때문에 지정 요건을 완화하는 작업을 검토해왔다. 그래서 찾아낸 것이 '종합무역법 1988(Omnibus Trade and Competitive Act of 1988)'이다. 이 법에는 대규모 경상수지 흑자, 유의미한 대미 무역수지 흑자 중 한 가지 요건만 충족해도 환율 조작국으로 지정할 수 있도록 돼 있다. 한마디로 미국 마음대로 환율 조작국을 지정할 수 있다는 의미다. 1990년 전후로 한국을 포함해 대미 흑자국이 집중적으로 환율조작국에 지정된 것도 이 때문이다.

중국이 환율조작국으로 지정됨에 따라 미국은 첫 번째 제재 조치로 '위안화 절하'의 대응 수단으로 찾아낸 상계 관세를 부과하리라고 예상된다. 최악의 경우 중국이 위안화 대폭 절하와 같은 수단으로 적극 대응할 경우 '슈퍼 301조'를 동원할 가능성이 높다. 슈퍼 301조는 대상이 환율조작국인 경우 의회 승인 없이 행정명령을 통해 100퍼센트 보복 관세를 부과할 수 있다. 앞으로 중국이 어떤 식으로 나오느냐에 따라 국제 금융 시장 상황은 달라질 것이다. 중국이 위안화 가치를 절하해 대응하고 미국도 달러 약세로 맞대응할 경우 글로벌 환율 전쟁이 일어날 것은 불을 보듯 빤하다. 세계 경제도 1930년대에 겪었던 대공황을 재차 겪을 가능성이 높다.

중국은 무역과 환율과의 비연계성을 강조하고 있다. 경기 대응적 요소 등을 감안한 현행 환율제도에서는 전일 경제지표가 부진하면 '절하', 개선되면 '절상'해 고시할 뿐이라고 주장한다. 하지만 미국과의 관계가 중국 경제에 커다란 영향을 주고 있어 그 자체가 마찰과 오해의 소지를 안고 있다.

　미국의 공분을 더 불러일으키는 것은 중국 입장에서도 위안화 절하가 불리한 점이 많은데도 실제로는 행동에 옮기고 있기 때문이다. 위안화 절하는 경상 거래 측면에서 수출을 증대시키는 효과가 있지만, 자본 거래에서는 자본 유출을 초래해 금융 위기 우려가 높아진다. 위안화 국제화 등을 통해 중국의 대외 위상을 높이는 계획에도 차질이 생길 가능성이 높다.

　미국이 '위안화 절하'에 가장 명료하게 대응할 수 있는 수단은 '달러화 약세'다. 그러나 초기에 나타나는 'J커브 효과(J-curve Effect)', 즉 통화 가치가 평가절하되는 식의 환율 변화가 경상수지에 영향을 미치기까지는 시차가 존재하는데, 환율 변화 직후에는 오히려 반대 효과가 나타나 일정 시점까지는 더 악화되는 현상 때문에 트럼프 대통령이 대선을 치르기 전까지는 중국과의 무역 적자가 오히려 확대돼 '자충수'가 될 가능성이 높다. 따라서 쉽게 가져갈 수 있는 카드가 아니다. 화폐 발행으로 얻는 이익인 '시뇨리지(seigniorage)'가 줄어들고 달러 자산의 평가손실이 커지는 부담도 감수해야 한다.

　한국 경제 입장에서 또 하나의 관심사는 중국에 이어 어떤 국가가 환율조작국으로 지정될 것인지의 여부다. 후보국을 꼽는다면 환율 관찰대상국 가운데 이미 지정된 중국 그리고 역학관계상 지정이 불가능한 독일을 제외하면 한국과 일본뿐이다. BHC 수정법안의 요건

미국의 중국 환율조작국 지정 시 한국 경제 영향

자료: 대외경제경책연구원(KIEP)

대로라면 경상수지 흑자 요건만 걸려 있는 한국이 대미 무역흑자와 경상수지 흑자 2가지 요건이 걸려 있는 일본보다는 그 확률이 낮다.

하지만 중국을 환율조작국으로 지정할 때부터 적용한 '종합무역법 1988'에 근거한다면 사정이 달라진다. 미국과의 관계를 감안할 때 정부의 낙관론과 달리 환율조작국에서 지정될 가능성을 완전히 배제할 수는 없다. 중국도 한 가지 요건만 걸렸는데 지정됐다. 사전에 얼마나 트럼프 정부와 신뢰관계를 구축해놓느냐가 중요하다. 일단 상처가 나면 사후에 어떤 치료법을 동원하더라도 잘 아물지 않는 것이 뉴 노멀 시대의 냉혹한 현실이다. 미국과 관계 개선이 더욱 필요한 때다.

외환 보유액과 위기 방어 능력

현재 국제통화제도에서는 미중 간 통화 전쟁이 발생할 경우 가격 기능에 의해 자율적으로 조정할 수 있는 장치가 없다. 다른 국가들 사이의 환율 마찰도 마찬가지다. 1976년 킹스턴 체제 이후 국제통화제도는 시장의 자연스러운 힘에 의해 형성됐기에 국가 간 조약이나 국제협약이 뒷받침되지 않는다.

국제 간 불균형이 심화될 때마다 미국이 시정하고자 노력했지만 독일 및 일본 등과 같은 경상수지 흑자국은 이를 조정할 유인이 별로 없어 글로벌 환율 전쟁이 수시로 발생했다. 이 때문에 국제통화제도 개혁을 주장하는 학자들은 최소한 불균형 조정을 강제할 수 있는 '국가 간 조약'이 있어야 한다고 주장해왔다.

2015년 12월 Fed가 금리를 올린 직후 위안화 가치가 대폭 떨어지자 '상하이 밀약설(달러화 약세-위안화 절상을 유도하는 묵시적 합의)'이 나왔던 것도 이 때문이다. 이후 Fed가 금리를 올릴 때마다 '제2의 플라자 밀약'이 단골 메뉴처럼 거론돼왔다. 밀약이 공식화되면 '합의'가 된다(제2의 플라자 밀약 → 제2의 플라자 합의).

'제2의 플라자 합의'는 인위적인 조정인 만큼 그 합의 가능성은 당사국인 미국과 중국의 '달러화 약세-위안화 절상' 협의 여부에 달려 있다. 조지 소로스의 위안화 투기설, 위안화 가치 40퍼센트 폭락설,

시진핑 정부의 본때론, 위안화 대폭 평가절하 용인설 등 중국은 위안화 관련 각종 위기설에 시달려왔다. 중국처럼 상시적인 환투기 대상에 몰리는 국가는 외화 방어 능력이 약할 때 외환 위기가 발생한다.

모리스 골드스타인 등이 제시한 특정국의 위기 방어 능력은 다양한 지표에 의해 평가되지만 외환 보유액을 핵심지표로 꼽는 까닭도 이런 이유에서다. 중국의 외환 보유액은 3조 달러가 넘는다. 일부에서는 외환 보유액이 줄어드는 것을 우려하는 시각이 있다. 그렇다고는 하나 적정 외환 보유액을 따지는 방법 중에서 외환 보유액 보유 동기에 따른 3가지 기준인 IMF 방식, 그린스펀-귀도티 방식, 캡티윤 방식 중 가장 넓은 개념인 캡티윤을 기준으로 해도 2조 4,000억 달러로 추정되는 점을 감안하면 큰 문제는 없다.

'제2의 플라자 합의'는 미국과 중국이 모두 필요한 만큼 언제든지 논의할 수 있는 문제다. 2014년 12월 원화와 위안화 직거래 시장이 개설된 이후 두 통화 간 상관계수가 '0.8'에 달할 정도로 높다는 사실을 볼 때 합의 여부와 상관없이 이 논의가 있을 때마다 원달러 환율은 하락 압력을 받을 가능성이 높다. 지금의 분위기와는 사뭇 다를 수 있다.

최대 수출국인 중국과 미국의 틈새에 끼어 있는 한국의 상황은 복잡하다. 북미 정상회담, 북중 정상회담, 한국판 플라자 합의 등 주변국 스트롱맨 간의 관계와 의지에 따라 좌우되는 메가톤급 현안이다.

각각의 현안도 호재와 악재 요인이 겹쳐 있어서 더 혼란스러우며, 원달러 환율 등 금융 변수의 변동성이 크게 확대될 것으로 예상된다.

가장 눈에 들어오는 것은 '한국판 플라자 합의' 가능성이다. 1980년대 초 국제 무역수지 불균형의 주범인 미국과 일본 간 경상수지 적자를 줄이기 위해서 G5 스트롱맨들이 모여 엔화 가치 절상을 유도한 합의가 이뤄졌으며, 이후 10년 동안 지속된 플라자 합의 체제에서 엔달러 환율은 240엔대에서 79엔대로 폭락했다.

1980년대 후반까지만 하더라도 일본은 소니와 도요타로 대변되는 막강한 제조업 경쟁력을 기반 삼아 미국을 제치고 세계 제1의 경제대국으로 부상할 것 같았다. 대부분 그렇게 전망했다. 그렇지만 플라자 합의 이후 급속히 진행된 엔화 강세로 인한 디플레이션에서 벗어나기 위해 아베노믹스가 시행됐고 2012년 12월까지 '잃어버린 20년'을 겪었다.

제2의 플라자 합의 대상으로 거론되는 국가는 중국과 한국이다. 위안화 절상은 트럼프 대통령이 학수고대해오던 관심사이자 숙제였다. 중국과의 무역 적자가 좀처럼 줄지 않았기 때문이다. 중국 입장에서도 부담은 되지만 위안화 절상의 필요성을 느끼고 있었다. 시진핑 주석은 위안화 국제화 과제 등을 통해 국제 위상을 높이고자 애써왔다. 중국 중심의 팍스 시니카 체제를 구축하기 위해서는 안전통화로서 위안화 기능이 높아져야 했다.

그러나 고비 때마다 환율로 어려움을 겪어온 한국의 사정은 중국과 다르다. '키코(KIKO)' 사태가 대표적이다. 금융 위기 이후 원달러 환율이 급락할 것으로 예상한 수출업체가 환헤지를 했다. 하지만 마진 콜을 당한 미국 금융사의 디레버리지 과정에서 원달러 환율이 급등해 환차손이 눈덩이처럼 불어났다.

10년이 지난 현 시점에서는 키코 사태의 정반대 현상이 발생하고 있다. 이른바 '역(逆)키코 사태'다. 2015년 12월 이후 Fed의 금리 인상으로 원달러 환율이 급등(달러 강세)할 것으로 우려한 수입업체(글로벌 투자금융사)를 중심으로 환헤지를 걸어놓았다. 그런데 원달러 환율이 하락하자 상당 규모의 환차손을 입고 있다. 달러 투자자들도 마찬가지다. 원달러 환율이 하락할 때마다 달러 예금이 아직도 늘어나고 있다.

곤혹스러운 것은 한국이다. 역키코 사태를 방지하기 위해 원달러 환율을 끌어올릴 경우 미국으로부터 환율조작국에 지정될 가능성이 높아진다. 반대로 한국판 플라자 합의를 수용해 원달러 환율이 급락할 경우 키코 사태 이상으로 환차손이 불어나고 수출과 경기에도 부담이 될 가능성이 높다. 스트롱맨에 의한 경제 절대군주 시대에 한국과 같은 경제 약소국이 당할 수밖에 없는 태생적인 한계이자 어려움이다.

힘 받는 가상화폐

제2차 대전 이후 무려 70년 이상 지속돼온 세계 경제의 양대 축이 무너지고 있다. 가히 지각변동이라고 할 만하다. 하나는 미중 간 무역 마찰이 장기화되는 과정 속에 한일 간 경제 보복이 새롭게 불거지면서 양국 사이의 협력 체제가 약화되는 추세다. 또 하나는 세계 경제의 무대가 온라인, 모바일, 플랫폼 등으로 빠르게 이동하면서 각국 국민의 화폐생활이 급변함에 따라 법화(法貨, 공식적인 현금화폐), 즉 '법정화폐' 시대가 가고 '가상화폐' 시대가 현실이 되는 분위기다.

2020년대에 들어서는 세계에서 통용될 수 있는 가상화폐 발행이 줄을 이을 것으로 예상된다. 시장 반응도 매우 뜨겁다. 2017년 말 기록했던 사상 최고점 대비 3분의 1 수준으로 떨어졌던 '비트코인(Bitcoin)' 가격도 되살아나고 있다. 한동안 힘을 잃었던 화폐개혁 논의와 각국 중앙은행의 개편 요구도 거세지는 추세다. 가상화폐의 약점으로 지적돼왔던 화폐가 갖춰야 할 3대 기능도 마련돼가고 있다. 종전의 가상화폐는 이 기능을 갖추지 못해 비록 '화폐'라는 명칭이 붙었어도 단순히 투기 자산으로 평가절하됐었다.

가장 앞서가는 페이스북의 '리브라(Libra)'를 보면 3대 기능 중 가장 중요한 거래적 동기를 충족시키기 위해 초당 1,000건 처리가 가능해 욕망의 불일치를 해결할 수 있다. 발행 이전까지 1만 건대로 끝

화폐적 측면에서 법화, 가상화폐, 리브라 비교

구분	법화	가상화폐	리브라
발행 기관	중앙은행	전자금융업체	페이스북
발행 규모	중앙은행 재량	법화와 1 대 1 교환	리브라 협회의 예치금에 따라 결정
거래 기록	필요 없음	정산소	네트워크 가입자
법화 교환 여부		발행사 보장	달러와 연계된 안전 코인
법화 교환 비율		고정	달러 가치 변화에 따라 수시로 변동
주요 사용처	모든 거래	가맹점	네트워크 참가자

자료: 한국은행

어울린다는 것이 페이스북의 계획이다. 가치 저장 기능은 달러와 연계시킨 '안전 코인(stable coin)'이다. 회계 단위는 '리브라'라는 새로운 단위로 가져가면 충족시킬 수 있다.

"누가 발행하느냐"에 대한 의구심도 불식시켰다. 화폐 속성상 민간에게 맡겨놓을 경우 과다 발행해 물가가 치솟는 등의 부작용이 발생한다. 페이스북은 리브라 발행을 리브라 협회에 전적으로 맡겨놓는다는 방침이다. 각각의 회원사는 준비금을 맡기면 그에 상응하는 리브라를 전자지갑에 넣어 클릭해 사용하면 된다. 유로화의 창시자인 버나드 리테어 교수가 세계단일통화인 '테라'를 구상할 때와 동일한 원리다.

2020년대 첫 해 리브라를 발행할 경우 무서운 속도로 각국 국민의 화폐생활에 파고들 것으로 전망된다. 페이스북 이용자만 하더라도 30억 명이며, 이는 세계 인구의 40퍼센트에 달한다. 게다가 세계 양대 카드사인 비자(VISA)와 마스터카드(MasterCard)사와 제휴했다. 우버(Uber), 리프트(LYFT), 이베이(eBay) 등과 같은 첨단 기술 기업과 세계 최대 송금업체인 웨스턴유니온(Western Union)도 합류하기로 결정됐다.

때맞춰 세계 중앙은행격인 국제결제은행(이하 BIS)이 각국 중앙은행에 '가상화폐'라는 대세를 받아들여 '디지털 통화(CBDC)'를 발행해야 한다는 입장을 밝혔다. 최근까지만 하더라도 BIS는 가상화폐에 대해 '화폐'가 아니라 '투기 대상'으로 금융 안정성을 해친다는 관점을 견지해왔다.

중국도 디지털 위안화 화폐 발행 계획을 천명했다. 2019년 10월에 열린 4중전회(4中全會)에서 시진핑 주석은 디지털 위안화 화폐 발행의 전제조건인 블록체인(Block Chain)의 중요성을 강조하면서, 2020년대 들어 이를 집중적으로 육성하겠다고 발표했다. 트럼프 정부의 집중 견제로 멀어져가는 오프라인의 '일대일로' 계획을 온라인으로 옮겨 달성한다는 또 다른 야망이라 평가받고 있다. 이에 미국이 어떻게 나올지 궁금하다.

리브라가 통용될 경우 각국 국민의 화폐생활도 빠르게 변화할 가능성이 크다. 현재에도 세계 인구의 70퍼센트 이상이 '법화'를 갖고 다니지 않아도 불편함을 느끼지 못한다. 오히려 고액권을 너무 많이 소지할 경우 뇌물 공여 등 다른 목적이 있다고 오해받는 시대가 될 것이다.

페이스북의 리브라 발행 계획 발표와 BIS의 CBDC 발행 권고, 그리고 중국의 디지털 위안화 발행 계획에 바짝 긴장하는 곳은 다름 아닌 각국 중앙은행이다. 첫 반응은 '부정적'이다. 달러 중심 체제 약화를 우려한 트럼프 대통령도 반대 입장을 밝혔다. 하지만 앞으로 닥칠 가상화폐와 디지털 통화 시대에 맞춰 생각을 전환해야 한다는 목소리가 커지고 있다. Fed를 비롯한 선진국 중앙은행들은 오래전부터 대책반을 구성해 준비해왔다.

각국 중앙은행이 리브라와 같은 가상화폐와 디지털 통화를 받아들인다면, 지금까지 사용해온 법화를 어떻게 해야 할 것인지에 관한 입장도 정리해야 한다. 금융 위기 이후 달러 신뢰 저하에 따른 금본위제 부활, 위조지폐 방지용 신권 발행, 부정부패 척결을 위한 '리디노미네이션(redenomination, 1,000원을 10원으로 하는 식의 화폐 단위 변경)' 등 다양한 목적으로 거론돼온 화폐 개혁이 리브라 발행과 함께 활발히 전개될 것으로 예상된다.

천사가 된 악마, 통화 정책의 변화

2020년대에 이르러 가상화폐 시대가 오게 되면 각국 중앙은행의 정책 목표부터 수정해야 한다는 요구가 거세질 것으로 전망된다. 전통적으로 중앙은행은 물가를 안정시키는 것을 주된 목표로 삼아왔다. 그동안 밀턴 프리드먼(Milton Friedman)과 같은 기존의 통화론자들은 중앙은행이 '천사와의 키스'만 할 것을 주장해왔다. 물가 안정 이외의 다른 목표를 추구하는 것은 '악마와의 키스'라고 할 정도로 금기시해왔다.

각국 국민의 화폐생활 공간이 온라인과 모바일로 바뀌면서 물가가 추세적으로 떨어지고 있다. 격화되는 경쟁에서 살아남기 위한 몸부림이 최종 상품의 가격 파괴로 이어졌기 때문이다. 대부분 국가들의 물가는 중앙은행이 설정한 목표선을 하회하고 있다. 가상화폐와 디지털 통화 시대가 전개되면 물가는 더 안정될 것으로 예상된다.

그렇기 때문에 중앙은행이 물가 안정만을 추구하기보다 고용 창출과 같은 다른 목표에도 관심을 돌릴 때가 왔다. '악마와의 키스'가 '천사와의 키스'로 대접받을 수 있는 시대가 됐다는 뜻이다. Fed는 2012년 12월부터 물가 안정과 고용 창출을 양대 책무로 설정해 통화 정책을 운용하고 있다. 최근에는 고용 창출에 더 무게를 둔 움직임이 뚜렷하다.

물가 안정 이외의 목표를 감안한 통화 정책 운용 방식이 '최적 통제 준칙(Optimal Control Rule)'이다. 이 준칙은 Fed의 양대 책무를 달성하기 위해 두 목표로부터의 편차를 최소화하는 정책 금리 경로를 산출함으로써 통화 정책을 운용하는 방식을 말한다. 고용 목표에 도움이 되면 물가가 일시적으로 목표선을 벗어나더라도 허용해야 한다는 입장이다.

Fed는 '테일러 준칙(Taylor's Rule)'과 '수정된 테일러 준칙(Adjusted Taylor's Rule)'에 의해 산출된 적정 금리를 토대로 통화 정책을 운용하는 것이 오래된 관행이다. 두 준칙도 단순히 물가 상승률에 성장률을 더해 금리의 적정성을 따지는 피셔(Fisher) 공식과 달리 중앙은행이 물가와 성장 등 여타 거시 경제 목표 중 어느 쪽에 더 중점을 뒀는지 알 수 있다.

그러나 금융 위기 이후 제로 금리(유럽과 일본의 경우에는 마이너스 금리)와 양적 완화와 같은 비정상적인 대책을 지속적으로 추진해왔는데도 성장률을 크게 끌어올리지는 못했다. '테일러 준칙'과 '수정된 테일러 준칙'의 한계가 크게 알려진 만큼 Fed처럼 각국 중앙은행들도 '최적 통제 준칙'으로 통화 정책을 운용해야 한다는 요구가 커지는 추세다.

Fed의 주장은 어떤 경우에든 물가 목표치에서 벗어나서는 안 된다는 다른 준칙과는 대조적이다. 밀턴 프리드먼과 같은 통화론자는 어떤 국가가 금리 등을 변경할 때 '통화 준칙(monetary rule)'에 따를 것을 강조한다. 이를테면 한국은행의 인플레이션 목표선이 2퍼센트일 때, 이보다 물가가 올라가면 자동적으로 기준 금리를 올려 안정시켜야 한다는 것이 핵심이다.

'현대 통화 이론(MMT)'의 주장도 설득력을 얻고 있다. 핵심은 이렇다. 물가에 문제가 없는 한 재정수지 적자(쌍둥이 이론에 의해 무역수지 적자도 포함)와 국가 채무를 두려워하지 말고 달러를 더 찍어서 사용해도 문제가 없다는 시각이다. 통화 정책에 있어서 양적 완화를 중시하는 이론이다.

한국 내부에서도 리디노미네이션 논쟁이 뜨겁다. 화폐 개혁만큼 국민의 관심이 높은 것은 없다. 그렇기 때문에 경기 안정과 국민 공감대 형성이 전제돼야 한다. 금융 위기 이후 화폐 개혁을 추진한 국가들의 사례를 보면, 선진국들은 이 조건 충족 여부를 중시했지만 신흥국은 장기 집권 등 특정 목적을 달성하기 위해 성급하게 추진했다. 주목해야 할 대목이다.

개인의 화폐생활이 변화함에 따라 통화 정책 여건도 급변하고 있다. 가장 큰 문제는 기존의 이론이 적용되지 않는 경우가 발생해 통화 정책의 유효성이 떨어지고 있다는 사실이다. 각국의 중앙은행은 이런 사태의 심각성을 인식해 가상화폐와 대안화폐 확산이라는 새로운 환경 속에 통화 정책의 유효성을 확보하는 방안을 놓고 고심 중

또 다른 10년이 온다

이다. 고민 중인 사안은 다음과 같다.

첫째, 본원통화의 대체 문제다. 갈수록 본원통화의 상당 부분을 가상화폐가 대체해나갈 것으로 보는 시각이 지배적이다. 중앙은행 입장에서 보면 본원통화 축소에 따른 화폐 발행 차익, 즉 '시뇨리지'의 감소를 의미한다. 시뇨리지의 감소는 특히 통화 정책 수행 비용의 재정 의존도를 심화시켜 중앙은행 독립성을 훼손시킬 우려가 있다.

둘째, 중앙은행의 금리 조절 능력은 가상화폐를 누가 발행하느냐와 그것이 어느 단계로까지 발전하느냐에 따라 달라진다. 만약 중앙은행 이외의 다른 주체들이 가상화폐를 발행할 경우 현금 보유 성향의 저하로 중앙은행의 금리 조절 능력은 크게 약화된다. 또한 가상화폐가 현금통화와 결제성 예금까지 대체할 수 있는 단계까지 발전할 경우 발행 주체와 상관없이 중앙은행의 금리 조절 능력은 심한 경우 무력화될 수도 있다.

셋째, 가상화폐의 발달로 '통화승수(通貨乘數, money multiplier)'와 통화유통속도가 커질 것이라는 데 이견이 없다. 통화승수는 전체 통화량을 중앙은행이 공급하는 본원통화로 나눈 값을 말한다. 통화승수가 커졌다는 것은 경제 주체의 현금 보유 성향이 낮고 신용 창출이 활발하다는 의미다. 가상화폐가 현금 통화를 대체하면 통화승수는 커지게 된다.

넷째, 가상화폐의 발달은 여러 각도에서 통화 정책의 전달 경로

(transmission mechanism, 통화 공급 조절 → 금리 변화 → 총수요 증감 → 성장률 및 물가 조절)에 영향을 미친다. 그 중에서 가상화폐의 발달로 모든 금융 거래에서 위험 헤지가 수월해짐에 따라 경제 주체들이 금리 변화에 덜 민감해져 통화 정책의 유효성이 떨어지는 점이 가장 우려된다.

가상화폐에 따른 본질적인 문제와 함께 갈수록 떨어지고 있는 중앙은행의 예측력을 강화하는 과제도 시급해졌다. 지금처럼 다른 예측 기관들보다 전망이 늦고 예측력 또한 크게 높지 않으면 중앙은행이 신뢰를 확보하거나 선제적 통화 정책을 수행하는 일은 어렵게 된다. 예측모델 재설정, 시계열 일관성 유지, 정성적 평가 등의 고민도 해야 한다.

특히 신뢰를 확보하는 과제는 통화 정책 경로에서 금리와 총수요 사이의 민감도를 끌어올리는 데에도 중요하다. 가상화폐 확산 등으로 갈수록 불확실하고 길어지는 통화 정책 경로에서 중앙은행 총재가 그때그때 상황에 맞춰 말을 자주 바꾼다거나 구체적인 수치를 들어 예측치를 언급하는 행위는 자제해야 한다.

통화 정책 추진 과정에서 흐트러진 정책 수단과 중간 조정, 최종 목표 사이의 인과관계도 재정립해야 한다. 예컨대 중앙은행 입장에서 성장 및 물가 간 우선목표를 정하고 이를 위해 금리를 조정할지 통화량을 변경할지를 명확히 할 필요가 있다. 추세적으로 물가가 안정된 시대에서는 중앙은행 목표, 통화 정책 관할 범위, 적정 금리 산출 방식, 감독 범위 등도 재설정해야 한다.

가상화폐 확산에 따른 새로운 환경에 맞게 새로운 통화지표를 개발해 통화유통속도, 통화승수 등을 정확히 추정해야 한다. 갈수록 가속력이 붙을 가상화폐 발행에 대한 규제와 위조지폐 방지 등을 통해 폐지 또는 무용론까지 불고 있는 법화의 위상도 강화해야 할 때다. 각종 가중치와 산출 방식 현실화를 골자로 한 통계 개편 작업도 서두를 필요가 있다.

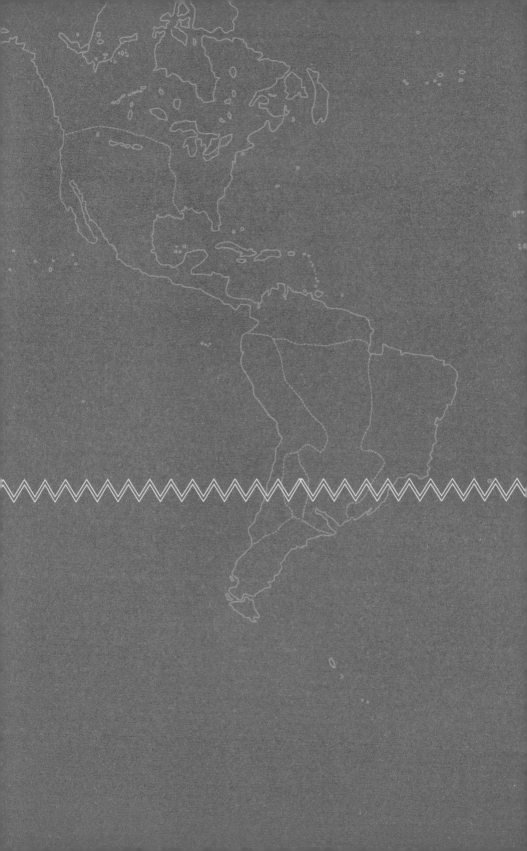

제5장

대형 위기를 맞이할
만반의 준비

많이 알려진 대로 '위기에서 빠져 나오는 대책'으로 이해한다면 비상이냐 정상이냐 가릴 것 없이 금융 위기 이후 추진했던 위기 대책이 모두 출구 전략 대상이 된다. 반면 출구 전략을 '위기 이후 상황을 겨냥한 선제적인 정책'으로 정의한다면 위기 이후 추진했던 비상 대책만으로 제한된다.

극복 못한 글로벌 금융 위기

=====   ==

"대형 위기가 발생할 것인가?"

모든 예측 기관이 2020년대에 들어서면 가장 먼저 세계 경제와 국제 금융 시장에 던지게 될 질문이다. 대형 위기란 다름 아닌 1990년대 후반에 발생했던 아시아 통화위기, 2009년의 리먼 사태급 위기를 말한다.

이전의 대형 위기는 글로벌화가 급진전됐던 1990년대 이후 주로 발생했다. 그 이전까지 위기는 특정국의 경상수지 적자와 재정수지

유형별 과거 금융 위기 분류

구분	각종 위기 유형 및 성격			
	단순 위기	이중 복합 위기	삼중 복합 위기	사중 복합 위기
위기국 (발생연도)	필리핀(2000년) 필리핀(2002년)	터키(1994년) 아르헨티나(1997년) 말레이시아(1997년) 필리핀(1997년) 태국(1997년) 브라질(2002년)	멕시코(1994년) 한국(1997년) 브라질(1998년) 러시아(1998년) 에콰도르(1999년) 터키(2001년) 아르헨티나(2001년) 우루과이(2002년)	미국(2008년) PIGS(2010년) 한국 등 신흥국(2008년)

자료: Hofman et al., The Duration of Capital Account Crisis

적자, 과다한 외채, 부채 만기 불일치, 자본자유화에 따른 부작용, 고정환율제 등의 내부 요인에 기인한다고 봤다. 신흥국 위기를 설명할 때 널리 활용되는 '자산 거품 붕괴(Boom and Burst) 모델'이 대표적이다.

하지만 1990년대에 들어 각국의 빗장이 빠르게 열리면서 내부 요인보다 선진국 자본의 유출입, 자본 수출국의 통화 정책 변경, 각국 자본 시장 간 통합 정도 등 외부 요인에 의해 위기가 발생하는 횟수가 많아지기 시작했다. 위기의 성격도 채무 위기, 부동산 위기, 실물경기 위기 등이 겹치면서 복합적인 성격이 짙어졌다.

경제역학 구도상 태생적 한계를 갖고 있는 한국과 같은 신흥국은 '자기실현적 기대(self-fulfilling expectation)' 가설에 따라 위기가 발

또 다른 10년이 온다

생한 경우도 많아졌다. 증강현실 시대가 오면서 심리적 요인과 네트워킹 효과가 그만큼 커졌기 때문이다. 내부적으로 경제 기초 여건이 양호하더라도 최고통수권자, 집권당, 경제 정책 등에 대한 부정적 기대가 형성될 경우 자본 흐름이 역전되면서 대형 위기가 발생했다.

2020년대의 또 다른 10년에 대형 위기가 발생할 것인지를 알아보기 위해서는 10년 전 발생했던 글로벌 금융 위기가 완전히 극복됐는지 여부를 살필 필요가 있다. 국가, 기업, 개인 등 경제 주체가 위기를 겪을 때 초기에는 돈이 부족한 '유동성 위기'를 겪다가 이 단계를 조속한 시일 안에 해결하지 못할 경우 '시스템 위기'로 이어진다. 시스템 위기로 실물경제에 제때 돈을 공급해주지 못할 경우 '실물경제 위기'로 악화된다.

모든 위기는 이 같은 수순을 염두에 두고 극복해야 한다. 위기 극복 3단계설로 볼 때 기관에 따라 차이가 있지만 '8부 능선'을 지나고 있다는 시각이 지배적이다. 금융 위기를 완전히 극복하지 못했으나 당초 예상보다는 빠르다는 평가다. 가장 큰 유동성 위기 극복 과제는 미국의 경우 분야별로는 부족한 곳이 있지만 절대 규모로는 마무리됐다. 유럽과 일본 등 미국 이외의 국가들은 아직도 유동성을 공급하고 있다.

글로벌 금융 위기 발생국 미국이 당초 예상보다 빨리 위기 극복에 가닥을 잡을 수 있었던 데는 '브라운식 모델'이 주효했다. 글로벌 금

금융 위기 진전 및 극복 3단계론

(위기진전 3단계)

유동성 위기 → 시스템 위기 → (이분법 경제) dichotomy → 실물경기 위기 → 대공황

(위기극복 3단계)

빅 스텝 금리인하 양적 완화 정책 → 부실자산 정리 → (연계 경제) dis-dichotomy → 인위적 경기부양 신성장 대안 마련 → 경기회복

자료: 한국경제신문

융 위기 당시 영국 총리 고든 브라운(Gordon Brown)의 이름을 딴 용어다. 국가의 컨트롤 타워 기능을 강화해 정책을 적기에 결정하고 국민이 확실히 체감할 수 있도록 대규모로 신속하게 추진해 위기를 극복하는 방식을 말한다. 1990년대 대공황 당시 대통령이었던 프랭클린 루스벨트(Franklin Roosevelt)가 '뉴딜(New Deal) 정책'을 시행한 경기 처방이 대표적인 사례다.

미국이 리먼 사태를 맞아 브라운식 모델을 채택한 것은 시장 기능과 금융 시스템이 무너졌기 때문이다. 브라운식 모델은 위기 처리에 국가의 역할을 공식 인정하는 것으로, 시장이 제 기능을 하지 못하거나 복원력이 없을 때 적용하는 위기 해결 방식이다. 다른 위기 대처법은 시장의 기능과 복원력을 전제로 한 것이어서, 리먼 사태처럼 시장 기능과 시스템이 붕괴된 상황에서는 효과를 발휘하지 못한다.

Fed는 1세기 만에 찾아온 금융 위기를 극복하기 위해 기준 금리

를 한꺼번에 몇 단계씩 내리는 '빅 스텝' 금리 인하와 양적 완화와 같은 비전통적인 통화 정책을 추진해왔다. 대표적인 비전통적 통화 정책으로는 유동성 공급 대상 담보 채권과 기관 확대, 회사채 직매입, 모기지 증권 시장 지원, 국채 직매입 등이다. 경기가 회복되고 금융 시장이 안정될 때는 비상시에 추진해왔던 비전통적인 통화 정책 수단들이 모두 출구 전략의 대상이 된다.

출구 전략을 언제 어떻게 추진할 것인지를 알려면 그 개념부터 명확히 정립할 필요가 있다. 많이 알려진 대로 '위기에서 빠져 나오는 대책'으로 이해한다면 비상이냐 정상이냐 가릴 것 없이 금융 위기 이후 추진했던 위기 대책이 모두 출구 전략 대상이 된다. 반면 출구 전략을 '위기 이후 상황을 겨냥한 선제적인 정책'으로 정의한다면 위기 이후 추진했던 비상 대책만으로 제한된다.

후자의 개념대로 정립한다면 출구 전략을 마련하는 시기와 추진하는 시기를 구별해야 한다. 모든 정책의 시차를 감안하면 위기가 어느 정도 마무리돼가는 상황에서 출구 전략을 논의하고 마련하는 것은 자연스러운 수순이다. 특히 양적 완화 등으로 상징되는 비상 대책의 강도가 워낙 컸던 점을 감안하면 상황에 닥쳐서 준비할 경우 너무 늦을 수 있기 때문이다. 하지만 출구 전략이 마련됐다고 해서 곧바로 추진한다면 위기 재발 등 더 큰 화(禍)를 불러일으킬 수 있다. 성급한 출구 전략으로 경제를 망친 대표적인 사례가 1930년대 대공황을 초래한 '에클스의 실수'와 1990년대 일본의 '잃어버린 20년'이다.

2015년 12월부터 금리를 인상해온 Fed가 2019년 7월 이후 4년 만에 다시 내리기 시작하면서 '제2의 에클스의 실수'가 아닌가 하는 우려의 목소리가 높아지고 있다. 금융 위기 이후 미국 경제의 아킬레스건인 '이분법 경제(dichotomized economy)'를 '연계 경제(dis-dichotomized economy)'로 전환시켜야 하는데 여전히 금융과 실물 부문이 따로 놀고 있기 때문이다. 트럼프 대통령은 앞으로 찾아올지 모르는 공황을 방지하기 위해서는 금리를 마이너스 수준까지 떨어뜨려야 한다고 연일 외치고 있다.

트럼프 대통령과 Fed 파월 의장 사이의 갈등은 어떻게 마무리되고 두 사람의 운명은 어떻게 될까? 2020년대에 들어서자마자 최대 관심사가 될 것으로 예상된다.

이미 시작된 그레이트 디버전스

1990년대 이후 세계 경제의 자금 흐름은 금리가 낮은 국가에서 돈을 차용해 높은 수익률이 예상되는 다른 국가의 주식 및 채권에 투자하는 '캐리 트레이드(Carry Trade)' 자금이 주도했다. 이 때문에 대형 위기도 Fed와 유럽중앙은행을 비롯한 다른 선진국들의 중앙은행이 같은 길을 가는 '대수렴(Great Convergence, 그레이트 컨버전스)'에서 서로 다른 길을 가는 '대분열(Great Divergence, 그레이트 디버전스)'로 전환될 때마다 발생했다.

대수렴과 대분열은 1990년대 이후 지속되고 있는 세계화 논쟁에서 비롯된 용어다. 전자는 세계화가 진행될수록 선진국과 신흥국 사이의 경제력 격차가 줄어든다고 〈파이낸셜타임스(Financial Times)〉 논설위원 마틴 울프(Martin Wolf)가 주장했다. 후자는 오히려 그 격차가 벌어진다고 캘리포니아주립대학교 케네스 포메란츠(Kenneth Pomeranz) 교수가 반박했다. 2010년 이후 소득 불균등을 놓고 벌인 토마 피케티(Thomas Piketty)와 앵거스 디턴(Angus Deaton) 사이의 논쟁도 같은 맥락이다.

대분열기는 벌써 시작됐다. 2015년 12월 Fed는 출구 전략의 일환으로 2014년 10월 말 양적 완화 종료에 이어 금리 인상을 단행했다. 같은 시기 유럽중앙은행은 마이너스 금리 폭을 확대하고 양적 완화 시한을 연장했다. 마리오 드라기 전 유럽중앙은행 총재는 필요하다면 언제든지 추가 금융 완화책을 보완하겠다는 의지를 실행에 옮겼다. 아베노믹스를 주도한 일본은행도 마이너스 금리를 시행했다.

금융 위기 이후 Fed를 위시한 유럽중앙은행 및 선진국 중앙은행들은 실물경제 여건 면에서 격차가 크지 않는 한 동일한 통화 정책 기조를 유지하고자 노력해왔다. 세계 경제와 국제 금융 시장의 안정을 기하기 위한 묵시적인 합의 때문이다. 2012년 아베노믹스가 추진된 것도 같은 인식이 깔려 있다. Fed와 유럽중앙은행 등이 서로 다른 길을 걷는 것은 1994년 이후 21년 만이며, 1999년 유럽중앙은행 설립 이후 처음 있는 일이었다.

Fed가 금리를 올릴 때마다 고민해왔던 것도 이 때문이다. 주가 수익 비율(PER) 등 전통적 평가 기법으로 분석한 S&P 500 지수는 금융 위기 이전 수준보다 높다. 수익률 측면에서 널리 활용되고 있는 Fed의 가치 모델을 통해 평가해보더라도 S&P 500의 선행 이익률이 국채 10년물 수익률 대비 2.2배로 위기 직전 수준이다. 예일대학교 로버트 쉴러(Robert Shiller) 교수가 개발한 경기 조정 주가 수익 비율 CAPE 지수도 34배에 달해 적정 수준인 20배보나 훨씬 높다.

1990년대와 달리 실물경제 여건이 여의치 못한 상황에서 '대분열기'로 슈퍼달러 시대가 전개되면 증시 거품이 무너지면서 경기가 언제든지 침체 국면으로 재추락할 위험이 높다. 신흥국도 마찬가지다. 2008년 이후 미국과 유럽으로 이어진 선진국 위기와 2012년 이후 원자재 가격의 슈퍼사이클이 종료되면서 경기침체 국면에 들어갔다.

2019년 9월로 금융 위기가 발생한지 꼭 10년이 됐다. 1980년대 후반 선진국 주식 시장(블랙먼데이), 1990년대 후반 신흥국 통화 시장(아시아 외환 위기), 2000년대 후반 선진국 주택 시장(서브프라임 모기지 사태)에서 금융 위기가 10년마다 반복됐다. 10년 주기설에 따라 다음 금융 위기가 어디에서 올 것인지를 따져보면 2010년대 후반 이후에는 신흥국 상품 시장이 지목돼왔다.

2010년대 후반 베네수엘라와 아르헨티나 등 중남미 국가에 이어 이란과 터키 등 중동 국가들이 잇따라 외국 자본 이탈에 시달리면서 재현되기 시작한 금융 위기 조짐이 좀체 누그러질 기미를 보이지 않고 있다. 결국 아르헨티나가 디폴트 국면에 빠졌다. 상품 가격에 민감한 나라들이 신흥국이다. 다른 국가들도 외화가 부족하기는 마찬가지다.

더 우려되는 것은 지난 10년 동안 풍부한 국제 유동성과 저금리에 따라 늘어난 달러 부채 만기가 2018년 하반기부터 시작돼 2019년부터 집중적으로 돌아온다는 점이다. 국제금융협회(IIF)와 IMF에 따르면 2018년 2,440억 달러가 회수된 달러 부채가 2025년까지 매년 평균 4,000억 달러 이상 돌아올 것으로 추정했다. 신흥국 외화 사정 등을 감안할 때 감당하기 어려운 규모다.

신흥국의 미숙한 정책 대응도 문제다. 외자 이탈을 수반한 달러 부채 상환에 가장 적절한 대응책은 외환 보유 확충과 외자 조달 능력을 키우는 일이다. 그러나 금융 위기 조짐이 발생한 대부분의 신흥국은 이를 금리 인상으로 대처해왔다. 아르헨티나는 기준 금리를 60퍼센트까지 올렸다. 근본적인 해결 방안을 외면한 채 표면적 현상에만 조치를 취하는 방식의 금리 인상은 실물경기 침체와 추가 외자 이탈이라는 '악순환'의 고리를 형성시킨다. 1990년대 후반에 태국과 한국을 비롯한 아시아 국가가 겪었던 외환 위기의 직접적인 원인도 이것이었다. 일부 신흥국에서는 이미 이 같은 악순환 고리가 형성돼왔다. 2020년대에 예의주시해 지켜봐야 할 부분이다.

한 국가의 위기 발생 여부를 알아보기 위해 가장 보편적으로 활용되는 모리스 골드스타인의 위기진단지표를 통해 2020년대 신흥국 금융 위기 가능성을 점검해보면 아르헨티나, 베네수엘라, 터키, 파키스탄, 이란, 남아프리카공화국 등이 높게 나온다. 브라질, 인도네시아, 멕시코, 필리핀, 스리랑카, 방글라데시 등은 그 다음 위험국이다. 골드스타인의 위기진단지표는 특정국의 위기 가능성을 단기 채무 이행 능력을 보는 통화 방어 능력, 중장기 위기 방어 능력에 해당하는 해외 자금 조달 능력과 국내 저축 능력, 자본 유출 가능성을 보는 자본 유입의 건전도, 경제의 거품 여부를 알 수 있는 자산 인플레이션이라는 5가지 기준으로 판단한다.

중남미 국가는 금융 위기 발생 고위험국으로 분류되긴 하지만, 외채 위기로 학습 효과가 있는데다 미국과의 관계(베네수엘라 제외)도 비교적 괜찮은 편이다. 그러나 미국의 경제 제재를 받거나 협조하지 않는 이란 및 터키 등의 국가와, 중국에 편향적이거나 '일대일로' 계획에 과도하게 참여하는 파키스탄이나 스리랑카 등의 이슬람 국가는 IMF의 구제 금융 수혈이 쉽지 않을 가능성이 높다. IMF의 최대

미국 금리 인상 당시 주요 신흥국 자본 유출 추정 결과

국가명	자본 유출 규모	국가명	자본 유출 규모
브라질	+2.22	말레이시아	+3.18
러시아	+1.50	인도네시아	+1.60
인도	+1.20	태국	+2.64
중국	+0.54	필리핀	+2.10
남아프리카공화국	+3.88	헝가리	+3.95
터키	+1.67	칠레	+1.48
한국	+2.39	폴란드	+1.90

플러스(+)는 미국 금리 인상 시 GDP 대비 자본 유출 규모(%)를 의미함.
자료: Tathjana Dahlhaus, Garima Vasishtha, The Impact of U. S. Monetary Policy Normalization on Capitals Flows To Emerging Market Economies

의결권을 미국이 갖고 있기 때문이다.

중국발 금융 위기설의 실체

그림자 금융과 과다 부채 그리고 부동산 거품이 현재 중국 경제가 당면한 '3대 회색 코뿔소' 문제다. 특히 감독권 범위에서 벗어난 모든 금융을 통칭하는 그림자 금융 규모가 워낙 커서 '중국판 모기지 사태'가 발생하는 게 아닌가 하는 위기설이 확산되고 있다.

그림자 금융발 위기설의 실체를 알아보기 위한 이론적인 근거로 '나선형 악순환 이론(Spiral Vicious Circle Theory)'을 꼽는 학자들이 많다. 경제학에서 한동안 사라졌던 이 이론이 중국 경제가 당면한 그림자 금융발 위기설을 설명하는 데 재차 거론되는 까닭은 사회주의 국가의 성장 단계 때문이다.

중국과 같은 사회주의 국가의 성장 단계를 보면 초기에는 북한의 '새벽별 보기' 운동처럼 단순히 투입되는 노동과 자본 등 생산 요소의 양만 늘려 성장하는 '외연적' 단계를 거친다. 이 단계에서 한계(노동의 경우 '루이스 전환점')에 부딪히면 이후 생산 요소의 효율성을 중시하는 '내연적' 단계를 거치는 것이 전형적이다.

대부분의 사회주의 국가는 이 단계로 이행되는 과정에서 물가 폭등, 부동산 거품, 부정부패 심화 등과 같은 심각한 성장통을 겪는다. 중국도 이런 후유증을 걷어내고자 2004년 하반기부터 약 1년 6개월(1차) 동안, 그리고 2010년부터 지금까지(2차) 긴축 정책을 추진해왔다. 특히 물가를 잡는 데 주력해온 것이 다른 사회주의 국가와 다른 점이다.

하지만 긴축 정책의 주요 수단으로 삼은 금리 인상이 대내외 여건이 따르지 않아 실패했다. 제1차 긴축 때에는 의욕적으로 단행한 금리 인상이 때마침 불어닥친 증시 호황으로 국내 여신(與信)을 잡는 데 한계가 있었다. 엎친 데 덮친 격으로 제2차 긴축기에는 미국 등 선진국이 금리를 대폭 내리자 중국과의 금리 차이를 노린 핫머니(hot money)가 대거 유입돼 부동산 거품이 심해졌다. 글로벌 인식과 경험이 부족한 여건에서 발생한 정책 실패라고 할 수 있다.

긴축 정책을 추진하는 과정에서 '금리 인상 → 핫머니 유입 → 통화팽창 → 부동산 등의 자산 거품 및 물가 폭등 → 추가 금리 인상'의 나선형 악순환 고리가 형성돼 긴축 기간이 길어졌으며, 금리 인상 폭도 커져 경기가 둔화되는 최악의 사태가 발생했다. 이런 악조건에서 느닷없이 불거져 나온 그림자 금융을 해결하기 위해 추가로 긴축을 단행하면 나선형 악순환 국면은 더 길어질 수밖에 없다.

경기 측면에서는 곧바로 경착륙할 위험이 높아진다. 중국 정부는 긴축 정책을 추진해 자산거품과 인플레이션을 걷어내고 성장률(비행기)을 잠재 수준(활주로)으로 돌려 경제 주체(승객)로 하여금 불안에 떨지 않도록 연착륙시키는 것이 목표였다. 성장률이 잠재 수준 밑으로 경착륙된다면 나선형 악순환 국면에 '경기 침체'라는 고리가 더 추가돼 그동안에는 우려 차원에서 제기해왔던 '중진국 함정'에 실제로 빠질 가능성이 커진다.

뒤늦게 그림자 금융의 심각성과 나선형 악순환 고리를 인식한 중국 정부는 이런 최악의 상황을 극복하기 위해 긴축 정책의 방향을 대거 수정했다. 2014년 11월 이후 정책 금리 인하를 중심으로 경기 부양에 나섰다. 그렇지만 긴축 추진 과정에서 핫머니 성격이 짙은 캐

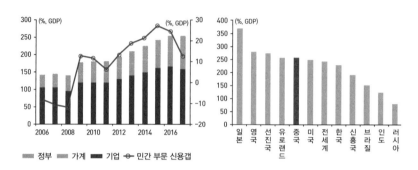

자료: BIS

리 트레이드 자금이 유입돼 있고, 미국이 금리를 올리는 상황에서 중국이 금리 인하와 위안화 평가절하를 추진할 경우 정책적 오류가 될 가능성이 높다. 중국발 '칵테일 위기설'이 나오는 배경이기도 하다.

최근 위안화의 평가절하를 계기로 빠르게 확산되고 있는 중국발 금융 위기가 발생할지의 여부를 각종 위기진단지표로 알아보면, 현재 중국의 외환 보유액은 3조 달러를 넘기 때문에 단기적인 통화 방어 능력은 충분하다. 내부적인 고질병으로 자금이 이탈되고 경상수지 흑자가 줄어들고 있는 점이 우려되지만, 중장기적인 위기 방어 능력에도 별다른 문제가 없어 보인다. 외화가 부족해 위기가 발생할 가능성은 적다는 의미다.

외환 위기가 발생하지 않는다면 중국의 금융 위기는 어떤 형태가 될까? 한 국가의 위기는 '외화 유동성 위기 → 금융 시스템 위기 → 실물경기 침체 위기'의 수순을 거친다. 과거 경험을 통해 보면 개도국은 외화 유동성 위기 단계에서, 선진국은 금융 시스템 위기 단계에서부터 위기가 시작되는 것이 통상적이다. 외화가 풍족한 중국은 다른 개도국과 달리 미국형 위기가 될 가능성이 높다.

특정 위기가 '위기 확산형'으로 악화될 것인지 아니면 '위기 축소형'으로 수렴될 것인지는 2가지 요인에 의해 결정된다. 하나는 레버리지 비율이 얼마나 높은지에 달려 있으며, 다른 하나는 투자분포도가 얼마나 넓은가 하는 글로벌 정도에 좌우된다. 두 지표가 높으면 높을수록 위기 확산형으로 악화되고 디레버리지 대상국에서는 위기 발생국보다 더 큰 '나비 효과'가 발생한다.

2008년 서브프라임 모기지 사태가 글로벌 금융 위기로 악화된 것은 위기의 주범이었던 미국 금융사들의 이 2가지 지표가 매우 높았기 때문이다. 아직까지 중국은 두 지표 모두 낮은 편이다. 최근 우려대로 중국발 금융 위기가 발생하더라도 글로벌 금융 위기로 확산될 소지는 적다. 그 대신 금융 위기 부담을 중국 스스로가 고스란히 부담해야 한다. JP모건이 미국 금리 인상에 따른 충격이 큰 국가를 '취약 5개국(fragile 5)'으로, 모건스탠리가 중국발 금융 위기로 충격이 큰 국가를 '투자 불안 10개국(troubled 10)'으로 구분한 것도 이 때문이다. 한국은 'T10'의 대표 국가로 분류된다.

한국 정부의 정책 대응과 투자자들의 전략은 이 대목에 초점이 맞춰져야 한다. 특히 위안화의 원화에 대한 영향이 달러화보다 커질 가능성에 대비해 어떤 대책을 강구해야 할지 다각도에서 고민하고 논의해야 한다. 최소자승법(最小自乘法, Least Square Method)에 따라 원화 환율의 주요 통화에 대한 반응도를 측정한 대외경제정책연구원(KIEP)의 실증 분석 자료를 살펴보면 원화는 달러화보다 위안화에 더 민감하게 반응하는 것으로 나타난다.

위안화 평가절하에 따른 원화 가치의 추가 약세가 예상되며, 국내 외환 시장에서는 금융 위기 이후 나타나고 있는 '잔물결 효과(Riffle Effect)'에 따라 환율 변동성이 커질 것으로 전망된다. 잔물결 효과란 호수에 돌을 던지면 한 차례 파동과 함께 시간이 흐르면서 호수 가장자리까지 이어지는 현상을 빗댄 표현이다.

반드시 필요한 조기 경보 시스템

═   ═

잠시 주춤하고 있는 Fed의 출구 전략이 2020년대 들어 재추진된다면 2013년 벤 버냉키 전 Fed 의장의 긴축 발언, 2015년 Fed의 첫 금리 인상 이후 신흥국에서 발생한 '서든 스톱(Sudden Stop)', 즉 급격한 자금 이탈에 대한 우려가 높아질 것으로 예상된다.

급격한 자금 이탈은 금융 위기의 직접적 원인이다. 금융 위기에 따른 실물경제의 침체는 또 다른 자금 이탈을 유발하는 나선형 악순환 위기를 지속시키는 요인으로도 작용한다. 금융 위기 경험국의 사례를 보면 급격한 자금 이탈은 대부분 신흥국에서 외환 위기, 금융 위기, 채무 위기 등 다양한 형태의 위기로 발전한다.

1990년대 이후 선진국 17개국과 신흥국 19개국 가운데 급격한 외자 이탈을 경험한 국가에서 나타난 공통적인 특징은 위기 진행 과정을 파악하고 대책을 마련하는 데 중요한 단서를 제공한다. 가장 두드러진 특징은 '신용 부도 스와프(Credit Default Swap, 이하 CDS)' 프리미엄 상품이 급등한다는 점이다.

CDS 프리미엄과 해외 자본 유출입 및 환율 움직임과의 관계를 보면 CDS 프리미엄이 장기 평균치에 비해 표준편차의 2배를 벗어나기 시작하면 외자 유입이 감소한다. 변동성이 더 심해져 장기 평균치에서 4배를 벗어나면 CDS 프리미엄이 이전보다 빠르게 상승하는 쏠림 현상이 발생한다. 비슷한 시점에서 외자 순유입 규모도 장기 평균치에 비해 표준편차의 2배 이상 감소하는 이른바 '급격한 이탈 단계'에 진입한다.

이때부터 위기 발생국의 통화 가치는 절하되기 시작했다. 외국인 자금이 유입될 당시에는 절상되다가 해외 자본 유입의 갑작스런 중단 이후 곧바로 대량 이탈로 급진전되는 과정에서 통화 가치가 큰 폭으로 떨어졌기 때문이다. 투기적 속성이 강한 자금에 의해 국제 자금 흐름이 주도됨에 따라 환율 변동성이 심해진다는 점을 보여주는 대목이다.

시기별로는 급격한 외자 이탈 발생국의 통화 가치가 장기 평균치에 비해 표준편차의 3배를 벗어나거나 해당 연도 절하율이 직전년도의 절하율을 10퍼센트포인트 상회할 경우 이전보다 빨라지는 쏠림 현상이 나타나면서 외환 위기로 악화된다. 이때 위기 발생국이 외환 보유액을 풀어 외환 시장 안정에 나서고, 이후 외환 보유액이 충분하다고 인식되면 CDS 프리미엄이 빠르게 떨어지는 진정 국면으로 들어갔다.

그러나 위기 발생국의 외화 유동성에 의심이 갈 경우 헤지펀드 등 투기성 자본의 공격 대상이 되면서 IMF의 유동성 지원 등과 같은 계기가 마련되기까지 혼란 국면이 지속됐다. 이 상황에서는 국제 금융 시장에서 자금 조달이 어려워지기 때문에, 급격한 자금 이탈이 발생하면 외환에 대한 초과 수요가 급격히 증가해 심각한 외화 부족 상태에 빠지게 된다.

그 후 주가와 부동산 가격 하락에 따른 역(逆)자산 효과, 경제 주체의 디레버리지, 통화 가치 절하에 따른 대차대조표 효과 등을 통해 비교적 큰 폭의 실물경기 침체를 경험한 것으로 나타났다. 최악의 경우 실물경기 침체가 또 다른 외자 이탈을 유발하는 나선형 악순환 고리에 빠지는 국가도 있었다.

이런 과정을 2020년 또 다른 10년을 맞이할 신흥국들에 적용해보면 1997년 아시아 외환 위기 당시와 달리 이번에는 개별 국가별로 커다란 차이를 보인다. 가장 빠르게 진전되는 인도와 인도네시아는 실물경기 침체 직전 단계인 외환 보유액이 감소하고 있어 이들을 중심으로 제2의 아시아 위기 우려가 확산되고 있다. 반면 한국과 중국은 같은 신흥국에 속했다는 그 자체만으로 받는 심리적 충격 외에는 별다른 영향을 받지 않을 것으로 예상된다.

이론적으로 금융 위기 대응 방안은 크게 2가지로 분류된다. 하나는 사전적·선제적 대응 방안으로 외국 자본 유입·유출 규제다. 다른하나는 유입국의 내부 역량을 강화하는 방안으로 외환 보유액을 대폭 확보해 운용 수익 등 외환 보유액 활용 능력을 제고하는 것이다.

금융 위기 대응 방안에 대해 실효성을 검토한 기존 연구를 종합해볼 때 신흥국이 최우선 순위로 추진해왔던 외국 자본 유입 규제는 기대했던 만큼 효과가 나타나지 않았다. 외국 자본 유출입 규제보다 훨씬 앞서가는 고도의 파생금융과 금융공학 기법이 발달한 것이 가장큰 원인으로 꼽힌다.

이 때문에 금융 위기 대응 방안으로 외환 보유액 확충은 1990년대 이후 중남미 외환 위기와 아시아 외환 위기를 거치면서 신흥국의 외부 요인에 따른 위기를 방지하기 위한 내부적 안전장치로 가장 중

외환 보유액과 위기 발생 확률

연구자	대상국	위기지표	위기 발생 확률
Radelet & Sachs(1998)	22개 신흥국	자본 유출입의 급격한 변동	0.4%
Milesi-Ferretti & Razin(1998)	105개 신흥국	환율 절하 (15%)	0.51%
Berg & Patillo(1999)	100개 신흥국	환율 절하 (25%)	0.69%

*위기 발생 확률은 외환 보유액 10억 달러 증가에 따른 위기 발생 감소폭임. 자료: Soto et al.(2004)

시되고 있다. 연구한 학자들마다 차이가 있지만, 외환 보유액이 10억 달러 증가하면 이들 국가가 위기를 겪을 확률은 평균 0.5퍼센트 정도 낮아지는 것으로 추정된다.

금융 위기 대응 방안으로 가장 효과가 큰 외환 보유액을 얼마나 보유하는 것이 적정한가를 알아보기 위해서는 외환 보유액의 정의부터 살펴볼 필요가 있다. IMF는 외환 보유액을 "교환성이 있고 시장성이 높은 자산으로 국제수지 불균형의 보전 목적으로 통화당국에 의해 즉시 사용 가능하고 통제되는 대외 자산"으로 정의한다.

하지만 자본 자유화 진전과 외환 위기 등의 영향으로 외환 위기 방지 또는 외국 자본의 갑작스런 유입 감소나 유출에 대비하기 위해 외환 보유액이 필요한 것이라는 견해가 우세해지고 있다. 신흥국의 정책 사례에서 외환 보유액 확충이 가장 효과가 크게 나타난 것도 동일한 맥락으로 풀이된다.

국제 금융 기관과 학계에서 적정 외환 보유액을 추정하는 방법은 과거 경험으로부터 잠재적인 외환지급 수요를 예상지표로 삼아 구하는 '지표 접근법', 외환 보유액의 수요함수를 도출해 추정하는 '최적화 접근법', 외환 보유액 수요함수로부터 추정해 계량적으로 산출하는 '행태방정식 접근법'이 있다. 이 가운데 가장 널리 사용되는 것은 '지표 접근법'이다. 이 방식은 외환 보유액 보유 동기에 따라 앞서 설명한 IMF 방식과 그린스펀-귀도티 방식 그리고 캡티윤 방식으로 나뉜다. 어떤 모델을 적용하느냐에 따라 같은 국가여도 적정 외환 보유액 규모가 달라진다. 그렇기 때문에 국내에서도 적정 외환 보유액 규모를 놓고 논란이 끊이지 않고 있다.

2020년대 진입을 목전에 두고 한국 경제 내 비관론자를 중심으로 나돌고 있는 '제2의 아시아 외환 위기'와 관련해 확실히 짚고 넘어가야 할 부분은 "1990년대 후반 상황과 다르다"는 점이다. 당시에는 아시아 국가들의 공통적인 내부 문제에서 비롯됐다. 한 국가에서 위기가 발생하면 곧바로 인접국으로 옮아갈 수밖에 없기에 아시아 전역으로 확산됐던 것이다.

위기 발생 전에 미리 그 징후를 포착할 수 있다면 정책당국을 비롯한 모든 경제 주체가 사전에 대비할 수 있으며, 위기가 발생하더라도 그에 따른 경제적·사회적 비용을 상당 부분 줄일 수 있다. 이런 목적을 충족시킬 수 있는 방안으로 신호등 체제를 활용한 '조기 경보 시스템(Early Warning System)'을 구축하는 것이 좋은 대안이 될 수 있다. 특히 개인 입장에서도 재산 손실을 최소화할 수 있는 방안이다.

과거 위기 발생국의 공통적인 단계를 토대로 볼 때 CDS 프리미엄 급등과 같은 위기 관련 지표가 상승하기 시작하면 그것이 '거짓' 신호일지라도 '파란불(경고 I)'을 켠다. 그 후 CDS 프리미엄이 장기 평균치에 비해 표준편차의 2배로 급등하고 외자 순유입이 줄어들면서 환율 변동이 심해지면 '파란불'에서 '노란불(경고 II)'로 바꾼다. 상황이 더 악화돼 CDS 프리미엄이 장기 평균치에 비해 표준편차의 4배 이상 급등하고 외자 순유입 규모가 장기 평균치에 비해 2배 이상 감소하거나 곧바로 순유출세로 바뀌어 환율이 급등세로 돌아서면 '노란불'에서 '주황불(경고 III)'로 한 단계 격상시킨다. 최종 단계로 통화 가치 절하 폭이 직전 연도에 비해 10퍼센트포인트 이상 확대되고 외환 보유액이 감소하면서 실물경기 침체가 본격화되면 '주황불'에서 '빨간불(경고 IV)'로 전환한다.

위기 발생국들의 사례로 볼 때 '경고 III' 단계에 가면 그때서야 국민들이 '경제가 잘못되고 있구나' 하는 위기감을 느낀다. '경고 II' 단계에서 알아낼 수 있다면 피해를 많이 줄일 수 있다는 얘기다. 신흥국에서 위기가 발생했을 때 돈을 많이 번 조지 소로스가 '개별 조기

또 다른 10년이 온다

경보 시스템(Personal Early Warning System)'을 구축해 '경고 II' 단계를 찾으려고 부단히 애썼다는 점은 한국의 투자자들에게도 시사하는 바가 크다.

캐리 자금 주도하는 부인들의 거취

2020년대 진입을 앞두고 선진국 중앙은행들의 금융 완화 재추진과 자국 통화 약세 유도 등으로 각종 캐리 트레이드 자금이 한국 등 신흥국으로 유입될 수 있는 여건이 다시 성숙되고 있다. 주요 10개국 통화 가운데 저금리 3개국 통화를 차입해 고금리 통화에 투자할 때 나올 수 있는 수익률 지표인 글로벌 캐리 트레이드 지수가 꾸준히 상승하는 추세다.

캐리 트레이드란 브로커가 차입한 자금으로 각종 유가증권의 투자를 늘리는 행위를 말한다. 이때 투자한 유가증권의 수익률이 차입 금리보다 높을 경우는 '포지티브(positive)' 캐리 트레이드, 반대의 경우는 '네거티브(negative)' 캐리 트레이드로 구분한다. 차입한 통화에 따라 엔 캐리 트레이드 자금과 달러 캐리 트레이드로 양분화돼 왔으나, 유럽 재정 위기 이후 유로 캐리 트레이드 자금도 부쩍 증가하고 있다.

캐리 트레이드를 운용하는 주체도 엔 캐리 트레이드의 경우 '와타나베 부인', 달러 캐리 트레이드의 경우 '스미스 부인', 유로 캐리 트레이드의 경우 '소피아 부인'으로 차입국의 가장 흔한 성(姓)을 따서 부른다. 특히 해당 국가 여성의 성을 따는 것도 특이하다. 국제 금융 시장에서 공식화되지 않았지만 위안 캐리 트레이드의 경우 '왕씨 부인', 원 캐리 트레이드의 경우 '김씨 부인'이라고 부르는 것도 같은 원리다.

캐리 트레이드의 이론적 근거는 계량경제학의 창시자 어빙 피셔(Irving Fisher)가 고안한 국가 간 자금 이동에 관한 방정식 이론[m = rd – (re + e), m: 자금 유입 규모, rd: 투자 대상국 수익률, re: 차입국 금리, e: 환율 변동분]인데, 투자 대상국의 통화 가치를 공식에 반영한 방정식이다. 이 이론에 따르면 투자 대상국의 수익률이 통화 가치를 감안한 차입국 금리보다 높을 경우 차입국 통화로 표시된 자금을 차입해 투자 대상국의 유가증권에 투자하게 된다. 이때 투자자들은 투자 대상국과 자금 차입국 사이의 금리차익과 환차익을 얻을 수 있기 때문이다.

한 가지 주목해야 할 것은 금융 위기 이후 대부분의 중앙은행이 금융 완화 정책을 추진하면서 모두가 저금리를 지향해 각국 간 금리 차이가 크게 확대되지 않았다는 사실이다. 오히려 금리 인상에 앞서갔던 Fed조차 금리를 다시 내림에 따라 앞으로 더 축소될 가능성이 높

캐리 트레이드의 종류

구분		주요 내용
기초자산 트레이드	광의	• 저금리 국가의 거주자들이 보유하고 있는 자국 통화를 외화로 교환한 후 고금리 외화예금이나 해외유가증권 등에 투자(거주자 중심의 비차입형 캐리)
	협의	• 비거주자들이 저금리 통화를 차입해 고금리 통화 자산에 투자하거나 대출로 운용(비거주자 중심의 차입형 캐리)
파생 캐리 트레이드		• 선물환, 통화선물 등 외환 파생 시장에서 저금리 통화 매도 및 고금리 통화 매수 포지션을 구축

자료: 한국은행

다. 2020년대에 들어 국제 캐리 트레이드 자금은 각국 간 금리 차이에서 올 수 있는 수익보다 환차익이 더 큰 영향을 미칠 것으로 예상된다.

1990년대 중반 이후 캐리 트레이드 자금은 엔 캐리 트레이드를 주도하는 와타나베 부인이 활발하게 움직였다. 당시 일본은 장기간 경기침체와 선진국 간의 달러 가치 부양을 위한 역(逆)플라자 합의 이후 '제로' 수준에 가까운 금리와 엔화 약세를 배경으로 엔 캐리 트레이드를 할 수 있는 조건이 충족됐기 때문이다. 아베노믹스 추진 이후 비슷한 여건이 다시 조성되고 있다.

2000년대에 들어서는 달러 캐리 트레이드를 주도하는 스미스 부인의 활동이 눈에 띄기 시작했다. 미국의 금리 인하를 계기로 달러 가치가 약세를 보임에 따라 미국계 자금의 차입 금리가 저렴한 시대였기 때문이다. 금융 위기 이후 한때 달러 캐리 트레이드가 엔 캐리 트레이드를 웃돌 만큼 급증한 적도 있었다.

유럽 재정 위기 이후 주춤했던 소피아 부인도 다시 활동할 수 있는 여건이 형성되고 있다. 독일과 프랑스를 비롯한 유로랜드 내 핵심 회원국들의 경기가 둔화되면서 마리오 드라기식 양적 완화 정책을 재추진키로 함에 따라 유로 캐리 트레이드 여건이 형성되고 있어서다. 2020년대에 진입하면 한국 등 신흥국에서는 와타나베 부인 및 소피아 부인과 '랑데부(rendez-vous)'할 가능성이 높다.

신흥국의 자본 흐름에 관한 연구를 종합해보면 최근처럼 선진국 중앙은행이 경기 부양의 고삐를 죄는 여건에서는 자본 유출입에 따른 변동성이 증가하고 경기순응성이 심화되는 것으로 나타났다. 특히 서브프라임 모기지 사태를 계기로 금리차익과 환차익을 겨냥한 핫머니성 캐리 트레이드 자금이 활발해지면서 경기순응성이 뚜렷해졌다. 심리적 요인과 네트워킹 효과가 가세되고 있기 때문이다.

경기순응성은 국제 자본 흐름에서 가장 심하게 나타난다. 이로 인해 선진국 자본의 유출입이 신흥국의 경기 변동을 증폭시키는 현상이 발생한다. 급격한 자본 유입은 신흥국의 통화 팽창과 자산 가격 상승 등의 부작용을 초래하다가, 자본 유출로 돌변할 때는 주가 급락

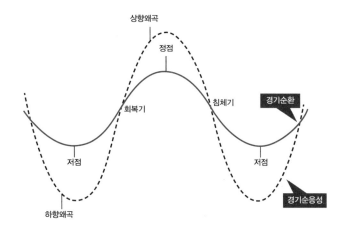

경기순환과 경기순응성

상향왜곡

정점

회복기　　침체기

경기순환

저점　　　　　저점

하향왜곡

경기순응성

자료: 한국경제신문

과 환율 급등 등으로 거시경제의 변동성이 증폭된다.

이 때문에 금융 위기 이후 종전의 핫머니 자금에 대한 규제 방안과 별도로 경기순응성 완화를 위한 금융 규제 방안이 논의돼왔다. 주도적 역할을 담당하고 있는 BIS 산하 바젤위원회는 글로벌 금융사들의 자본금 규제, 대손충당금 적립, 레버리지 및 시가 평가 규제 등을 의무화했다. 최근에는 신흥국들 사이에 이 같은 노력이 진행되고 있다.

외환 위기를 겪었던 한국 경제 입장에서도 최근처럼 각국의 정책 자금이 다시 풀리고 캐리 트레이드 자금이 유입될 여건이 형성돼 있는 상황에서 경기순응성에 따른 피해를 줄이기 위한 선제적 대책을 마련해야 한다. 외화 유동성을 어느 정도 확보해놓은 상황에서 관련 국제협상에 적극 참여하고 금리 인하 등을 통해 캐리 트레이드 자금 등이 유입될 수 있는 유인을 사전에 줄여야 한다.

논란이 되고 있는 토빈세(Tobin's tax) 부과뿐 아니라 선진국 양적 완화로 풀린 자금 유입의 대처 방안으로 부상하고 있는 '영구적 불태화 개입(Permanent Sterilized Intervention, 이하 PSI)'도 공론화할 필요가 있다. PSI는 국부펀드 등을 통해 유입된 외자에 상응하는 해외 자산을 사들여 통화 가치의 균형을 맞추는 방안이다. 유동성이나 신용 위험 측면에서 외자를 대처할 수 있어야 하고, 국내 자본의 해외 투자에 따른 금융 공동화와 국부 유출 우려를 불식시켜야 함을 전제로 하고 있다.

조세피난처와 검은돈의 향방

2020년대 진입을 앞두고 세계적인 슈퍼리치들 사이에서 가장 많이 오르내리는 용어 중 하나가 '조세피난처'와 '검은돈'의 향방이다. 조세피난처는 마약, 매춘, 각종 리베이트 관련 검은돈을 세탁하는 장소로 알려져 있다. 하지만 서브프라임 모기지 사태 이후 슈퍼리치 검은돈의 은신처로 그 성격이 변해왔다.

대부분의 조세피난처는 개인소득세나 양도소득세 등에 대한 원천 과세가 전혀 없거나 과세 때도 아주 낮은 세율이 적용되는 등 세제상의 특혜를 제공하는 국가나 지역을 가리킨다. 이 지역은 세제상의 우대 조치뿐 아니라 외국환 관리법, 회사법, 각종 세법 등의 규제가 거의 없는 것도 특징이다.

글로벌 금융 위기 이전까지만 하더라도 세계 3대 조세피난처로 카리브해 북부 케이맨 제도와 말레이시아 북동부 그리고 아일랜드가 꼽혔다. 그 가운데 헤지펀드의 본거지로 가장 많이 활용됐던 곳이 케이맨 제도였다. 금융 위기 이후 자본 통제가 심한 말레이시아 북동부의 검은돈은 싱가포르와 홍콩 그리고 마카오로 이동했으며, 재정 위기를 겪은 아일랜드에서는 룩셈부르크와 네덜란드로 이동했다. 최근 들어서는 온라인이나 모바일 공간으로 빠르게 옮겨가고 있다.

현재 조세피난처로 지목되거나 의심받는 나라는 약 50개국에 달하는 것으로 파악된다(OECD가 공식적으로 규정한 곳은 38개국이다). 대부분은 카리브해와 오세아니아 지역의 작은 섬나라로, 경쟁력을 갖춘 산업이 없어 낮은 세율로 전세계 자금을 끌어 모으는 금융업을 통해 먹고사는 국가들이다. 그러나 영국의 조세정의네트워크(Tax Justice Network) 등 탈세 감시 단체는 미국, 영국, 독일 등과 같은 선진국도 조세피난처로 지목하고 있다.

조세피난처를 성격별로 구분하면 바하마, 버뮤다, 케이맨 제도 등 아예 조세를 부과하지 않는 국가들이 이른바 '조세천국'으로 슈퍼리치들이 검은돈의 은신처로 가장 선호하는 지역이다. 홍콩, 싱가포르, 파나마, 라이베리아처럼 극히 낮은 세율을 부과하는 국가들은 '조세피난처'로 분류된다. 룩셈부르크, 네덜란드, 스위스 등은 비과세까지는 아니지만 특정 기업이나 사업 활동에 대해 세금 특전을 인정해주는 '조세휴양지'로 불리고 있다.

헤지펀드 전문 리서치 기관의 조사에 따르면 헤지펀드의 투자 원금 규모가 2019년 6월 말 기준 2조 5,000억 달러가 넘는 것으로 나타났다. 가장 왕성하게 활동했던 금융 위기 직전 1조 2,000억 달러였던 점을 감안할 때 투자 원금 규모로만 본다면 2배 이상 늘어난 액수다. 헤지펀드의 또 다른 상징인 레버리지 비율(증거금 대비 총투자액 비율)도 트럼프 정부 출범 이후 도드-프랭크법이 완화되면서 회복되는 추세다.

금융 위기 이후 '볼커룰(Volker Rule)' 적용 이래 스위스은행 등 그동안 슈퍼리치들이 애용해왔던 검은돈의 은신처가 속속 드러남에 따라 조세피난처가 그 기능을 대신하고 있다. 스위스은행 등은 금융 위기 재발 방지 차원에서 투명성 확보를 생명으로 하는 볼커룰의 적용으로 더 이상 비밀창고로서의 기능을 할 수 없게 됐다.

비정부기구(NGO) 조세정의네트워크가 발표한 자료에 따르면 최

또 다른 10년이 온다

소 21조 달러의 검은돈이 조세피난처 비밀계좌에 은닉돼 있는 것으로 추정된다. 이는 미국과 일본의 경제 규모를 합친 것과 비슷한 규모다. 하지만 중국, 러시아, 한국 등 신흥국의 검은돈만을 집계했을 뿐 선진국은 포함되지 않았다.

같은 맥락에서 미국의 국제탐사보도언론인협회(ICIJ)는 영국령 버진아일랜드의 슈퍼리치 재산 규모가 전세계 검은돈과 비교하면 빙산의 일각일 뿐이라고 지적했다. 조세피난처에 숨겨놓은 검은돈 때문에 각국 정부가 입는 세금 피해는 연간 1,900~2800억 달러에 이른다고 추정했다.

이로 인해 독일, 프랑스, 영국, 이탈리아, 스페인 등의 유럽 국가는 조세피난처를 통한 슈퍼리치의 탈세 방지를 위한 은행 정보를 서로 교환하고 있다. 유럽 내 최대 조세피난처로 꼽히는 룩셈부르크와 벨기에도 동참해 은행 정보 투명화에 가속도가 붙는 추세다. 스위스는 이미 미국 정부의 압력에 자국 은행의 비밀계좌 명단을 넘겼다. EU 자체적으로는 조세 사기와 탈세에 대한 처벌 기준을 강화했다. 한국도 조세피난처에 속한 국가와 정보 교환 협정을 체결하는 등 최근 들어 빠르게 협력해나가고 있다.

이런 상황에서 버진아일랜드에 재산을 은닉해온 슈퍼리치의 명단 일부가 전격 공개됐다. 이를 계기로 검은돈의 은신처로서의 조세피난처도 서서히 막을 내릴 가능성이 높아졌다. 경제 위기 극복을 위해

한 푼의 세금이라도 아쉬운 각국 정부는 조세피난처의 검은돈을 찾아내기 위해 안간힘을 쏟고 있다. 한국도 마찬가지다.

그러나 국제사회가 탈세 고삐를 강하게 당기면 당길수록 검은돈을 더욱 더 깊이 숨기려는 노력 또한 교묘해질 것으로 전망된다. 각국 조세당국과 탈세범의 두뇌 싸움에서 과연 어느 쪽이 이길지 전세계인의 이목이 쏠리고 있는 상황이다. 과연 축소될지 아니면 더 번창할지 갈림길에 놓여 있는 조세피난처가 2020년대에 들어서는 어떤 모습을 취하게 될지 벌써부터 관심의 대상이 되고 있다.

또 다른
10년이
온다

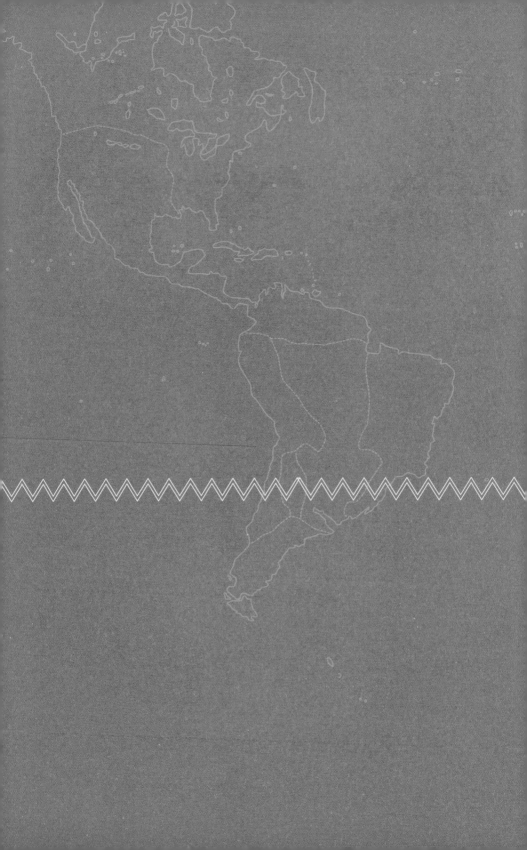

2020-2030 또 다른 10년

제6장

한국 경제의
또 다른 10년

대외적으로는 한국 경제 규모가 커지면서 높아진 국제 위상에 맞게 내수 시장이 성장하지 않음에 따라 통상 마찰도 잦아지고 있다. 기업 간 불균형이 심화된 상황에서 삼성전자와 같은 특정 기업만 세계 최고의 반열에 올랐는데도 그것이 착시 현상을 일으켜 주요 교역국으로부터 통상 마찰의 표적이 되고 있는 점도 한국 경제의 앞날을 어둡게 하는 요인이다.

한국 경제, 제대로 가고 있는가

경착륙, 중진국 함정, 샌드위치 위기, 제2의 외환 위기, 삶은 개구리 증후군(Boiled Frog Syndrome), 일본형 복합 불황…. 또 다른 10년을 앞두고 한국 경제의 앞날과 관련해 쏟아져 나오고 있는 위기론들이다. 각종 비관론 가운데 눈에 띄는 것은 1990년대 일본 경제가 겪은 전철을 밟아 복합 불황에 빠지는 게 아닐까 하는 우려다.

한국은 경제 개발 추진 이후 주력 산업이던 제조업의 생산 여건이 갈수록 악화되고 있다. 낮은 출산율과 고령화로 생산 가능 인구 감

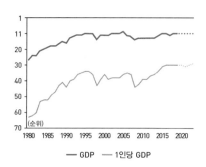

한국의 경제 규모 순위

— GDP　— 1인당 GDP

한국의 경제 규모 비교

■ G7−한국 1인당 GDP 격차(좌)
— 한국 1인당 GDP, PPP 기준(우)
— G7 1인당 GDP, PPP 기준(우)

자료: IMF

소, 특히 청년층 인구가 감소하고 있는 것이 가장 큰 요인이다. 인력 수요와 공급 사이의 불일치가 해결되지 않으면서 만성적인 '고비용-저효율' 구조가 개선되지 않고 있다.

노동력에 이어 생산에 필요한 자본도 저축률 하락 등으로 갈수록 성장률을 제약하는 요인으로 작용하고 있어 우려된다. 저축률이 하락하는 요인으로는 정치권의 포퓰리즘적인 사회보장 지출 확대, 사회안전망 강화에 따른 가계의 저축 필요성 감소와 소비 여건 개선 등이 지적되고 있다. 한국 기업의 현금 보유는 사상 최대 규모다.

부패와 뇌물 사건도 좀처럼 줄지 않고 있다. 한 나라의 뇌물과 부정부패 정도는 정치적 영향력과 행정 규제에 비례한다. 독점적 이윤인 경제적 '지대(rent)'가 발생하기 때문이다. 이를 얻어내기 위해 치열한 로비 활동을 전개하고 이 과정에서 뇌물과 부패가 만연되는 이른바 '지대 추구형 사회(Rent Oriented Society)'가 정착된다.

정책당국이나 정책에 대한 국민의 신뢰도 예전만 못하다. 특히 정치권에 대해서는 더욱 그렇다. 당리당략(黨利黨略)만 신경 쓸 뿐 국민과 경제는 뒷전이다. 신뢰 회복의 '골든타임'까지 놓쳐 이제 한국경제도 1990년대 이후의 일본 경제처럼 아무리 좋은 정책 신호를 보내더라도 정작 정책 수용층은 반응하지 않는 이른바 '좀비 국면'에 빠져들고 있다.

통화승수, 통화유통속도, 예금회전율 등 각종 경제 활력 지표가 눈에 띄게 회복되지 못하고 있는 것이 그 증거다. 가장 종합적인 경제 활력 지표인 소비자 물가 상승률은 마이너스 국면으로 떨어져 디플레이션 논쟁이 거세다. '할 수 있다(can do)' 하는 심리가 살아나지 않는 상황에서는 경기 부양 정책을 추진하더라도 경기 회복에 별다른 도움이 안 된다는 것은 1990년대 이후 일본의 사례를 보면 예상할 수 있다.

대외적으로는 한국 경제 규모가 커지면서 높아진 국제 위상에 맞게 내수 시장이 성장하지 않음에 따라 통상 마찰도 잦아지고 있다. 기업 간 불균형이 심화된 상황에서 삼성전자와 같은 특정 기업만 세계 최고의 반열에 올랐는데도 그것이 착시 현상을 일으켜 주요 교역국으로부터 통상 마찰의 표적이 되고 있는 점도 한국 경제의 앞날을 어둡게 하는 요인이다.

그렇다면 왜 이런 현상이 발생할까? 우선 1990년대 후반의 외환 위기가 위기 극복 3단계론에 비춰 유동성 위기를 해결한 후 시스템 위기를 극복하는 단계로까지 순조롭게 이행하지 못했다. 한국도 외화 유동성을 확보한 이후 잦은 정책 변경, 정부 및 정부 정책에 대한 신뢰 부족 등으로 시스템 위기 극복이 지연되는 과정에서 실물경기 회복이 완전하지 못한 채 20년이 지났다는 평가가 일반적이다.

더 우려되는 것은 시스템 위기와 실물경기 위기 극복이 지연되면 될수록 각종 착시 현상에 따른 투기 요인이 커지는 데 반해 위기 불감증이 심화돼 대처 능력은 약화된다는 점이다. 이때 투기 요인이 차익 실현으로 연결될 경우 극복했다고 봤던 유동성 위기가 다시 발생한다는 것이 '위기 재귀론'이다.

외환 위기 이후 들어선 어떤 정부에서든 경제 안정성이 계속 흔들리고 위기론이 가시지 않는 것은 '통계 수치의 위기'가 아니라 경제 입법과 정책 운용 체제를 중심으로 한 '사회 시스템의 위기'에서 기인한다고 볼 수 있다. 이 때문에 2020년대에 들어서서 한국 경제 안정성을 제고하기 위해서는 경제 현실에 대한 정확한 진단부터 선행돼야 하는 것이다.

정확한 현실 진단을 토대로 경제 시스템을 안정시킬 수 있는 대책을 마련해나가야 한다. 성장의 견인차 역할을 담당하고 있는 수출이 세계 경제 환경이나 환율이 조금만 불리하게 되면 크게 감소해 곧바로 위기감이 닥치는 소위 '천수답 구조'를 '수리안전답 구조'로 전환하려면 단순한 땜질식 단기 처방은 지양해야 한다.

2020년대에 어떤 정부가 들어서든 간에 경제우선 정책을 예산 조기 집행과 같은 단기적 처방에 의존할 경우 고질병인 '고비용-저효율' 문제를 개선하는 일은 요원해진다. 구조조정 노력을 지연시킴으로써 후손이 부담해야 할 사회적·경제적 비용만 늘어날 것이다.

국내 기업에는 자국 내에서의 안정된 경영 활동을 보장해야 하며, 해외에 진출해 있는 기업에는 그들이 국적을 잊어버리지 않게 하기 위해 개혁 정책이든 산업 정책이든 간에 일관성과 명확한 기준을 갖고 시행해야 한다. 규제 완화를 추진하면서 기득권 때문에 핵심 규제 사항을 풀지 못하거나, 특정 기업에 막대한 이권이 보장되는 신규 사업을 허가해주면서 뒷거래가 오가는 식의 정책이 계속될 경우 위기감만 키울 공산이 크다.

이는 우리 기업의 '무국적화'를 촉진하고 산업 공동화와 실업 증대 등의 엄청난 부작용을 초래할 수 있다. 기업도 경기가 좋을 때는 한탕주의에 빠지고 경기가 나쁠 때는 정부의 지원을 바라는 화전민식 경영은 지양해야 한다. 정치권과 정책당국이 실망스럽더라도 지속 가능한 성장 기반을 마련하기 위한 투자는 생존을 위한 의무다.

국민에게 경제 현실을 올바르게 바라볼 수 있는 시각과 안정된 경제생활을 영위할 수 있는 시스템을 마련해주는 일도 시급하다. 법규든 사회규범이든 간에 정책당국이 마련하는 대로 묵묵히 따랐는데 고위층에서 뇌물이니 떡값이니 부정부패가 발생하면 국민은 상대적 박탈감과 허탈감에 휩싸여 각종 위기론을 낳게 하고 거기에 동조하게 된다.

정책당국이 추진하는 정책에 대해 적극적으로 지원해주는 발상의 대전환도 필요하다. 갈수록 국민이 정부의 정책에 대해 무조건 냉소적인 반응을 보이는 까닭은 대부분 국회나 정부를 포함한 정책당국에 있다. 국민에게 신뢰감을 줄 만한 올바른 국정 운영을 못했기 때문이다.

그렇지만 정책당국이 아무리 좋은 정책을 실시하더라도 국민이 부응하지 않으면 또 다시 다른 정책을 내놓아야 하는 '정책의 악순환'만 되풀이된다. 스스로를 조금 희생한다는 인식을 전제로 정책 결정 과정에서 자신의 생각에 여론이 반영될 수 있도록 노력하며, 일단 정부 정책이 추진되면 소기의 효과가 나타날 수 있도록 적극적으로 지지해줘야 한다.

2020년대 한국 경제는 사실상 밝지 못하다. 3퍼센트대 초반을 기록했던 2010년대와 비교해 2020년대 연평균 성장률은 1퍼센트포인트 떨어진 2퍼센트 내외가 될 것으로 예상된다. 특히 한국 경제에 최대 걸림돌로 작용하고 있는 '저출산-고령화' 문제를 해결하지 못

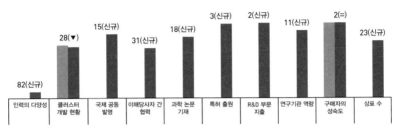

한국의 혁신 역량 평가 결과

■ 2017 순위 ■ 2018 순위

- 인력의 다양성: 82(신규)
- 클러스터 개발 현황: 28(▼)
- 국제 공동 발명: 15(신규)
- 이해당사자 간 협력: 31(신규)
- 과학 논문 기재: 18(신규)
- 특허 출원: 3(신규)
- R&D 부문 지출: 2(신규)
- 연구기관 역량: 11(신규)
- 구매자의 성숙도: 2(=)
- 상표 수: 23(신규)

자료: 세계경제포럼 세계 경쟁력 보고서(2018)

할 경우 0퍼센트대로 추락할 수도 있다고 보는 예측 기관도 있다. 최소한 잠재 수준 정도의 성장률이라도 유지하기 위해서는 제러미 시겔 교수가 제시한 글로벌 해법(global solutions)에 근거해 생산 인구 문제를 해결하고 친기업 정책으로 제4차 산업혁명과 관련한 투자를 대폭 늘려야 한다. 각 분야에 걸쳐 개혁을 통해 기득권을 놓고 벌이는 가치와 이념 대결을 해소해나가는 과제 또한 매우 중요하다.

모두 하나같이 쉽지 않은 과제다. 2020년대에 새로 들어서는 정부는 많은 정책을 내놓기보다는 정치권과 정책당국의 '마라도나 효과(Maradona Effect)'가 절실하다. 마라도나 효과란 아르헨티나의 축구 영웅 마라도나에 대한 신뢰로 수비수들이 미리 행동하면 다른 쪽에 공간이 생겨 정작 골을 넣기가 쉬웠다는 데서 비롯된 용어다. 이를 바탕으로 정책 수용층이 '공공선(公共善)'의 정신을 발휘한다면 각종 위기론을 해소할 수 있을 것으로 예상된다.

성장의 덫과 중진국 함정

한국 경제 성장세가 급속히 둔화되고 있다. 대부분의 예측 기관은 2퍼센트 내외로 떨어진 한국 경제 성장률이 2020년대에 들어 회복하더라도 3퍼센트대 진입은 어렵다고 보고 있다. 중장기 예측에 장점을 갖고 있는 영국의 옥스퍼드애널리틱스(Oxford Analytics)는 2020년대 한국 경제 성장률이 획기적인 변화를 모색하지 않으면 1퍼센트대에 머무를 것으로 전망했다.

한국 경제의 앞날과 관련해 비관론이 끊이지 않는 것도 이 때문이다. 단기적으로 연착륙과 경착륙 간 논쟁 속에 후자에 무게를 두는 관점이 우세다. 중장기적 지속 성장 여부와 관련해서는 '성장의 덫(Growth Trap)'에 걸릴 것이라는 비관론이 앞서며, 극단적으로는 '중진국 함정'에 빠질 것이라는 경고까지 나오고 있다.

한 국가가 중진국 함정에 빠지는 데에는 여러 가지 요인이 있으나 경험국들의 사례를 볼 때 가장 큰 요인으로는 짧은 기간 안에 성장 단계를 일정 수준 끌어올리는 이른바 '압축 성장(Reduce Growth)'을

한국의 인구구조

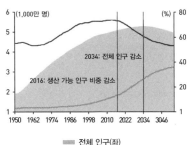

한국의 잠재성장률

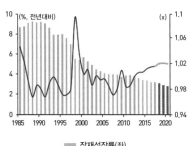

자료: UN Population Prospects

자료: IMF

주도하는 경제 각료의 사고가 경직적으로 바뀐 점이 지적된다.

경제 운영 시스템의 경우 소득이 일정 수준에 도달해 임금 상승 등 '고비용-저효율' 구조로 바뀔 때 시장 경제 도입 등을 통한 생산성 및 효율성 제고에 소홀히 한 것도 공통적으로 발견된다. 동일한 맥락이 되겠지만 산업구조 전환도 선진국의 첨단 기술과 인력 도입 등에 소극적으로 대응하고 그 대신 초기 단계에 성장을 주도했던 주력 산업을 고집한 것도 원인이다.

경제와 사회에 대한 통제력도 약화돼 정치적 포퓰리즘이 성행하면서 노조 등 경제 주체가 분출하는 욕구를 쉽게 수용한 것도 한편으로는 경제 주체의 의욕을 꺾고 다른 한편으로는 고비용-저효율 경제

구조를 빠르게 고착시키는 원인이 됐다. 특히 한국 경제처럼 자원이 부족한 국가일수록 성장을 정체시키는 요소로 작용했다.

더욱이 1990년대 이후 일본 경제가 장기간 침체 국면에 빠져들 때 겪었던 고질적인 5대 함정과의 유사점이 한국 경제 내부에서도 나타나면서 일본의 전철을 밟는 '일본화(Japanization)'에 대한 우려도 가세되고 있다. 나아가 정부의 의도대로 경제 주체들이 반응하지 않아서 정책이 효과를 거두지 못하는 '정책 함정(Policy Trap)'을 들 수 있다. 그중에서 경기 부양 방안으로 쉽게 접근할 수 있는 통화 정책은 '유동성 함정(Liquidity Trap)'에 빠져 도움이 되지 않는다. 이처럼 정책과 유동성 함정에 빠지는 가장 큰 이유는 경제 주체가 과도한 부채에 시달려 소비나 투자를 하지 못하는 '빚의 함정(Debt Trap)'에 걸려 있기 때문이다.

경제구조를 개혁하는 문제도 최종 목표인 경쟁력 개선 여부와 관계없이 구호만 반복적으로 외치는 '구조조정 함정(Structure Trap)'에 빠져 있는 점도 동일한 맥락에서 나오는 우려다. 이런 상황에 놓이면 경제 주체들이 미래에 대해 느끼는 불확실성이 증대돼 예측 기관의 전망이 또 다른 전망을 불러일으키는 '불확실성 함정(Uncertainty Trap)'에 빠지게 된다.

2020년대 진입을 앞두고 있는 한국 경제에서 "돈이 다시 안 돈다"는 말이 들리는 것은 이 때문이다. 한 나라의 경제에서 돈은 혈액

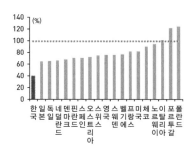

OECD 서비스업 생산성 비교

(%)

한 일 독 네 덴 핀 스 오 스 영 스 벨 프 미 체 노 이 포 폴
국 본 일 덜 마 란 페 스 위 국 웨 기 랑 국 코 르 탈 르 란
　　　 란 크 드 인 트 스 　 덴 에 스 　　 웨 리 투 드
　　　 드 　 　 리 　 　 　 　 　 　 이 아 갈
　　　 　 　 　 아

제조업 생산성 대비 서비스업 생산성 비교
자료: 통계청

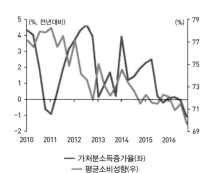

한국 가처분소득 및 소비성향

2010　2011　2012　2013　2014　2015　2016

— 가처분소득증가율(좌)
— 평균소비성향(우)

자료: OECD

과 같기에, 사람의 몸에 피가 돌지 않으면 심장에서 멀리 떨어진 손발부터 괴사되는 것처럼 돈이 돌지 않으면 경제 역시 그런 증상이 나타난다. 한국 경제 내부에서는 부유층보다 서민층, 대기업보다 중소기업과 자영업자일수록 어렵다 못해 쓰러지게 된다.

한 국가에서 돈이 얼마나 잘 돌고 있는지를 알 수 있는 대표적인 경제활력지표로 '통화유통속도'를 꼽는다. 통화유통속도란 일정 기간 동안 한 단위의 통화가 거래를 위해 사용된 횟수를 말한다. 통화유통속도가 떨어진다는 것은 돈이 잘 돌지 않아 그 나라 경제가 활력을 잃고 있음을 뜻한다. 한국은 통계 작성 이후 가장 낮은 수준으로 떨어지고 있다.

한 국가의 돈 흐름이 얼마나 정체돼 있는지를 보여주는 또 하나의 지표는 '통화승수'다. 통화승수는 그 나라 국민들의 현금 보유 성향과 예금 은행에 대한 지급준비율 등에 의해 결정된다. 기준 금리가 변경되지 않을 때는 현금 보유 성향과 지급준비율이 작을수록 통화승수가 커진다.

돈이 안 돌 때 가장 우려되는 것은 '좀비론'이다. 모든 정책은 정책당국이 의도했던 대로 정책 수용층이 반응해야 효과를 거둘 수 있다. 그렇게 되기 위해서는 정책당국의 주도력과 함께 경제 활력을 끌어올려야 한다. 최근처럼 경제 활력이 떨어지는 상황에서는 정책당국이 아무리 좋은 정책을 내놓더라도 정책 수용층의 반응은 미온적일 수밖에 없다. 이때 정책당국이 취해야 할 태도는 간단하다. 정책을 추진해도 효과가 없으니 손 놓고 있거나, 더욱 적극적으로 경제 활력을 끌어올릴 수 있는 정책을 제안하고 추진하는 것이다. 지금까지 한국의 정책당국이 보여온 태도는 어느 쪽에 속할지 곰곰이 따져볼 필요가 있다.

가뭄이 심해져 더 깊어진 지하수를 끌어올리려면 마중물을 더 많이 넣어야 하고 때맞춰 펌프질을 더 열심히 해야 한다. 미국은 사상 초유의 금융 위기를 당해 깊은 나락으로 추락하던 경제 활력을 끌어올리기 위해 빅 스텝 금리 인하와 더불어 당시 Fed 의장 벤 버냉키가 '헬리콥터 벤(Helicopter Ben)'이라는 별명으로 얻을 만큼 왕창 돈을 푸는 양적 완화 정책을 과감히 추진했다.

유럽과 일본도 미국의 정책을 그대로 따랐다. 마리오 드라기가 유럽중앙은행 총재 취임 이후 성장을 우선시하는 정책을 추진하면서 유럽 위기는 해결의 실마리를 잡게 됐다. 일본도 아베 정부가 출범한 이후 발권력을 동원한 엔저 정책으로 주가가 급등하는 등 경제 활력을 되찾는 분위기를 만들었다. 정도의 차이는 있지만 다른 국가들도 마찬가지다.

그런데 상대적으로 한국 정책당국의 태도는 소극적이다. 한국은행도 그렇다. 경제 활력이 재차 떨어질 때는 금리 인하든 뭐든 돈을 푸는 데 보다 적극적이어야 한다. 만약 부작용이 우려된다면 경제 활력을 되찾는 우선목표를 어느 정도 달성하고 난 다음 그때 가서 선제적으로 금리를 올리고 돈을 회수하면 된다.

경기 순환적인 차원에서 적극적인 부양책을 추진함과 동시에 중진국 함정 우려를 극복하고 지속적인 성장 기반을 마련하기 위해서는 금융 위기 이후 세계 경제를 이끌어가는 국가들의 동인을 참조해 새로운 성장 전략을 짜야 한다. 대외 환경에 의존하는 한국 경제 특성상 새로운 성장 전략을 마련하더라도 글로벌 추세에 맞지 않으면 그 즉시 한계에 부딪히기 때문이다.

역설적이게도 금융 위기 이후 새롭게 형성되는 대외 경제 환경을 보면 상품과 돈의 흐름에 공정한 '경쟁의 틀'이 마련될수록 각국 간

성장에 있어서는 차별화 현상이 심화되고 있다. 비단 이 같은 현상은 국가뿐 아니라 기업을 비롯한 모든 경제 주체에 공통적으로 나타나는 현상이다.

금융 위기 이후 세계 경제를 이끌어가거나 위기를 빨리 극복한 국가는 공통적으로 거시 정책 기조가 분배보다는 성장 우선이었다. 상대적으로 분배 요구와 노조가 강할수록 성장률이 낮았다. 한국 경제 내부에서 지상 최대의 과제처럼 확산되고 있는 '경제 민주화' 이슈에 대해 해외의 시각이 곱지 않은 것도 이런 이유에서다.

경제 운용 원리로 정부의 간섭은 최소한에 그치는 작은 정부를 지향하고 '보이지 않는 손(Invisible Hands)'에 의해 경제 주체에게 창의력 경쟁을 최대한 북돋는 국가일수록 고성장한다. 금융 위기 이후 경제에 대한 국가의 간섭 정도가 커지고 있으나, 불확실한 시대일수록 위기를 극복하는 최선은 방안은 '친기업 정책'과 '작은 정부론'임을 환기시키는 대목이다.

단순히 인구가 많은 국가가 아니라 경제 연령을 젊게 유지하는 국가일수록 성장세가 빨라지고 있는 점도 눈여겨볼 필요가 있다. 금융 위기 이후처럼 공급 과잉 시대에서 한 나라의 성장은 시장 규모와 상품 흡수 능력에 좌우되고 있기 때문이다. 미국 등이 이민 정책에 적극적인 입장으로 선회하고 있는 것도 이 같은 맥락에서 보면 쉽게 이해된다.

부존자원이 많은 국가도 성장률이 높다. 산업별로는 수확 체증의 법칙이 적용되는 IT 산업이 강한 국가도 자원 부족 문제를 메워줄 수 있기 때문에 성장세가 빠르다. 하지만 앞서 설명했듯이 제조업이 받쳐주지 못할 경우 경기 사이클이 단기화되는 것을 조심해야 한다. 제조업이 든든해야 IT 산업도 지속적으로 성장할 수 있다는 얘기다.

영어 공용권에 속하는 국가일수록 비교적 오랜 기간 동안 안정적인 성장세를 유지하는 점에도 주목해야 한다. 한때 컴퓨터 등을 활용한 통역 기술 발전으로 영어 공용권의 정체설이 있었고 인공지능의 발달로 충분히 실현 가능한 일이지만 비즈니스는 다른 문제다. 글로벌 시대에 전세계를 대상으로 비즈니스하는 데 영어는 여전히 경쟁력 있는 능력이며 그 중요성은 아직 상쇄되지 않았다.

빚의 복수 시대

"돈의 향연이 끝나고 반란이 시작된다."

《머니볼(Moneyball)》의 저자 마이클 루이스(Michael Lewis)는 "빚의 복수(Revenge of Debt) 시대가 조만간 들이닥칠 것"으로 전망했다. 저금리 시대가 마감되는 시점에서 그 어느 국가보다 가계 빚이 많은 한국 국민들의 간담을 서늘케 하는 경고라고 할 수 있다.

리먼 사태 이후 '금융 위기 극복'과 '실물경기 회복'이라는 미명 아래 금리를 제로 수준(유럽과 일본은 마이너스)까지 내리고 돈을 푸는 게 미덕이 되기도 했다. 중앙은행은 '양적 완화', 경제 주체는 '저금리의 빚'이라는 수단을 거리낌 없이 사용해왔다. 기간도 10년 이상 길어져 돈과 빚의 무서움도 잊혀져갔다.

전세계 정부와 개인의 빚이 기하급수적으로 늘어났다. IMF와 BIS 등이 발표한 자료에 따르면 세계의 빚은 우리 돈으로 20경 원이 넘는 것으로 추정된다. 세계 GDP 대비 250퍼센트로 위험 수준인 200퍼센트를 훨씬 넘어선 수준이다. 세계 인구 74억 명을 기준 삼아 1인당 빚을 계산한다면 3,000만 원이다.

우려되는 것은 '중앙은행의 만능 시대'가 끝나가고 있다는 점이다. 그 대신 경제 정책의 주안점이 국민으로부터 '큰 정부론'이 힘을 얻으면서 재정 정책으로 넘어가는 분위기다. 선도하는 국가는 미국이다. 트럼프 정부는 '미국의 재건'을 위해 도로, 철도, 항만, 항공, 공공시설 등 낙후된 사회간접자본(이하 SOC)을 복구하는 데 주력하고 있다. 존 메이너드 케인스 이론이 태동한 1930년대 대공황 당시 프랭클린 루스벨트 정부가 추진했던 정책과 유사해 '트럼프-케인시언(Trump-Keynesian) 정책'이라고도 부른다.

유럽도 양적 완화를 재추진하면서 재정 정책과 분담시킬 계획이다. 일본도 금융 완화 중심의 1단계 아베노믹스를 마무리하고 2단계

래퍼 곡선과 조세 수입 확대

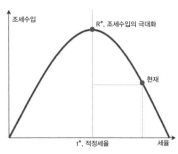

자료: 조순, 《경제학원론》

트럼프 재정 적자 발생가능 시나리오

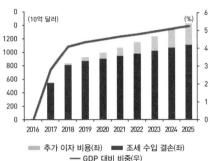

추가 이자 비용(좌) ■ 조세 수입 결손(좌)
— GDP 대비 비중(우)

자료: Tax Policy Center

재정 정책으로 이전할 것으로 예상된다. 중국도 금융 완화와 함께 재정 정책을 통해 경기 부양에 나서고 있다.

미국은 재정 수입 측면에서는 대폭적인 감세를 통해 경기를 부양하던 1980년대 초 '레이거노믹스'를 병행한다는 방침이다. 감세 정책의 이론적 토대인 '래퍼 곡선'을 보면 세율과 재정 수입 간 비례 구간을 '표준 지대(Normal Zone)', 반비례 구간을 '비표준 지대(Abnormal Zone)'라고 부른다. 미국, 독일, 일본, 중국 등 대부분의 국가가 법인세를 내렸다.

재정 지출과 감세를 동시에 추진한다면 자연스럽게 "재정 적자는 어떻게 감당할 것인가?" 하는 의문이 도출된다. 최소한 경기가 살아나기까지 늘어날 재정 적자를 국채로 메우면 국가 채무가 늘어나고 국채 금리가 빠르게 올라갈 수 있다. 한 나라의 금리 체제를 유지하기 위해서는 국채 금리가 상승할 경우 정책 금리도 인상해야 하기 때문이다.

금리와 채권 가격은 반비례의 관계다. 트럼프 당선 이후 국채 금리가 단기간에 급등함에 따라 채권 가격은 투자자가 대응할 시간도 없이 '순간 폭락(Flash Crash)' 현상을 보였다. 앞으로 국채 금리가 더 상승하면 '국채 시장 → 주거용 부동산 시장 → 신흥국 증시' 순으로 순간 폭락의 전염 효과가 우려된다. IMF를 비롯한 기관이 빚 부담을 연착시키지 못할 경우 세계 경제에 복합 불황이 닥칠 것이라고 경고하는 것도 이 때문이다. 정책 금리 등 정책 수단이 제자리에 복귀되지 않은 여건에서 자산 가격이 하락하면, 경제 주체의 빚 상환 능력과 가처분 소득이 더 떨어지고 정책 대응마저 쉽지 않아 1990년대 일본 경제의 전철을 밟을 수 있기 때문이다.

한국은 그 어느 국가보다 가계 빚이 많다. BIS가 민간 부채의 건전성을 평가할 때 GDP 대비 민간 부채 비율이 '호드릭-프레스콧(Hodric-Prescott)' 필터로 구한 장기 추세에서 벗어난 정도인 신용 갭이 '주의' 단계다(신용 갭이 2퍼센트포인트 미만이면 '보통', 2~10퍼센트포인트면 '주의', 10퍼센트포인트 이상이면 '경고').

물론 빚이 많다고 반드시 무서운 것은 아니다. 빚 상환 능력, 즉 소득만 받쳐준다면 저금리 시대에 빚을 잘 활용하는 것이 현명할 수도 있다. 그러나 경기가 받쳐주지 못하는 여건에서 임계치에 도달한 빚을 더 늘려 경기 부양을 모색하는 것은 위험한 발상이다. 빚을 줄이는 것이 우선순위다. 이때 주의해야 할 것은 잘못된 정책으로 이미 빚이 늘어난 상황에서는 의욕만 앞세워 과도하게 빚을 줄이면 가뜩이나 안 좋은 경기를 더 침체시킬 수 있다. 2018년 11월 말 '대내외 불균형 시정'이라는 애매모호한 이유를 들어 금리를 올린 것이 2019년 경제 성장률을 2퍼센트 내외까지 끌어내렸다.

그런 만큼 가계 빚 대책을 세울 때 가처분소득(총소득에서 이자 등 각종 비용을 제한 소득) 관리에 특별히 신경을 써야 한다. 가계 빚을 줄이는 데만 초점을 맞출 경우 이자 경감분보다 소비 성향이 높은 자산 소득이 감소해 경기를 둔화시킬 우려가 높다. 환금성이 높은 아파트의 경우 역자산 효과 계수가 '0.23(아파트값 1퍼센트 하락 때 소비 0.23퍼센트 감소)'으로 높게 나온다.

가계 부채에 이어 이번에는 국가 채무 논쟁이 거세게 불고 있다. 재정은 민간과 다르다. 수입을 헤아려 지출을 계획하는 '양입제출(量入制出)'을 지향하는 민간은 흑자를 내는 것이 바람직하지만, 그 반대인 '양출제입(量出制入)'을 전제로 하는 재정은 적자가 발생하는 것이 일반적이다. 국가 채무가 발생해도 관리 가능한 수준이면 국민으로부터 세금을 덜 걷고 재정 지출도 국민에게 되돌려줘야 한다는 원칙에서 건전하다고 보고 있다.

재정건전성은 GDP 대비 국가 채무 비율로 평가한다. 선진국은 100퍼센트, 신흥국은 70퍼센트 이내면 재정이 건전하다고 본다. 선진국은 신흥국보다 국가신뢰도가 높아 재정 운영에 있어 여유가 많다는 뜻이다. 일본처럼 최종대출자 역할이 저축성 높은 국민에게 있을 때는 국가 채무 비율이 250퍼센트에 달해도 국가 부도가 날 가능성은 적다. 국민이 돈이 많기 때문이다.

한 국가의 재정이 건전한지를 파악하기 위해서는 국가 채무 개념부터 명확히 할 필요가 있다. 국가 채무는 포함 대상과 채무 성격에 따라 3가지로 분류한다. '협의' 개념은 중앙과 지방 정부의 현시적 채무, '광의' 개념은 협의 개념에다 공기업의 현시적 채무, '최광의' 개념은 광의 개념에 준정부 기관을 포함한 모든 기관의 묵시적 채무까지 포함된다.

한국은 이 3가지 기준에 따라 국가 채무 비율이 제각기 큰 차이가 난다. 협의 개념으로는 40퍼센트, 광의 개념으로는 70퍼센트, 최광의 개념으로는 140퍼센트 내외다. "재정이 건전하다", "국가부도가 곧 닥친다"라는 극과 극의 주장이 함께 나오는 것을 이해할 수 있다는 것이 글로벌 투자은행과 국제평가사 한국 포스트의 시각이다.

국가 채무 논쟁보다 재정을 어디에 쓰느냐가 더 중요하다고 보는 까닭도 이 때문이다. 국가 채무는 후손 세대에게 빚을 지는 것인 만큼 복지 등 단순 이전성 항목이나 공무원 급여 등 일반 경직성 항목에 과다 지출돼서는 안 된다. 아울러 경기 부양 효과가 큰 투자성 항목에 집중시켜 후손 세대의 채무 상환 능력을 키우는 쪽으로 쓰여야 한다고 권고한다.

북한, 북한, 북한

현재 난항을 겪고 있긴 하지만 2020년대 들어서도 북미 정상회담은 지속될 것으로 전망된다. 미국 갤럽이 실시한 여론조사에 따르면 여전히 가장 위협적인 국가로 북한을 꼽는 미국 국민 응답자의 비중이 절반을 넘을 만큼 불안감을 느끼고 있기 때문이다. 북미 정상회담 의제도 CVID(완전 검증 가능한 불가역적 비핵화)뿐 아니라 ICBM 반출, 북미 수교 등 다양하게 거론될 가능성이 높다.

북한도 추가 협상이 필요하다. 북한 경제 사정은 더 어려워졌다. 특히 김정은 국무위원장을 비롯한 권력층 유지에 필요한 외화 가득원이 취약해 졌다. 김정은 위원장 취임 이후 '국가 핵 무력 완성'과 '경제 발전'이라는 이원적 전략을 추구해온 북한으로서는 전자를 토대로 협상력을 높여 생존과 발전을 위한 제재 완화의 필요성이 더 증대됐다. 이는 부인할 수 없는 사실이다.

추가 협상의 핵심 의제인 '비핵화' 논의는 계속될 수밖에 없다. 미국을 포함한 주변국들의 평화와 안전을 위해 북한의 비핵화 달성이 필수적이며, 북한의 경우 김정은 체제 보장과 함께 경제 발전 동력을 마련하기 위한 국제 제재 완화가 최대 목표다. 앞으로 남북과 북미 추가 회담을 통해 미국과 북한 그리고 남한은 핵 문제를 중심으로 한 합의사항 이행을 점검하고 핵 폐기 등과 같은 민간 사안에 대해서는 타협점을 모색해나갈 것으로 예상된다.

중요한 것은 북미 정상회담을 계기로 남북 관계(경제협력과 통일)는 어떻게 될 것인가 하는 부분이다. 남북이 분단된 지 70년이 넘었다. 동서독의 45년보다 무려 25년 이상 길다. 평화 협정 체결, 종전, 비핵화를 한꺼번에 해결하려고 하거나 권력 체제부터 통일을 추진한다면 부작용이 클 수밖에 없다. 예술, 체육, 문화 행사 등을 통해 남북 관계를 개선시킬 수 있는 사전 작업부터 필요하다.

사전 작업이 어느 정도 마무리되면 경제 협력 단계에 들어간다. 일단 폐쇄됐던 개성공단과 금강산 관광부터 재개할 필요가 있다. 상당한 인프라가 진척돼 있는 데다 UN 제재로부터 자유로워 지금 당장 추진할 수 있기 때문이다. 파주와 경기 북부 지역에 제2의 개성공단을 추진하는 것도 방안이 될 수 있다.

비핵화 문제 해결을 전제로 도로, 철도, 통신 시설뿐 아니라 비록 동서독 통합 과정에 비해 효율성이 떨어지더라도 항만 등에 걸쳐 SOC를 확충하는 작업이 그 다음 단계다. 북한의 시설을 재정비해

또 다른 10년이 온다

북한의 비핵화 협상 예상 시나리오

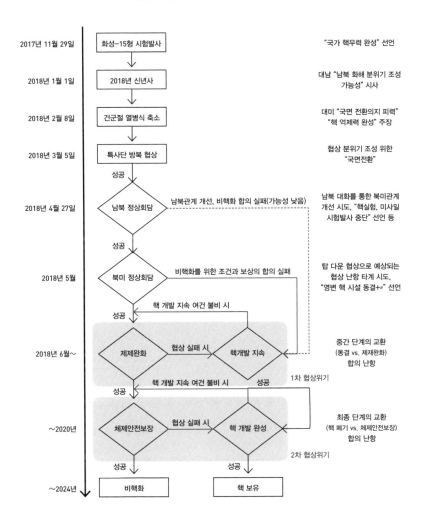

*2018년 6월 이후는 임의의 시간프레임을 적용. 자료: 한국국방연구원 자료 재구성

사용할 수 있지만 남한의 기준에 맞춰 신설하는 쪽으로 진행될 가능성도 높다.

SOC가 확충되면 그 기반 위에 노동, 자본, 기술 등의 생산 요소와 북한에 필요한 생활 필수품을 중심으로 물자 교류가 활발하게 진행될 것으로 예상된다. 초기에는 후자가 더 중요하다. 북한은 가시적인 성과를 확인할 수 있고 남한은 부담이 클 수밖에 없어 이 단계의 성공 여부가 이후 남북관계 진전과 속도를 결정할 수 있는 변수가 될 것이다.

경제적 측면에서 최종 단계는 화폐를 통일시키는 작업이다. 핵심은 남북 화폐 간 교환 비율을 설정하는 문제다. 통일 독일의 예처럼 화폐 교환 비율을 어떻게 설정하느냐에 따라 북한과 남한 국민의 명암이 크게 엇갈리기 때문이다. 동서독 통합 당시 동독 화폐를 현실 가치보다 높은 수준으로 교환토록 합의해 동독 국민이 크게 혜택을 봤다.

동서독 화폐 통합 전례를 남북한 화폐 통합에 그대로 적용해 생각해보자. 예컨대 남한 화폐는 달러당 1,080원, 북한 화폐는 암시장에서 1만원 내외로 거래된다. 남북통일 이후 화폐 교환 비율이 '1(남한) 대 9.25(북한)'보다 낮게 설정되면 현 시점에 북한 돈을 사두는 사람은 이득을 보게 된다고 치자. 예를 들어 '1대 3'으로 설정되면 67퍼센트 수익이 난다.

지정학적 위험이 세계 경제와 금융 시장에 미치는 파급경로

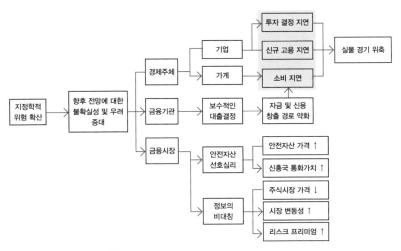

자료: 한국은행, 국제금융센터

경제 협력 성과가 가시화되면 다음 단계는 체제를 통일하는 작업이다. 한반도 전역에 적용될 수 있는 통일헌법을 제정하고 국민 동의를 거쳐 정치적으로 통합이 이뤄져야 한다. 남북 협력과 통일의 마지막 과정은 사회 통합이다. 남한의 '국민'과 북한의 '인민'이 '한민족'이라는 뿌리를 되찾아야 진정한 의미의 통일이 달성될 수 있다.

수싸움의 중재자

가장 빈번하게 사용하지만 명확한 정의를 내리기가 어려운 용어 중 하나가 '지정학적 위험(Geopolitical Risk)'이다. Fed와 IMF는 지정학적 위험이 상대적으로 모호한 개념이라고 강조하면서 "세계 평화를 위협하고 사회적 불안 및 경제적 타격을 초래할 수 있는 모든 사건과 사고"로 정의하고 있다.

Fed에 따르면 현재 세계 '지정학적 위험 지수(Geopolitical Risk Index, 이하 GPR 지수)'는 역사상 최고 수준이다. GPR 지수는 1900년부터 현재까지 세계 주요 언론에 전쟁, 테러, 정치적 갈등 등이 언급된 비중을 종합해 2000~2009년을 기준으로 세계 지정학적 위험이 심화 또는 완화됐는지를 알 수 있는 객관적 지표다.

GPR 지수는 2000~2009년 100을 기준으로 제1차 대전 때 372로 가장 높은 수준을 기록했다. 그 다음으로 2003년 미국의 이라크 공습 당시 362, 제2차 대전 당시 346, 1982년 포클랜드 전쟁 당시 272까지 급등했다. 트럼프 정부 출범 이후 북핵 문제를 둘러싼 미국과 중국 그리고 러시아 간 갈등으로 GPR 지수가 300대를 오르내리고 있다.

10년 주기로 평가한 GPR 지수도 1990년부터 20년 넘게 상승 추세가 이어지고 있는 가운데, 2010년대 들어 GPR 지수는 월평균

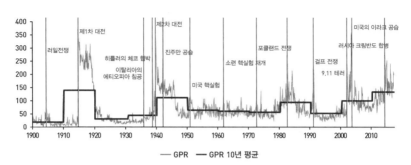

세계 지정학적 위험(GPR) 지수 추이

자료: Fed

137을 나타내고 있다. 이는 1910~1919년 월평균 140 이후 가장 높은 수준이며, 2020년대 또 다른 10년을 앞두고 세계 지정학적 위험은 과거 어느 때보다 높을 것으로 전망된다.

지정학적 위험은 다양한 파급 경로를 통해 세계 경제와 국제 금융 시장에 부정적인 영향을 미친다. Fed에 따르면 지정학적 위험으로 인해 각종 예측 불확실성과 우려가 높아지게 될 경우 기업은 투자와 고용에 대한 의사결정을, 가계는 소비에 대한 의사결정을 지연시킴으로서 실물경기가 위축될 것으로 추정했다.

지정학적 위험에 따른 불확실성은 금융 기관으로 하여금 보수적인 대출 결정을 내리게 함으로써 기업과 가계의 자금과 신용 창출 경로를 약화시켜 소비, 투자, 수출 등이 위축될 가능성이 높다. 금융 시장에서는 안전자산에 대한 선호 심리가 증가하면서 스위스 프랑화, 미국 국채, 금 가격이 상승하는 반면, 위험자산인 신흥국 통화와 주가는 하락한다.

Fed의 계량 모델인 퍼버스에 따르면 GPR 지수가 50퍼센트포인트 상승할 때 2년 후 미국 경제 성장률이 0.2퍼센트포인트 하락하는 것으로 나온다. 그 어느 변수보다 성장률 하락효과가 크다. 북한과 직접적으로 대치해 있는 한국 경제의 경우에는 지정학적 위험이 성장률을 떨어뜨리는 효과가 더욱 클 것으로 추정된다.

2020년대에 들어 한반도 정세는 종전 선언, 평화 협정 체결, 북미 수교, 주한 미군 철수 등을 놓고 더 드라마틱하게 전개될 것으로 예상된다. 이 과정에서 가장 우려되는 것은 '차이나 패싱(중국 배제)'으로 인한 '투키디데스 함정(Tuchididdes Trap)'에 빠질 가능성이다. 중국은 한국전쟁 정전 협정의 당사국일 뿐 아니라 '김일성 → 김정일 → 김정은' 체제로 이행되는 과정에서 기득권을 갖고 있다.

투키디데스 함정은 신흥 강대국이 급부상하면서 기존 강대국이 느끼는 두려움으로 전쟁이 불가피해지는 상황을 말한다. 기원전 5세기 스파르타가 아테네의 부상을 견제하기 위해 27년 동안 치른 펠로폰네소스 전쟁을 다룬 《펠로폰네소스 전쟁사》의 저자 투키디데스의 이름에서 비롯된 용어다. 2015년 9월 미중 정상회담에서 시진핑 국가 주석이 언급한 이후 가장 활발하게 사용되고 있다.

역사적으로 한반도는 투키디데스 함정에 빠져 운명이 크게 엇갈린 대표적인 사례로 꼽는다. 19세기 이후 급부상한 일본이 당시 강대국이던 청나라, 러시아, 미국과 전쟁을 잇따라 치르는 과정에서 '일본 식민지 시대'와 '남북 분단'이라는 현대사의 비극이 일어났다.

국제관계는 냉혹하다. 북미 정상회담 이후 한반도를 둘러싼 정세 변화에 미국, 중국, 북한이 전략적 이익을 추구하는 과정에서 치열한 '수(手) 싸움'이 전개될 것으로 예상된다. 우리에게 절실한 것은 '중재자 역할'이다. 이 역할을 잘한다면 우리 경제가 한 단계 도약할 수 있는 절호의 기회가 되는 반면, 그 반대의 경우에는 커다란 시련이 닥칠 수 있다.

재평가 시작된 한국 경제

국제사회에서 한국 경제에 대한 재평가 작업도 본격화될 것으로 전망된다. 한국 경제의 대외 위상이 정체된 지 너무 오래됐다. 엄격히 따진다면 퇴보했기 때문이다. 2016년 8월 S&P가 한국의 국가신용등급을 한 단계 상향한 이래 '전망'과 '등급' 조정에서 모두 변화가 없다. 글로벌 벤치마크 지수에서도 2015년 '모건스탠리 캐피털 인터내셔널(Morgan Stanley Capital International, 이하 MSCI)' 지수 연례

심사를 통해 선진국 예비 명단에서 탈락한 지 5년이 넘었지만 여전히 재진입하지 못하고 있다.

또 다른 10년을 앞두고 정책, 경기, 투자자 성향 면에서 대전환기를 맞고 있다. 통화 정책 측면에서 Fed가 금리 인상 속도 조절, 보유자산 매각 중단 등 출구 전략 추진에 주춤거리고 있다. 재정 정책 면에서는 과다한 부채로 옴짝달싹 못하는 상황이다. 경기 면에서는 미국과 유럽 등의 선진국 경기가 흐트러지고 투자자도 위험자산 선호 경향이 약화되고 있다.

대전환기에 글로벌 자금 흐름에서 가장 우선적으로 고려하는 기준은 어느 한편으로 방향이 잡힐 때까지 자금을 넣어둘 수 있는 '셸터(shelter, 피난처)' 기능이다. 투자국 지위로 볼 때도 한국은 FTSE 지수로는 선진국이지만, MSCI 지수로는 신흥국이다. 준(準)선진국인 셈이다. 중간자 또는 샌드위치 지위라는 얘기다.

'선진국과 신흥국 간 대립 구조'로 특징 짓는 21세기 세계 경제 질서에서 두 권역의 특성을 동시에 갖고 있는 한국과 같은 국가들은 대전환기에 대기성 자금을 넣어둘 수 있는 적합한 국가로 분류된다. 반대로 선진국이나 신흥국 어느 한 편으로 가닥이 잡히면 주식 시장 등 한국 금융 시장에 유입됐던 자금이 의외로 빨리 빠져 나가는 위험도 함께 내포하고 있다.

한국 경제 운명을 결정할 신용등급이 어떻게 조정될 것인가를 알기 위해서는 3대 평가사의 평가 기준부터 알아볼 필요가 있다. 글로벌 금융 위기 이후 미국, EU, 국제증권관리위원회(이하 IOSCO)를 중심으로 신용평가와 관련한 규제 방안을 마련해왔다.

가장 큰 문제로 지적돼왔던 신용평가사의 독과점적 지위에 따른 집중 효과를 방지하기 위해 정보 공시, 투명성, 법적 책임, 도의적 책임 등을 강화했다. IOSCO는 각 신용평가사에 신용평가 방법론, 과거 실적 자료 등을 공개하고 신용등급 산정 모델에 대한 지속적이고 체계적인 개선 방안을 마련토록 권고해왔다.

또 하나 문제였던 도덕적 해이 문제를 해결하기 위해 국제기구와 주요국 정책당국은 신용평가사 관련 이해관계자에 대한 공시 확대, 신용평가 업무의 독립성 확보 등과 같은 이해상충 방지 장치를 마련했다. 미국과 EU도 자체적인 평가 관련 정책에 IOSCO의 권고를 대부분 수용하거나 강화해 적용해왔다.

신용등급의 가장 중요한 목적인 신뢰성과 정확성을 제고하기 위해 평가 모델과 방법론에 대한 공시 확대 등의 방안도 마련했다. 특히 BIS는 기존 신용등급 뒤에 신용등급 변동성(v), 신뢰도(c), 독립변수의 질적 정보(q) 등을 나타내는 새로운 기호를 추가하는 방법을 제안해 주목을 받았다.

세계 3대 평가사인 무디스(Moody's), S&P, 피치(Fitch)도 개편된 신용등급 조정 국제 기준에 맞춰 특정국의 신용등급을 평가할 때 새로운 기준을 적용했다. 한마디로 금융 위기 이전보다 지정학적 위험 비중을 낮추는 대신 거시경제 위험, 산업 위험, 재무 위험 비중을 높였다. 특히 지정학적 위험은 경제 기초 여건에 영향을 주지 않으면 신용등급을 하향 조정하지 않는다.

새로운 개편 내용에 따라 각국에 대한 신용등급 평가 실적을 보면 하향 조정 건수가 상향조정 건수를 상회하고 관찰 대상도 부정적 대상이 긍정적 대상을 상회해 위기 이전보다 엄격해졌다. 금융 위기가 발생한 지 10년이 넘었지만 신용등급이 올라간 국가보다 떨어진 국가가 더 많다. 그만큼 신중해졌다는 뜻이다.

한국은 압축 성장한 대표 국가로 분류된다. 압축 성장이란 경제 발전 이론상 정상적인 성장 기간을 단축시켜 경제 성과를 내는 것을 말한다. 대부분 압축 성장한 국가는 초기에 미성숙된 노동력, 국내 자본 축적 미비, SOC 및 내수 기반 취약 등을 감안해 수출 지향적인 성장 전략을 채택한다.

압축 성장한 국가가 세계 경제를 주도하기까지는 제도적인 틀은 글로벌 스탠더드에 맞추고 경제 정책 운용은 세계적인 추세에 뒤떨어지지 말아야 하는 것이 기본 성장 조건이다. 경기 순환상으로도 세계 경기가 좋을 때는 순환 궤적보다 더 높은 성과를 내야 경기가 나빠질 때 수시로 찾아오는 피로를 줄여 성장을 지속할 수 있다.

질적으로 문제가 없는 것은 아니지만 금융 위기 이후 세계 경기는 추세적으로는 좋았다. 미국 경제도 전후 최장의 호황 기록을 경신했다. 미국 증시 강세장도 마찬가지였다. "더 이상 좋을 수 없다"는 의미의 '골디락스(Goldilocks)'라는 표현이 나올 정도였다. 일본도 아베노믹스를 바탕으로 '잃어버린 20년'을 벗어나는 데 성공했다. 유럽 경제도 최악의 상황에서 벗어났다.

한국 경제의 강점 중 하나로는 세계 경기 흐름을 그 어느 나라보다 잘 활용한 점이 자주 꼽힌다. 하지만 금융 위기 이후로는 세계 경기 흐름을 잘 타지 못했다. 현 정부 들어 소득 주도 성장 등에서 드러났듯이 신념과 주장에 갇혀 경제 정책을 너무 경직적으로 운용한 점이 가장 큰 요인으로 지적되고 있다.

글로벌 스탠더드와 세계 흐름에 동떨어진 사례는 이 밖에도 많다. 세계는 정부의 역할에서 '작은 정부'를 지향하고 있으나 한국은 갈수록 커졌다. 거시경제 목표는 '성장' 대비 '소득 주도 성장(성장과 분배 간 경계선 모호)', 제조업 정책은 '리쇼어링' 대비 '오프쇼어링', 기업 정책은 '우호적' 대비 '비우호적'이다.

규제 정책은 '프리 존' 대비 '유니크 존', 상법 개정은 '경영권 보호' 대비 '경영권 노출', 세제 정책은 '세금 감면' 대비 '세금 인상', 노동 정책은 '노사 균등' 대비 '노조 우대'로 대조적이다. 정도가 워낙 심해 '갈라파고스 함정'에 빠졌다는 비판까지 제기됐다.

경기 진단도 2018년 4월부터 침체 기미가 뚜렷한데 정부는 외환

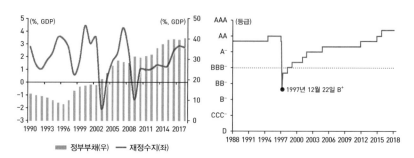

한국의 재정수지 및 정부부채　　　**한국의 신용등급 변화**

정부부채(우)　　재정수지(좌)

자료: CEIC

위기 당시의 '펀더멘털(fundamental)'론을 연상시킬 정도로 "회복되고 있다"는 평가와 함께 "좀 더 지켜보면 정책 효과가 본격적으로 나타날 것"이라고 침체론을 반박했다. 그러나 경착륙, 중진국 함정, 샌드위치 위기, 제2의 외환 위기, 일본형 복합 불황 등 각종 비관론이 괜히 쏟아져 나오는 게 아니다. 침체가 현실화되고 있다.

　한국 경제 성장률도 갈수록 하향 조정되고 있다. 2019년 성장률 전망치까지는 어렵더라도 3퍼센트대 성장률을 내놓는 예측 기관이 있었다. 하지만 또 다른 10년을 시작하는 첫 해인 2020년 경제 성장률이 3퍼센트대가 되리라고 예측하는 기관은 한 군데도 없다. 오히려 1퍼센트대로 떨어질 것이라는 비관론이 더 많다.

　지속 가능한 성장 기반인 잠재 성장률도 둔화 추세다. UN에 따르

또 다른 10년이 온다

면 한국은 2000년 고령화 사회, 2018년 고령 사회에 이어, 2026년에는 초고령 사회에 진입해 세계에서 고령화가 가장 빠른 속도로 진행될 국가로 꼽힌다(고령화 사회는 65세 이상 인구 비중 7퍼센트 이상, 고령 사회는 65세 이상 인구 비중 14퍼센트 이상, 초고령 사회는 65세 이상 인구 비중이 20퍼센트 이상인 국가를 지칭한다). 2017년 생산 인구 감소를 시작으로 2034년 전체 인구가 감소될 것으로 보여 보완책이 없는 한 잠재 성장률은 떨어진다.

한국 경제 대외 위상이 올라가기 위해서는 반드시 경기부터 살려야 한다. 늦은 감은 있지만 정부도 경기를 부양시키기 위해 노력하고 있다. 그렇지만 모든 경제 정책은 '타이밍'이 중요하다. 세계 경기 10년 호황 국면이 마무리되고 있다. 환율도 미국 금리 인상 속도 조절과 불황형 흑자로 '원고(高)의 저주'를 우려할 정도로 불리하다.

시간이 많지 않다. 세계 3대 평가사 등의 재평가 결과에 따라 2020년대 한국 경제 운명이 좌우될 가능성이 높다. 더 이상 대외 환경, 이전 정부와 현 정부, 여당과 야당, 사용자와 근로자 간 비판과 책임 전가는 무용하다. 압축 성장의 본질인 '할 수 있다'는 자신감과 경제 활력부터 되살려야 한다.

급변하는 대외 환경에 대처해나가는 것도 중요한 과제다. 북미 정상회담, 미중 무역협상, 브렉시트, 미국 재무부의 환율 보고서, 중국 경기 둔화 등 우리 경제를 둘러싼 대외 환경에 커다란 변화가 예상되

시기별 외국인 주식자금 유출입 요소 비교

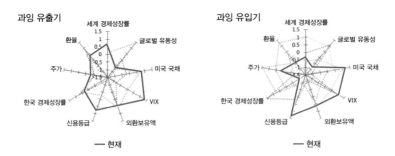

자료: 블룸버그, 데이터스트림, CEIC, OECD, 한국은행

기 때문이다. 한국 경제의 제도와 관행, 경우에 따라서는 정책당국자의 인식과 의식을 글로벌 스탠더드에 맞추는 과제가 시급하다.

한국 경제 성장의 최대 걸림돌로 지적되고 있는 각 분야에 누적된 '과부하(overload)'를 빠른 시일 안에 해소하지 못하면 성장의 '속도가 저하되고(stall-out)' 어느 순간 '자유 낙하(free fall)'할 수 있다는 사실을 명심해야 한다. 우리 모두가 얼마나 주인의식을 갖고 있는지, 새로운 비즈니스 기회를 잡기 위한 스케일을 품고 있는지 반문해야 할 때다.

원달러 환율 관전 포인트

일반인이 손쉽게 접근할 수 있는 재테크 수단으로는 주식, 채권, 부동산 그리고 각종 금융 기관에서 제공하는 금융 상품 등을 들 수 있다. 한 나라의 경제 발전 단계와 재테크 수단을 연관시키다 보면 경제 발전 초기 단계에는 부동산이 크게 부각되다가 채권, 주식, 금융 상품 순으로 높은 수익률을 얻는 게 전형적이다. 물론 나라마다 다소의 차이가 있을 수 있다.

문제는 경제 발전 단계가 어느 수준에 도달하고 경제 시스템이 갖춰지다 보면 이런 재테크 수단 사이의 평균 수익률이 비슷해진다는 점이다. 한 국가가 이 단계에 도달하면 자금이 경제 전반에 골고루 분산돼 균형된 경제 발전이 가능해진다. 이럴 때 높은 수익을 기대할 수 있는 재테크 수단이 바로 '환테크(환율 재테크)'다. 환율은 세계 모든 국가 통화와의 상대가치로 다른 나라와 연관돼 있어 한 나라의 경제시스템이 안정돼 있더라도 늘 변하기 때문이다.

환테크가 고급 재테크 또는 선진 재테크로 불리는 이유도 이 때문이다. 한국보다 앞서가는 나라에서 가장 인기 있는 재테크 상품이 환테크를 이용한 금융 상품이라는 점은 이 같은 사실을 뒷받침해준다. 한국에서도 환테크의 중요성이 날로 커지고 있다. 1일 환율 변동 폭이 매년 20퍼센트 이상 확대되고 있기 때문이다.

환율은 그 나라의 경제 실상을 반영하는 얼굴로 비유된다. 그런 만큼 수많은 변수가 환율에 영향을 미친다. 한국 경제 입장에서는 다른 국가에 비해 유리한 변수가 발생하면 원화 환율 하락(원화 가치 상승), 그 반대의 상황이 발생하면 원화 환율 상승(원화 가치 하락)이라고 보면 된다. 환테크를 잘하기 위해서는 환율 결정 요인을 잘 따져서 환율 예측 능력을 키우는 것이 관건이다.

2020년대 원달러 환율의 움직임은 나라 안팎으로 여러 가지 변수에 의해 좌우될 것으로 예상된다. 가장 큰 요인인 달러 가치는 '펀더멘털' 요인과 '정책' 요인에 의해 결정된다. 펀더멘털 요인은 2015년 12월 Fed의 금리 인상 이후 '대분열' 시기가 재현될 것으로 예상됐으나 다시금 금리 인하 국면에 들어가면서 낮아졌다. 미국의 달러 정책은 일관적이지 못하다.

브렉시트와 유로랜드 경기는 원달러 환율의 '추세(trend)'보다 '변동성(volatility)'을 확대시키는 요인으로 작용할 가능성이 높다. 2016년 6월 이후 유로랜드 경기에 가장 큰 영향을 미친 브렉시트는 국민 재투표 부각 등으로 불확실성이 커지고 있다. 하지만 유럽중앙은행의 적극적인 금융 완화 정책으로 그 충격을 흡수해나가고 있다. 최근 취임한 크리스틴 라가르드 총재도 그 골격은 그대로 유지시킬 가능성이 높다.

한국 내부 요인으로는 외환 수급 여건이 있다. 외환 보유액은 2선

미국과 유로랜드의 금리 추이

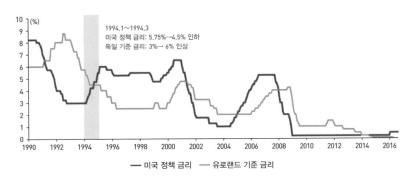

1994.1~1994.3
미국 정책 금리: 5.75%→4.5% 인하
독일 기준 금리: 3%→ 6% 인상

— 미국 정책 금리   — 유로랜드 기준 금리

*EU 통합 이전 자료는 독일 중앙은행(분데스방크) 금리임. 자료: Fed, Bundesbank

자금까지 합칠 경우 5,400억 달러가 넘는다. 캡티윤 방식으로 추정한 적정 외화보유액 3,800억 달러보다도 훨씬 많다. 2010년 이후 지속돼온 경상수지 흑자가 2019년 4월 7조 원에 가까운 외국인 배당 송금 등으로 적자로 돌아서는 과정에서 원달러 환율이 상승했다. 2020년대 들어서도 그 규모는 작지만 흑자 추세가 유지될 것으로 예상된다.

외국인 자금의 향방도 주목된다. 한국 증시 저평가, 기업 경영 투명성 제고 등 유입 요인이 없는 것은 아니지만 캐리 트레이드 매력은 쉽게 개선되기 어려울 것으로 예상된다. 2016년 8월 이후 정체돼 있는 3대 평가사의 국가신용등급이 상향 조정되거나, 2015년

MSCI 지수 연례 심사에서 신흥국으로 떨어진 투자국 지위가 선진국 예비 명단에 복귀하는 평가가 나와야 추세적인 외국인 자금의 유입을 기대해볼 수 있을 것이다.

한국 정부의 외환 정책도 변수다. 역전된 미국과 한국 간의 금리가 쉽게 정상화되기가 어려워 보이는 여건에서 급격한 원달러 환율 상승은 외국인 자금의 이탈을 초래하고 미국과의 통상 마찰도 불거질 가능성이 높다. 스무딩 오퍼레이션(Smoothing Operation) 차원에서 원달러 환율이 완만하게 올라가는 것을 용인하는 편이 바람직하다. 달러 표시(Dollar Sign) 자산과 외화 결제도 동일한 차원에서 운용하면 편해 보이는 시기가 될 것으로 예상된다. 수출 및 경기를 살리고 경제 주체의 외환 관리 능력을 키우기 위해서는 무기력했던 원달러 환율의 기능을 되살려줘야 한다.

원달러 환율에 가장 큰 영향을 미칠 것으로 보이는 위안달러 환율의 움직임도 주시해야 한다. 최소자승법으로 위안화와 원화 간 동조화 계수를 구해보면 0.8~0.9에 이를 만큼 높게 나온다. 위안달러 환율이 10퍼센트 움직이면 같은 방향으로 원달러 환율은 8~9퍼센트 움직인다는 얘기다. 그만큼 수출 등 중국에 대한 경제 구조가 편향적이라는 뜻이다.

2020년대에 들어서면 위안달러 환율 움직임의 최대 변수는 미중 사이의 무역협상에서 위안화 환율조작 방지 명문화 여부에 달려 있다. 국제 외환 시장에서 플라자 합의가 다시 되는 것 아니냐는 우려가 제기되고 있는 것도 미국의 경상수지 적자를 중심으로 세계 각국의 국제수지 불균형 문제가 최대 현안으로 떠오르고 있기 때문이다. 1985년 플라자 합의 때와 다른 점은 미국을 비롯한 대부분의 국가들과 중국의 무역 불균형이 심화되고 있다는 사실이다.

제2의 플라자 합의 체제가 올 것인지의 여부가 중국의 태도에 달려 있다고 보는 이유도 여기에 있다. 중국이 국제적 요구와 자국 내 풍부한 외환 시장을 감안해 위안화 평가절상을 수용할 경우 제2의 플라자 체제가 태동될 가능성이 있다. 그러나 미국 등 선진국 요구에 버티기로 일관한다면 제2의 플라자 체제는 논의 차원에 그칠 가능성이 높다. 오히려 위안화를 평가절하할 경우 2020년대 국제 통화 질서는 환율 전쟁으로 점철될 공산이 크다.

중요한 것은 중국 외환당국이 관리변동환율제를 포기한다면 위안화 가치는 어떻게 될 것인가 하는 점이다. 한 국가의 통화 가치 적정 수준을 따지는 환율구조 모델, 경상수지 균형 모델, 수출채산성 모델 등과 같은 방법을 통해 위안화 가치의 적정 수준을 따져보면 6.8~7.0위안으로 추정된다. 대부분의 예측 기관들이 2020년대에 들어서면 위안화 가치가 추세적으로 절상될 것으로 보는 근거이기도 하다.

2020년대에 위안화 가치가 평가절상될 가능성이 높다는 예상은 중국이 처한 여건과 정책 추진 일정을 감안하더라도 쉽게 해볼 수 있다. 시장 여건을 보면 중국의 외환 보유액은 3조 달러가 넘는다. 언제든지 사용할 수 있는 제2선 자금인 홍콩의 외환 보유액까지 감안하면 3조 5,000억 달러에 달한다. 중국 자체적으로도 위안화 평가절상 압력을 많이 받고 있는 것으로 추정된다.

문제는 성장 경로 이행 과정에서 필요한 재원을 어떻게 마련할 것인가 하는 점이다. 현재 중국의 내부적인 재원 동원 능력을 감안할 때 당분간 외자가 필요한 시점이다. 중국이 국제 금융 시장에서 외자를 조달하기 위해서는 위안화 절상을 통해 자금 공여국에 환차익을 제공해야 한다. 현 시점에서 위안화 가치가 그대로 유지될 경우 미국을 중심으로 인접국과의 통상 마찰도 심해질 가능성이 높다. 미국의 최대 적자국이 된 중국이 위안화 절하와 현 환율 수준 유지를 통해 수출을 늘릴 경우 미국으로서는 수용하기 어렵다. 중국과의 협상에서 미국이 일관되게 위안화 평가절상을 요구하는 것도 이 때문이다.

홍콩과의 경제 통합을 위해서도 위안화 가치가 어느 정도 평가절상돼야 한다. 현재 홍콩은 '1달러 = 7.8홍콩달러'를 중심으로 한 통화위원회 제도, 즉 '달러 페그제'를 운용하고 있다. 이 상태에서 위안화가 크게 절하되면 경제 통합의 관건인 위안화와 홍콩달러화 간의 중심 환율을 맞추기 어려워지기 때문이다. 시진핑 주석의 야망인 '일대일로' 계획을 통한 위안화 국제화 과제를 달성하기 위해서도 위안화 가치를 평가절상해야 한다.

한중 동반 위기설

앞서 살폈듯이 중국 위안화 가치는 미중 무역 마찰의 바로미터다. 마찰이 심화되면 '절하', 진전되면 '절상'되기 때문이다. 2019년 5월 10일 미국의 보복 관세가 부과되기 직전까지 달러당 6.6위안대까지 절상되던 위안화 가치가 그 후 추세적으로 절하되면서 '1달러 = 7위안'인 포치선이 붕괴됐다. 원달러 환율도 1,200원 위로 올라갔다.

오바마 정부 시절 '상하이 밀약설'에 이어 중국과의 무역협상 과정에서 일관되게 '위안화 환율 조작 방지 명문화'에 주력해온 미국으로서는 예민하게 반응할 수밖에 없다. 트럼프 대통령이 더 그렇다. 중국이 위안화 절하로 맞설 경우 보복 관세 효과가 무력화될 수밖에 없기 때문이다.

중국은 무역과 환율과의 비연계성을 연일 강조하고 있다. 경기 대응적 요소 등을 감안한 현행 환율제도에서는 전일 경제지표가 부진하면 '절하', 개선되면 '절상'해 고시할 뿐이라고 주장한다. 하지만 미국과의 관계가 중국 경제에 커다란 영향을 주고 있어 그 자체가 마찰과 오해의 소지를 안고 있다. 계속 말하지만 위안화 절하는 경상 거래 측면에서 수출을 증대시키는 효과가 있으나, 자본 거래 면에서는 자본 유출을 초래해 금융 위기 우려를 높인다. 위안화 국제화 등을 통해 중국의 대외 위상을 높이는 계획에도 차질이 빚어질 가능성이 높다.

미국이 위안화 절하에 가장 명료하게 대응할 수 있는 수단은 '달러 약세'다. 그런데 초기에 나타나는 J커브 효과 때문에 2020년 대통령 선거를 치르기 이전까지는 중국과의 무역 적자가 확대되기에 이 방법은 함부로 쓰지 못한다. 글로벌 시뇨리지가 줄어들고 달러 자산의 자본 손실이 커지는 부담도 있다.

매년 4월 15일 전후로 발표했던 미국 재무부의 상반기 환율 보고서가 2019년에는 한 달 이상 지연된 까닭도 이 때문이다. 하반기부터 공화당 후보 경선에 주력해야 할 트럼프 대통령으로서는 이번 보고서가 자신의 의지를 담을 수 있는 마지막 기회다. 중국을 환율조작국으로 지정하겠다는 과제는 2016년 대선에서의 공약 사항이었다.

하지만 트럼프 정부 출범 전부터 적용해온 BHC의 요건으로는 중국을 환율조작국으로 지정하는 것은 불가능하다. 그래서 트럼프 대통령의 지시에 따라 BHC 지정 요건을 완화시키기 위해 검토한 결과가 '종합무역법 1988'이다. 대규모 경상수지 흑자, 유의미한 대미국 무역 흑자 중 하나만 걸려도 환율조작국으로 지정할 수 있기 때문이다. 이런 내용 때문에 2019년 상반기 환율 보고서부터는 악용 소지가 우려돼왔다.

앞에서 설명한 것처럼 중국이 환율조작국으로 지정되면 트럼프 대통령은 의회 승인 없이 행정명령으로 100퍼센트 보복 관세를 때릴 수 있다. 대중국 무역 적자와 재정 적자를 단 번에 메울 수 있는 획기적인 방법이지만 중심국의 대통령으로서 쉽게 결정할 문제는 아니다. 그렇기에 위안화 절하 대응 수단으로 찾아낸 것이 '상계 관세'다. 재무부 환율 보고서에서 위안화 절하 폭이 결정되면 상무부는 보조금으로 간주해 상계 관세를 부과할 것으로 예상된다.

중국의 대응이 중요하다. 보복 관세와 마찬가지로 앞으로 부과될 상계 관세를 위안화 추가 절하로 맞선다면 미중 당사국뿐 아니라 세계 경제에 최악의 상황을 몰고 올 수 있다. 화웨이 아웃에 공동 전선이 생기면서 글로벌 가치사슬이 빠르게 붕괴되는 여건에서는 더욱 우려된다.

한국 외환 시장에서는 위안화 환율과 관련해 묵시적인 마지노선이 있다. 위안달러 환율이 달러당 7위안선을 넘어서면 원달러 환율이 1,200원 위로 올라서고, 7.5위안선을 넘어서면 1,250원 이상으로 올라갈 것이라는 시각이다. 최악의 경우 8위안대로 넘어가면 1,300원대로 급등할 수 있다. 상황이 그렇게 되면 외자 이탈이 심해지면서 한국에 다시 금융 위기가 찾아올 수 있다.

수출채산성 모델, 경상수지 균형 모델, 환율구조 모델 등으로 위안화 가치의 적정 수준을 추정해보면 달러당 6.8위안 내외로 나온다. 미국과 중국이 자국의 이익을 가장 잘 반영하는 '스위트 스폿(Sweet Spot)'으로 이 수준을 겨냥해왔던 것도 이 때문이다. 위안화와 동조화 현상이 심한 원달러 환율도 이런 각도에서 예상해봐야 할 것이다.

신중해야 할 리디노미네이션

한동안 잠잠했던 '리디노미네이션' 논의도 재연되고 있다. 우려되는 부분은 세계 경기 10년 호항 종료, Fed의 출구 전략 추진 중단 등 대전환기에 논의되고 있다는 점이다. 지난 20년 동안 논의 차원에 그쳤던 리디노미네이션 문제가 2020년대에 들어서는 추진해야만 하는 대내외 여건에 몰릴 것으로 예상된다.

앞서 잠깐 언급했듯이 리디노미네이션이란 화폐 가치에 변화를 주지 않으면서 거래 단위를 낮추는 것을 의미한다. 한 그릇에 7,000원인 설렁탕 가격을 7원으로 표기하거나, 달러당 네 자릿수 원화 환율을 두 자릿수로 변경하는 식이다. 2005년 이후 신흥국들을 중심으로 마치 유행처럼 추진했던 리디노미네이션은 대부분 이에 해당한다.

한 국가에서 리디노미네이션을 단행할 경우 거래 편의 제고, 회계기장 처리 간소화, 인플레이션 기대 심리 차단, 대외 위상 제고, 부패 및 위조지폐 방지, 지하경제 양성화 등의 장점이 있다. 하지만 화폐 단위 변경에 따른 불안, 부동산 투기 심화, 화폐 주조 비용 증가, 각종 교환 비용 등 단점도 만만치 않다.

어수선할 때마다 리디노미네이션 논의가 재연되는 것은 한국 경제 위상에 맞지 않는 원화 거래 단위로 충격을 더 받는다는 이유에서다. 하드웨어 측면에서 한국은 선진국으로 분류된다. 무역액, 시가총액, 외환 보유액은 모두 세계 8~9위, GDP는 11~12위다. 30K-50M(1인당 소득 3만 달러, 인구 5,000만 명을 의미) 클럽에도 세계에서 일곱 번째로 가입했다.

그러나 부정부패 및 지하경제 규모 등으로 평가하는 소프트웨어 측면에서는 신흥국으로 분류된다. 독일의 국제투명성기구(TI)가 매년 발표하는 부패 인식 지수(CPI)를 보면 한국은 조사 대상 180개국 중 50위 내외로 하드웨어 위상에 비해 부패가 심한 국가로 평가된다. 화폐 단위도 1달러에 네 자릿수 환율을 유지하고 있어 우리보다 경제 발전 단계나 국제 위상이 훨씬 떨어지는 국가에 비해 '0'의 개수가 많다.

한국처럼 선진국과 신흥국 중간에 위치해 있는 국가는 대전환기에 쏠림 현상이 심하게 나타난다. 좋을 때는 선진국 대우를 받아 외국 자금이 대거 유입되다가, 나쁠 때는 신흥국으로 전락해 외자가 한꺼번에 빠져나가면서 큰 어려움이 닥친다. 경기순응성과 금융 변수 변동성이 심해진다는 얘기다.

리디노미네이션 논의가 재연되는 것도 외형상 선진국 지위에 맞게 부패를 척결하고 화폐거래 단위를 변경해 쏠림 현상을 줄이자는 목적에서다. 금융 위기 이후 화폐개혁을 단행한 국가들이 의외로 많다. 미국은 20달러, 50달러, 100달러짜리를 새롭게 도안해 2013년에 발행했다. 이듬해 일본은 20년 만에 1만 엔, 5,000엔, 1,000엔짜리 신권을 선보인데 이어 2015년에는 중국이 신권을 내놓았다.

화폐 거래 단위를 축소하는 리디노미네이션을 단행한 국가도 있다. 터키, 모잠비크, 짐바브웨, 북한 등이 대표적인 국가다. 2016년 11월 인도는 전체 화폐 유통 물량의 86퍼센트를 차지하는 구권 500루피와 1,000루피를 신권 500루피와 2,000루피로 교체하는 변형된 화폐개혁 조치를 공시했다. 국가부도 위기에 몰리고 있는 베네수엘라는 가상화폐의 첫 법화라고 볼 수 있는 '페트로(Petro)' 코인 발행 계획을 발표했다.

고액권 발행 중단 및 폐지 논쟁도 갈수록 거세지는 추세다. 2000년 캐나다와 2014년 싱가포르에 이어 2016년 5월 마리오 드라기 유럽중앙은행 총재는 유로화 최고권인 500유로 발행을 2018년 말까지 한시적으로 중단했다. 미국도 래리 서머스 전 재무장관을 중심으로 달러 최고권인 100달러를 폐지해야 한다고 주장했다.

또 다른 10년이 온다

최근 화폐개혁 논의에서 발견되는 공통적인 특징은 고액권에 초점을 맞추고 있다는 사실이다. 이유는 분명하다. 각국 국민의 화폐 생활에서 가상화폐와 대안화폐 비중이 높아짐에 따라 고액권일수록 화폐 기능을 제대로 수행하지 못하는 대신, 부패와 뇌물 그리고 탈루 수단으로 악용되고 있기 때문이다. 국가의 공식적인 화폐인 법화를 갖고 있으면 오히려 의심받는, 즉 하버드대학교 케네스 로고프(Kenneth Rogoff) 교수가 경고한 '현금의 저주(Curse of Cash)' 단계까지 이르고 있다.

중요한 것은 화폐개혁이 성공할 수 있느냐 하는 점이다. 미국, 일본을 비롯한 선진국은 신권을 발행해 구권을 교환하되 리디노미네이션을 병행하지 않아 성공했다. 하지만 신흥국은 리디노미네이션을 결부시켜 신권을 발행했다. 그 후 이들 국가는 부패와 위조지폐 방지, 대외위상 증가 등의 목적을 달성하는 것은 고사하고 물가가 폭등하고 부동산 투기가 거세게 불면서 경제가 더 불안해졌다. 터키, 모잠비크, 짐바브웨. 베네수엘라가 그랬고 2009년에 단행했던 북한도 실패했다.

법화의 시대에 있어서 신권을 발행하는 것만큼 국민의 관심이 높은 것이 없다. 일종의 화폐개혁에 해당하는 리디노미네이션을 단행할 경우 권력층과 부자일수록 더 그렇다. 이 때문에 경제가 안정되고 국민의 공감대가 형성돼야 신권 발행과 리디노미네이션 단행의 목적을 달성할 수 있다. 선진국은 이 전제조건의 성숙 여부를 중시했지만 신흥국은 부정부패가 심할 때 또는 베네수엘라의 니콜라스 마두로 대통령의 사례처럼 장기 집권을 위해 급진적인 리디노미네이션까지 병행해 단행했다. 전제조건 충족 여부보다 상황 논리에 밀리거나 특정 목적을 달성하기 위해 추진됐다는 의미다. 이 점이 결과의 차이를 가져왔다.

한국에서도 리디노미네이션 논의가 제기되는 이유는 경제 규모는 커진 데 반해 원화 화폐는 1962년 화폐개혁 이후 액면 단위가 그대로이기 때문이다. 대기업 회계에서 경(京) 원까지 심심찮게 나온다. 원화 거래 단위도 달러화의 1,000분의 1로 국제 위상과 맞지 않다. 리디노미네이션의 필요성은 충분히 일리가 있다. 하지만 최근처럼 어수선한 상황에서 리디노미네이션을 단행하거나 논의하는 것은 상당한 부작용이 예상된다.

한국에서 리디노미네이션은 2020년대에 국내 정세가 안정되고 국민의 공감대가 형성될 때 추진해야 한다. 화폐개혁이 실패한 신흥국처럼 어수선한 틈을 타 정치적 목적으로 추진한다면 오히려 한국 경제 위상이 더 떨어질 수 있다는 사실을 명심해야 할 것이다.

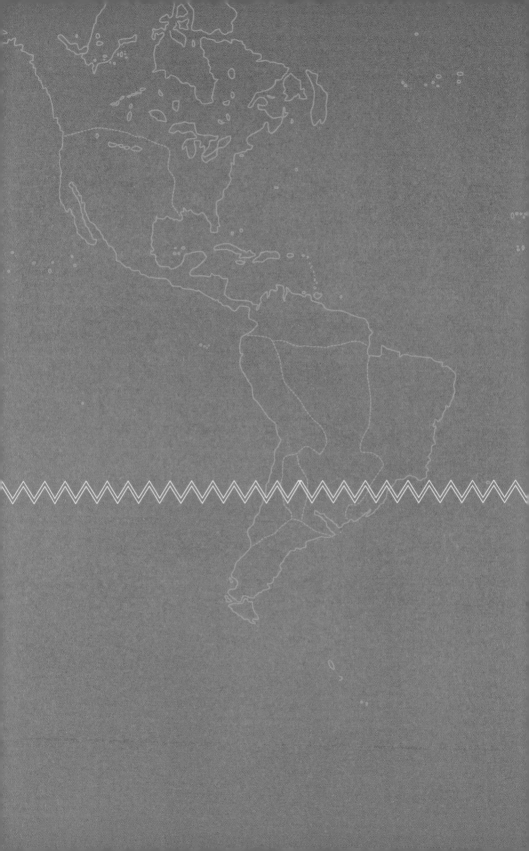

2020-2030 또 다른 10년

제7장

세계와 우리 모두의 미래

모든 제품은 그 '가치'대로 '가격'을 받아야 기업인들의 창업자정신이 고취되고 소비자들의 합리적 소비 행위가 정착될 수 있다. 법화의 신뢰를 회복하고 공간적 뉴 프런티어 시대에 맞게 시장 조성 여건과 경제 주체의 역할이 재조정돼야만 자원의 '희소성 법칙'의 본질이 살아나면서 시장 경제의 장점이 발휘될 수 있다.

예측 무용론을 잠재울 새로운 예측 기법

예측을 하는 가장 큰 목적은 경제 주체를 안내하기 위함이다. 이 목적을 제대로 수행하기 위해서는 추세가 맞아야 하고 실적치에 대비한 예측 오차율이 크게 벗어나지 않아야 한다. 그렇지만 두 요건을 충족시키는 예측 기관이 갈수록 줄어들고 있다. 틀려도 너무 자주, 그것도 큰 폭으로 틀리다 보니 '예측 무용론'까지 나오고 있는 상황이다.

한국 증권사의 예측을 예로 들어보자. 가장 먼저 지적되는 부분은 주가 예측이 시장 흐름에 너무 민감하다는 점이다. 다른 금융 변수와 마찬가지로 주가도 선제적으로 예측해야 본래의 목적인 시장 안정과 안내판 역할을 잘 수행할 수 있다. 지금처럼 시장 흐름을 쫓아 사후적·대증적으로 예측할 경우 오히려 혼란만 초래할 수 있다.

같은 맥락에서 주가 예측을 왜 그렇게 자주 수정하느냐 하는 지적도 단골로 등장한다. 직전 예측이 채 잉크도 마르기 전에 말을 바꾸는 정도가 아니라 너무나도 큰 폭으로 조정하는 사례가 잦아 도무지 이를 어떻게 받아들여야 할지 당혹스럽다고 토로한다. 한국의 증권사에 주가를 예측하는 기법이나 모델이 과연 있기나 한 것인지 의심스럽다고도 한다.

주가는 성장률과 같은 실물통계가 아닌데 구체적인 수치를 들어 예측하는 것에도 놀라워하고 있다. 다른 변수와 달리 주가는 '심리적' 요인에 의해 크게 좌우되기 때문에 수치를 들어 예측할 수 없으며, 설령 들어맞았다고 하더라도 큰 의미를 부여할 수 없다는 것이 이들의 시각이다. 투자 전략에 실질적으로 도움이 될 수 있도록 추세예측 중심으로 전환돼야 한다고 권고한다.

군집성 주가 예측 관행도 한국 증시에서 하루 빨리 사라져야 할 악습이라고 보고 있다. 군집성 주가 예측이란 전년도에 주가 예측을 잘한 사람의 시각으로 다음 연도 예측이 쏠리는 현상을 의미한다. 이들은 이런 예측 관행이 예측자가 자신감이 없거나 나중에 책임을 면하

또 다른 10년이 온다

기 위한 용도로 사용된다고 비판한다. 군집성 예측 관행이 주가에만 국한되는 것도 아니다. 한국에서 성장률을 전망하는 기관은 30개가 넘지만 아직도 한국은행이 제시한 전망치에 위아래 0.5퍼센트포인트 범위 내에 몰려 있다. 극단적인 표현이지만 한국에서 성장률을 내놓는 기관은 한국은행뿐이라고 국제 금융 시장에서 자주 지적돼왔던 것도 이런 이유에서다.

초불확실성 시대에 들어선다고 할지라도 예측이 반드시 틀리는 것만은 아닐 것이다. OECD의 선행 종합 지수(Composite Leading Index, CLI)는 중요한 고비 때마다 예측이 들어맞았다. OECD가 매월 발표하는 이 지수는 경기 순환에서 전환점에 대한 조기 신호를 제공하도록 설계된 것이 특징이다.

IMF의 기업 취약 지수(Corporative Vulnerability Index, CVI)도 금융 위기 이후 새로운 경기 예측 수단으로 각광받고 있다. 이 지수는 레버리지 비율, 기업 가치 변동성, 무위험 이자율, 배당률 등의 재무 지표를 이용해 산출된 것으로, 종전의 경기 진단 방법이 경제 상황과 정책 기조 등에 따라 달라질 수 있음을 감안해 만든 지표다.

한 국가의 경제와 증시는 고도의 복합 시스템이다. 이 같은 복잡성은 한국 증권사가 의존하는 몇 개의 선행지표로는 포착할 수 없다. 현재 미국 경제사이클연구소(이하 ECRI)의 예측 모델이 이 분야에서 세계를 평정할 정도로 정확했던 까닭은 '경제 사이클 큐브(Economic

Cycle Cube)'라는 다차원적인 모델 덕분이다.

ECRI의 경제 사이클 큐브 모델은 크게 경제 성장, 고용, 인플레이션으로 3차원을 구성한다. 경제 성장은 다시 무역과 국내 경제 활동으로, 국내 경제 활동은 각 부문별 장단기 경기 선행 지수로 구분한다. ECRI에서는 이 모델을 통해 100개 이상의 선행 지수를 통합함으로써 보다 정확하고 고객으로부터 신뢰받을 수 있는 예측 결과를 추론해낸다. 증시 입장에서 재구성하면 경기(경제 사이클 큐브의 3차원인 성장, 고용, 물가 포함), 기업 실적, 유동성이 3차원에 해당된다.

가장 중요한 1차원인 '세계 경기'의 경우 낙관론이 없는 것은 아니지만 IMF 등은 작년 2분기 이후 침체 국면에 진입한 것으로 보고 있다. 둔화 시점이 1분기 정도 빠른 감이 있지만 '세계 경기 10년 장기 호황 종료설'과 맥을 같이 한다.

2차원에 해당하는 '기업 실적'의 경우 2020년대 제4차 산업혁명이 주도할 것으로 예상되는 시대에서는 업종별 차별화 현상이 심해지겠지만, 전체적으로는 현 수준보다 개선될 가능성이 높다. 트럼프 정부가 경기 부양 차원에서 구상하고 법인세 2차 감면 등 각국이 감세 정책을 지속적으로 추진해나가면 같은 매출을 올리더라도 수익은 증가하기 때문이다.

3차원인 '유동성'을 보면 2020년대 초기에 각국 기준 금리는 현 수준이 유지되거나 다소 내려갈 가능성이 높다. 기준 금리 인하보다

또 다른 10년이 온다

금융 규제 완화에 따른 레버리지 투자의 부활, 저개발국과 구(舊)사회주의권 국가들의 자산 유동화 진전 등으로 증시 주변 자금은 늘어날 것이다. 2020년대 초반에 세계 증시가 경기 흐름보다 좋아질 것으로 보는 이유다.

최근처럼 경기 및 주가 판단이 어려워지면 한국은행 발표만 기다릴 게 아니라, 각국의 주요 예측 기관이 보다 정확하고 신속한 경기 진단과 예측 방안을 고안해내기 위해 노력하는 것을 국내 예측 기관과 증권사에서도 참조해야 한다.

GDP를 대체하는 경제지표 GO

1990년대 이후 한 국가의 경제 상황을 가장 종합적으로 판단하는 중심 경제지표인 GDP의 한계가 갈수록 노출됨에 따라 2020년대 들어서면 새로운 소득 추계 지표 개발 과제도 제기될 것으로 예상된다. GDP는 소유에 관계없이 자국 내 노동과 자본 등 모든 생산 요소를 결합한 최종 생산물의 총합인 생산활동지표다. 하지만 금융 위기 이후 경제적 측면에서 각국 간 경계가 무너지면서 지리적 경계선에 따라 구분되는 생산활동지표는 의미가 없어졌다.

각종 소득지표는 한 나라에 속한 모든 경제 주체가 일정 기간 동안

GDP 개념의 역사

시기	주창자	새로운 GDP 개념
1937년	미국 경제학자 사이먼 쿠즈네츠	미국 의회에 제출한 '국민소득, 1929~35'라는 보고서에서 GDP 개념 제시
1972년	부탄 국왕 지그메 싱예 왕추크	"GDP가 아니라 GNH(Gross National Happiness, 국민총행복)"라고 선언
1978년	미국 경제학자 로버트 서머스 등	영국 〈이코노믹저널〉에 처음으로 세계 100여 개국 국민의 1인당 GDP 추정치 발표
1990년	유엔(UN)	교육과 성평등, 건강 등의 요소를 측정하는 인간 개발 지수(HDI) 개념 발표
1991년	미국 상무부 경제분석국	미국이 GDP를 경제성장 중심지표로 채택해 발표함으로써 GDP 대중화 시작
1994년	한국은행 조사국	경제성장 중심지표를 GNP에서 GDP로 변경해 발표
1999년	미국 상무부 경제분석국	"GDP는 20세기 가장 위대한 발명품 중 하나"라고 평가
2010년	영국 데이비드 캐머런 총리	행복도 측정해 지표화하겠다는 계획을 영국 국민에게 천명
2013년	미국 상무부 경제분석국	연구개발(R&D) 비용과 지식재산권 등을 GDP에 포함하는 신 GDP 추계법 도입
2014년	영국	불법 마약과 매춘으로 인한 거래를 처음으로 공식 GDP에 포함시키겠다고 발표

자료: 한국은행, 경제지표 해설

새롭게 생산한 재화와 서비스의 부가가치를 금액으로 환산해 합산
한 것으로, 경제 수준을 종합적으로 평가하는 대표적인 거시경제지
표다. 포괄 범위 등에 따라 국민총생산(GNP), 국내총생산(GDP), 국

민순소득(NNI), 국민처분가능소득(NDI), 국민소득(NI), 개인가처분소득(PDI) 등으로 구분된다.

GDP가 처음부터 한 국가의 경제를 판단하는 절대적인 지표는 아니었다. 1940년대에 들어서야 GDP가 활용되기 시작했다. 특정국의 경제가 어떻게 돌아가는지 측정하려는 시도는 산업혁명과 자본주의의 태동으로 경제가 빠르게 성장하기 시작한 1800년대부터다. 미국 등 선진국에서 이 논의가 구체화된 것은 1930년대 대공황 시기였는데, 경제가 얼마나 망가졌는지 점검하고 부양책을 쓰기 위해서는 정확한 통계가 절실했기 때문이다.

1937년 미국에서 GDP의 원조격인 국민소득 통계가 처음 나왔지만 당시에는 크게 주목을 끌지 못했다. 1971년 노벨 경제학상 수상자 사이먼 쿠즈네츠(Simon Kuznets)는 처음으로 개인, 기업, 정부의 생산 활동을 더해 한 국가의 경제 규모를 판단하는 개념을 제시했다. 이후 GDP 개념이 나오면서 정확히 산출한 국내생산 규모를 토대로 효율적인 자원 배분이 가능해졌고, 이를 근거로 경제 정책을 추진할 수 있었다.

그러다가 거시경제 분석의 초점이 소득 측면에 맞춰지면서 GNP를 경제 성장의 중심지표로 삼게 되다가, 1990년대에 들어 글로벌화가 급격히 진전되자 GDP의 유용성이 더 높아졌다. 이 시기에 GDP가 GNP를 대체하기 시작한 배경은 글로벌화 진전과 다국적 기업들의 영향에 있었는데, 국제 자본 이동과 기술 이전이 활발해지다 보니 "우리 국민이 얼마나 벌었는가?"보다 "우리 땅에서 얼마나 물건을 만들었는가?"를 보는 것이 더 유용했기 때문이다.

다른 국가들도 경제 성장의 중심지표를 GDP로 바꾸는 것을 검토하게 됐다. 유럽의 OECD 회원국들은 1970년대 중반부터, 미국은 1991년, 독일은 1992년, 일본은 1993년부터 GDP를 경제 성장의 중심지표로 삼았다. 한국도 이 같은 국제 추세에 맞춰 1995년부터 경제 성장의 중심지표를 GNP에서 GDP로 변경해 지금까지 사용해오고 있다.

역사적으로 미국 경제의 흐름을 보면 GDP 통계를 완전하게 산출해 널리 이용한 이후 경제의 호황과 불황의 폭이 훨씬 작아졌음을 알 수 있다. 현재의 관점으로 미국의 GDP가 가장 크게 추락한 시기는 1932년의 13.1퍼센트 감소였으나, GDP 도입 이후 50년 중 가장 큰 폭의 하락은 2009년의 2.4퍼센트 감소에 불과했다. GDP 통계가 개발돼 경제 정책에 이용된 이래 과거와 같은 큰 폭의 경기 순환은 사라졌으며 예금 대량 인출, 금융 공황, 깊고 장기적인 경기 침체, 장기 실업 등도 발생하지 않았다. 미국 상무부는 GDP 통계라는 매우 유용한 경제지표를 제공함으로써 미국 경제의 안정화에 긍정적인 영향을 미쳤다.

1999년 12월 당시 미국 상무부 장관 윌리엄 데일리(William

Daley)는 Fed 의장 앨런 그린스펀과 대통령 경제자문위원회(NEC) 의장 마틴 베일리(Martin Bayley) 등과 함께 GDP 통계 편제를 20세기 경제 분야 최대의 업적으로 평가했다. "더 이상의 거시경제지표는 없다"라는 말이 나올 정도였다.

하지만 한 국가의 경제 상황을 파악하는 핵심지표로 자리 잡은 이후 GDP에 대한 비판이 없었던 것은 아니다. 이른바 '삶의 질' 논란인데, "국민의 행복은 GDP순이 아니잖아요"라는 차원에서 새로운 지표가 많이 개발됐다. 대표적으로 1972년 지그메 싱예 왕추크(Jigme Singye Wangchuck) 부탄 국왕은 'GNH(Gross National Happiness, 국민총행복)'라는 새로운 개념을 들고 나와 "GDP가 절대 목표는 아니다"라고 주장해 반향을 일으켰다.

그 후 이 논란이 지속돼오다가 금융 위기 이후부터는 국민행복 차원에서 GDP를 대체할 수 있는 새로운 지표에 대한 연구가 본격적으로 추진됐다. 2008년 당시 프랑스 대통령 니콜라 사르코지(Nicolas Sarkozy)가 2001년 노벨 경제학상 수상자 조지프 스티글리츠(Joseph Stiglitz) 등의 석학들을 초빙해 결성한 '스티글리츠 위원회'가 대표적이다. 이 위원회는 "GDP가 올라가도 국민이 행복하지 않다는 것은 지금까지의 통계 방식이 잘못됐기 때문"이라면서 '삶의 질'을 측정하는 새 지표를 개발하기 시작했다.

비슷한 시점에서 데이비드 캐머런 영국 총리는 "경제지표 이외에 행복 GDP 조사를 시작할 것"이라고 발표했다. 이 같은 배경에는 "GDP가 생산 과정에서 불거지는 부작용을 전혀 반영하지 못한다"는 지적이 깔려 있었다. 경제가 성장하다 보면 환경 파괴, 교통 체증, 범죄율 증가, 소득 불평등, 테러 등과 같은 사회적 비용이 발생하는데 GDP는 이런 비용을 반영하지 못하기 때문이다. 나아가 EU의 일부 회원국을 중심으로 불법적인 경제 활동이나 지하 경제도 GDP에 반영시키려는 움직임도 일어났다. 영국은 갈수록 급증하고 있는 성매매와 마약 거래를 GDP에 포함시키겠다고 발표했다. 이 분야에 가장 비중이 높은 이탈리아도 영국보다 한 달 앞서 약물, 성매매, 밀수 등을 GDP에 반영하겠다고 밝혔다.

가장 주목되는 것은 2014년 4월부터 미국 상무부가 처음으로 'GO(Gross Output, 총생산)'를 분기별로 발표하기 시작했다는 사실이다. GDP는 최종생산재만 계산하다 보니 중간재가 오가는 기업 간 거래를 제대로 파악하지 못하고, 소비의 비중이 너무 높아 경제 정책에 혼선을 준다는 판단에서였다. 중간재 생산까지 모두 합산하는 GO는 기업가의 활동이 얼마나 중요한지, 소비보다 저축과 투자가 얼마나 중요한지를 가늠할 수 있는 장점이 있다.

경제 활동을 판단하는 잣대인 GDP와 GO의 차이를 산에서 채취한 생나무로 가구 제품을 만드는 과정을 통해 이해해보자. 가구 제품을 만들려면 널빤지가 필요하고, 널빤지를 만들기 위해서는 통나무,

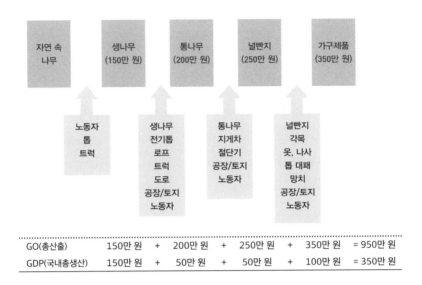

GDP와 GO와의 차이

| 자연 속 나무 | 생나무 (150만 원) | 통나무 (200만 원) | 널빤지 (250만 원) | 가구제품 (350만 원) |

| 노동자 톱 트럭 | 생나무 전기톱 로프 트럭 도로 공장/토지 노동자 | 통나무 지게차 절단기 공장/토지 노동자 | 널빤지 각목 옷, 나사 톱 대패 망치 공장/토지 노동자 |

GO(총산출)	150만 원	+	200만 원	+	250만 원	+	350만 원	= 950만 원
GDP(국내총생산)	150만 원	+	50만 원	+	50만 원	+	100만 원	= 350만 원

자료: 한국은행

통나무를 만들기 위해서는 생나무, 생나무를 채취하기 위해서는 나무가 있어야 한다. 이때 생나무, 통나무, 널빤지는 최종적으로 가구 제품을 만들기 위한 일종의 중간재인 셈인데, GDP는 최종소비재인 가구 제품의 가격만 따지지만 GO를 계산할 때는 생나무, 통나무, 널빤지, 가구 제품의 가격을 모두 합산해 산출한다. 그림에서 보는 바와 같이 동일한 생산 과정인데도 GDP로는 350만 원인데 반해 GO로는 950만 원으로, 중간 단계가 많으면 많을수록 GDP와 GO의 격차가 벌어지게 된다. 이 때문에 GO가 '만드는 경제', 즉 경제의 공급 측면을 잘 보여주는 잣대로 평가되고 있다.

GO는 기업과 소비자 사이의 거래(B2C)뿐 아니라 기업 간 거래(B2B)를 반영할 수 있고, 각 중간재 생산 단계에서 물가와 고용이 어떻게 변화했는지 따져볼 수 있다. 실제로 GO를 산출해보면 전체 경제에서 민간 소비가 차지하는 비중이 GDP보다 훨씬 작게 나온다. 미국 GDP에서 민간 소비가 차지한 비중은 70퍼센트 내외인데, GO 기준으로는 그 비중이 40퍼센트 아래로 떨어지고 기업의 투자 비중이 50퍼센트가 넘는 걸로 나온다.

2020년대 들어 GDP를 GO로 대체해나가고, 갈수록 경기 순환의 진폭과 주기가 짧아져 예측 환경이 달라지는 상황에서는 새로운 경기 판단과 예측 방안에 대한 관심이 높아질 것으로 예상된다. 금융위기 이후처럼 경기 판단과 예측이 어려워질수록 각국과 예측 기관이 보다 정확하고 신속한 경기 판단 방안을 고안해내기 위해 열을 올리고 있는 것도 동일한 맥락에서 이해된다.

희소성 법칙을 푸는 방법

"인간의 욕망은 무한하지만 이를 채워줄 수 있는 자원은 유한하다."

경제학 원론 첫 페이지를 열면 처음 접하는 자원의 '희소성 법칙(Law of Scarcity)'이다. 이 법칙을 어떻게 풀 것인지가 경제학의 알파(α)이자 오메가(ω)라고 해도 과언이 아니다.

우선적으로는 '시장 신호'에 의해 희소성의 법칙을 풀 수 있다. 특정 재화에 대한 욕망이 높은 시장 참가자는 높은 가격을 써낼 의향이 있고, 그 신호대로 해당 재화를 분배하면 된다. 가장 간단하고 이상적인 방법으로 여겨진다. 이 때문에 모든 경제 주체들이 시장 경제에 매력을 느낀다.

그런데 역설적으로 들릴지 모르지만, 간단하기 때문에 복잡하고 이상적이기 때문에 달성하기 어렵다. 완전 경쟁은 아니더라도 시장이 잘 작동되기 위해서는 공급자와 수요자 등 시장 참가자가 충분히 많아야 하고 제품의 질도 이질적이지 않아야 한다. 정보의 비대칭성도 크게 차이가 나서는 안 된다.

제품에도 '경합성'과 '배제성의 원칙'이 적용돼야 한다. '경합성'이란 특정 재화를 차지하기 위한 시장 참가자 사이의 경쟁을 말하며, '배제성'이란 가격을 지불한 시장 참가자들만이 특정 재화를 소비할 수 있는 것을 일컫는다. 이 같은 전제와 원칙이 지켜지지 않을 경우 시장에 맡기는 것이 더 안 좋은 결과를 낳을 수 있다. '시장 실패(Market Failure)'다.

금융 위기를 계기로 '합리적 인간'을 가정한 주류 경제학에 대한 회의론이 확산됐다. 인간은 합리적이라는 가정이 무너지면 자유와 창의를 바탕으로 한 시장 경제에도 변화가 올 수밖에 없다. 금융 위기와 같은 시장 실패 부문에 대해 국가가 개입할 수밖에 없다는 정당성을 부여해주기 때문이다. 시장과 국가가 경제 문제를 함께 풀어나가는 혼합 경제나 국가자본주의가 유행하고 있는 것도 이 때문이다. 희소성의 법칙을 '정부의 개입'으로 풀 수 있다는 개념이다.

경제학을 조금만 접해본 사람이라면 누구나 다 아는 이야기를 다시 거론하는 까닭은 최근에는 보다 더 근본적인 곳에 문제가 생기고 있기 때문이다. '시장 신호'든 '정부 개입'이든 간에 자원의 희소성 법칙을 해결하기 위한 경제 주체인 인간은 '합리적'이어야 하고, 제품의 '가치'와 '가격'은 일치돼야 한다는 양대 전제 말이다.

시장에서 인간의 합리성은 갖고자 하는 특정 재화와 제품의 가치와 가격으로 나타난다. 제품의 가치에 합당한 가격(돈)을 지불하면 '합리적'이고, 그렇지 못할 경우 '비합리적'이라고 판단한다. 화폐의 3대 기능인 교환의 매개, 가치 저장, 회계 단위 중 가치 저장 기능이 가장 중시되는 것도 이 때문이다.

하지만 금융 위기 직후처럼 돈이 많이 풀리면 가치 저장 기능이 약화되면서 제품 가치와 가격 사이에 괴리가 발생한다. 이때는 특정 재화에 돈이 너무 많이 몰려 해당 재화의 가치에 비해 가격이 높게 형성되기 때문에 "인간은 합리적이다"라는 전제가 시장에서 깨진 것으로 비친다. 보상(pay-off)이 크게 차이 나는 빅 게임 이론으로 보면 제품 가치에 비해 돈을 많이 번 기업가는 이른바 '대박'이고, 가치에 비해 돈을 더 많이 지불한 소비자는 '쪽박'인 셈이다.

반대의 경우도 흔하다. 특정 재화의 가치에 비해 가격이 너무 낮게 형성되는 경우다. 수확 체증의 법칙이 적용되는 IT와 인터넷의 발전으로 증강현실 시대가 가능해짐에 따라 자원의 공간적 한계가 넓어지고 있다. 경제 주체가 공간적 뉴 프런티어(New Frontier)에 나서면서 "자원은 유한하다"는 또 하나의 전제가 무너진 것처럼 착각에 빠져들게 한다.

상품의 공간도 무너지고 있다. 글로벌화 진전과 인터넷 등의 발달로 각국의 시장이 하나로 통합되면서 만성적인 공급 과잉 시대가 됐다. 이때에도 가격 파괴 경쟁이 격화되면서 제품 가치와의 괴리 현상이 발생한다.

희소성 법칙의 양대 전제가 무너진 셈이므로 제3의 방안이 동원돼야 한다. 금융 위기 직후 각국 중앙은행은 돈을 많이 풀어 경제 주체로 하여금 '화폐 환상'에 빠지게 함으로써 자원을 인위적으로 배분해왔다. 종전의 재원 배분 기능이 작동되지 않는 여건에서 위기를 극복하고 경기를 살려야 한다는 명분 때문이었다.

돈을 많이 푼 것에 따른 부작용이 있어야 하는데 의외로 크게 나타나지 않았다. 가장 우려한 물가 상승에도 별 다른 변화가 없다. 한시적으로 추진해야 할 비상 대책인 '제로 금리'와 '양적 완화' 정책을 위기가 발생한 지 10년이 지났음에도 각국 중앙은행이 이 유혹에서 벗어나지 못하고 계속 시행하는 이유도 여기에 있다.

모든 제품은 그 '가치'대로 '가격'을 받아야 기업인들의 창업자정신이 고취되고 소비자들의 합리적 소비 행위가 정착될 수 있다. 법화의 신뢰를 회복하고 공간적 뉴 프런티어 시대에 맞게 시장 조성 여건과 경제 주체의 역할이 재조정돼야만 자원의 '희소성 법칙'의 본질이 살아나면서 시장 경제의 장점이 발휘될 수 있다.

저무는 중앙은행 만능 시대

리먼 사태 이후 '금융 위기 극복'이라는 미명 아래 돈을 무제한으로 풀고 금리를 마이너스 수준까지 떨어뜨린 '중앙은행의 만능 시대'가 끝나가고 있다. 각국 중앙은행 총재의 입지도 크게 약해져 예전처럼 소신 있는 행동이 눈에 띄지 않는다. '큰 정부론'이 국민들로부터 힘을 얻으면서 이를 핵심으로 하는 재정 정책으로 넘어가는 분위기다.

선도하는 국가는 미국이다. 2017년 출범한 도널드 트럼프 정부는 '미국의 재건'을 위해 도로, 철도, 항만, 항공 등 낙후된 SOC를 복구하는 데 주력해왔다. 앞서 설명했듯이 케인스 이론이 태동한 1930

년대 대공황 당시 루스벨트 정부가 추진했던 정책과 유사해 '트럼프-케인시언 정책'이라고도 부른다.

유럽도 2019년 4월부터 양적 완화 규모를 줄이면서 재정 정책과 분담시켜나가고 있다. 일본은 하마다 고이치(浜田宏一) 미국 예일대학교 명예교수가 이론적 근거를 제시했던 금융 완화 중심의 1단계 아베노믹스를 마무리하고, 아베 총리의 또 다른 측근 혼다 에츠로(本田悅朗) 스위스 대사의 조언대로 2단계 재정 정책을 추진할 움직임을 보이고 있다.

중국은 매년 경제 정책 방향을 결정하는 중앙경제공작회의(中央經濟工作會議)에서 재정 정책을 적극 활용해 13차 5개년 기간 중 목표 성장률(6.5~7퍼센트에서 6~6.5퍼센트로 하향 조정)을 달성해나간다는 계획이다. 한국도 대외적인 통화 정책 여건을 감안하면 더 이상의 추가 금리 인하는 어렵다고 보고 여유가 많은 재정 정책을 활용해 성장률을 끌어올린다는 방침이다.

어쨌거나 중요한 것은 재정 정책의 효과다. 케네스 로고프 교수와 같은 재정 적자 축소론자는 국채 발행을 통해 공공 지출을 늘리면 국채 소화 과정에서 상승한 금리로 인해 소비와 투자가 감소하는 '구축 효과(Crowding-out Effect)'가 발생해 경기가 의도한 대로 회복되지 못한다고 우려한다. 그렇기 때문에 적자 축소에 정책 우선순위를 둬야 한다는 주장이다. 이를 '로고프 독트린(Rogoff Doctrine)'이라고 부른다.

반면 폴 크루그먼 교수와 같은 경기 부양론자는 불확실성 시대에서는 중앙은행이 양적 완화 등을 통해 돈을 무제한 푼다고 하더라도 국채와 같은 안전 자산에 들어가 실제 경기 회복에 도움이 되지 않는다고 말한다. 따라서 국채 공급을 늘려 투자자의 안전 자산 선호 경향을 완화시켜주면 돈이 실물 경제에 유입돼 경기 회복에 도움이 될 수 있다고 강조한다. 이를 '크루그먼 독트린(Krugman Doctrine)'이라고 부른다.

역사적으로 재정승수(fiscal multiplier)는 1930년 당시 '3배'를 상회하다가 줄어들고 있긴 하지만 그래도 여전히 '1배'는 웃도는 것으로 나온다. 미국 경제학계에서는 대부분 '1~2배' 사이로 보고 있다. 미국 의회예산국(CBO)은 2.2배로 추정하기도 한다. 이 때문에 '재정적자 축소' 대 '금융 완화' 논쟁 속에 갈수록 재정 정책을 통해 경기를 부양하는 쪽으로 입장을 선회하고 있다.

경기 부양론자들도 재정 정책이 위험할 수 있다는 사실을 인정한다. 종전보다 재정 지출을 늘려 총수요를 자극하는 케인시언 정책이 화려하게 부활할 가능성은 적다는 의미다. 1980년대 중반 이전 회복기에는 성장률이 2~4퍼센트포인트 높아지면 곧바로 고용이 늘어났다. 그래서 지표경기가 살아나면 체감경기까지 개선돼 재정 지출을 최소한으로 줄일 수 있었으며, 경기가 회복되자 재정 수입이 증가하면서 재정 적자가 축소됐다.

그러나 금융 위기 이후에는 재정 정책으로 성장률이 높아져도 고용이 늘지 않아 지표경기와 체감경기 사이의 괴리가 심하게 발생했다. 이때 높아진 성장률만 감안해 금리 인상 등과 같은 출구 전략 또는 긴축 정책을 급하게 추진하면 체감경기는 더 악화된다. 재닛 옐런 전 Fed 의장은 2015년 12월 이후 금리를 올릴 때마다 달러 강세와 함께 이 점을 가장 우려해왔다.

반대로 체감경기를 개선하기 위해 재정 지출을 오랫동안 지속하다 보면 재정 적자와 국가 채무, 인플레이션에 시달릴 가능성이 높아진다. 2020년대에는 한 국가에서 동일한 시점에 인플레이션(재성 인플레이션이라 부른다)과 디플레이션 요인이 공존하는 '바이플레이션(Biflation)' 문제가 새로운 연구 과제로 부각될 가능성이 높다.

미국 경제 정책 역사상 경기 부양, 재정 적자, 인플레이션을 함께 풀어서 성공한 사례가 많다. 1990년대 후반 클린턴 정부가 추진해 재정 및 물가 안정 속에 높은 성장률을 기록함으로써 '신경제' 신화를 낳았던 '페이-고(Pay-Go)' 원칙이 대표적이다. 이 원칙은 재정 지출 총량은 동결하되 지출 내역에서 경기 부양 효과가 적은 쪽은 '삭감해(pay)' 그 삭감분으로 경기 부양 효과가 높은 쪽을 '밀어주는(go)' 방식이다. 클린턴 정부는 이를 통해 경기를 회복하고 재정 적자도 축소할 수 있었다.

재정 인플레이션 문제도 감세 정책으로 충분히 방지할 수 있다고 보고 있다. 1980년대 초 제2차 오일 쇼크 여파로 '스태그플레이션'이라는 정책적으로 대응하기 어려운 상황에 빠진 미국 경제를 구해냈던 것이 '레이거노믹스'다. 앞에서 잠깐 언급했듯이 '공급 중시 경제학'이라는 새로운 경기 대책으로 자리 잡은 감세 정책의 이론적 토대인 '래퍼 곡선'을 보면, 세율과 재정 수입 간 비례 구간을 '표준 지대', 반비례 구간을 '비표준 지대'라고 부르는데, 현재 세율이 비표준 지대에 있을 때에는 세금을 내려주는 것이 일하고자 하는 의욕을 제고시킨다. 이에 따라 성장률이 높아지고 재정 수입이 늘어난다.

감세 정책으로 재정 인플레이션 우려를 완화시키는 방식은 노동 시장과 생산함수에 의해 도출되는 '총공급(Aggregate-Supply, AgS)' 그리고 'IS(I: 투자, S: 저축) 곡선' 및 'LM(L: 유동성 선호, M: 화폐 공급량) 곡선'에 의해 도출되는 '총수요(Aggregate-Demand, AgD)' 곡선을 통해 보면 쉽게 이해된다. 세금 감면으로 총공급 곡선이 우측으로 이동하면 성장률은 높아지고 물가는 떨어진다. '트럼프 쇼크', '트럼프 트라우마', '트럼프 리스크'로 표현하며 비교적 큰 폭으로 떨어질 것이라고 전망한 미국 증시가 트럼프 당선 이후 강한 상승세를 보인 것도 이 때문이다.

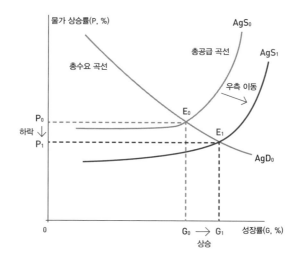

총공급 곡선과 총수요 곡선에 따른 경기 변화

은퇴하는 리보

금융 위기 이후 지금까지 Fed를 비롯한 각국 중앙은행의 통화 정책은 기준 금리를 올릴지 내릴지, 즉 '금리 변경'에만 관심이 높았다. 그렇지만 2020년대에 들어서는 금리 변경보다 '금리 교체'가 더 주목을 받을 것으로 예상된다. 1960년대 중반 이후 대표적인 국제 기준 금리로 활용돼온 '리보(London Inter Bank Overnight Rate, LIBOR)'가 새로운 기준 금리로 대체되고 있기 때문이다. 리보란 영국 런던에 있는 국제은행들이 서로 단기 대규모 자금을 거래할 때 적용하는 금리를 말한다. 이 리보를 통해 50년 동안 국제 금융 시장 상황을 파악해왔다. 그런데 이를 바꾸려는 것이다.

금리 교체는 말 그대로 종전의 기준 금리를 새로운 기준 금리로 대체하는 것을 뜻한다. 대표 금리였던 리보 금리가 교체되는 이유는 각종 조작 사건에 휘말리면서 금융 거래의 생명이라고 할 수 있는 신뢰가 땅에 떨어졌기 때문이다. 시기별로는 금융 위기 이후에 더 심했다. 2008년 미국 상품선물위원회(CFTC) 수사를 시작으로 2009년 영국 금융감독원(FSS)과의 수사 공조, 2012년 영국 바클레이즈은행(Barclays Bank)에 첫 벌금 부과, 그리고 2015년에는 도이체방크(Deutsche Bank)에 25억 달러의 벌금이 부과됐다. 끊이지 않는 조작 사태에 당사국인 영국은 2021년까지 리보 퇴출을 결정했다.

G20, Fed 그리고 영국의 중앙은행인 잉글랜드은행을 중심으로 리보를 대체할 새로운 기준 금리를 연구해왔다. 가장 먼저 제시된 것은 미국의 담보부 조달 금리인 'SOFR(Secured Overnight Financing Rate)'이다. 시장 참여자의 실제 거래 금액을 감안한 중간 금리라는 점은 리보와 비슷하다. 그런데 무담보인 리보와 달리 SOFR은 담보부 금리인데다 익일물 확정 금리라는 점에서 차이가 있다. 하루 평균 거래 금액도 최소 8,000억 달러가 넘어 5억 달러에 불과한 리보와 액수 면에서 큰 차이가 있다. 사실상 조작은 불가능해진다.

앞으로 SOFR가 기준 금리로 사용될 경우 국제 금융 시장에 커다란 변화가 일어날 가능성이 높다. 조달 기준 금리를 어느 국가의 것으로 하느냐에 따라 국제 금융 중심지가 이동되기 때문이다. 1990년대 후반 아시아 외환 위기가 발생하기 이전까지만 하더라도 국제 금융 시장에서 자금을 조달할 때 리보를 기준 금리로 삼아왔다. 국제 금융 중심지가 '런던'이었다는 얘기다. 이후 리보가 조작 사태에 수시로 휘말림에 따라 미국 재무부 증권 금리로 대체되면서 '뉴욕'이 부상했다. 2021년 리보 퇴출 이후 SOFR로 완전히 대체된다면 국제 금융 중심지로서의 뉴욕의 위상은 한층 더 높아질 것이다.

위기를 느낀 영국도 2021년 폐지 방침을 밝힌 리보를 대신해 'SONIA(Sterling Over Night Index Average)'를 새로운 기준 금리로 검토해왔다. 하지만 결정 방식이나 무담보라는 점에서 리보와 별다른 차이가 없다는 비판을 받아왔다. 환매 조건부 채권 거래 '레포(Repo, Repurchase Agreement)' 지수를 통한 기준 금리도 검토했지만 다른 금리와의 연계성에서 한계를 갖고 있다. 미국도 레포 금리 도입 후 당초 예상치 못한 테일 리스크가 수시로 발생해 금융 시장을 혼란시켜 곤혹을 치렀다. 영국은 브렉시트까지 겹치면서 채권 시장마저 독일 프랑크푸르트에 빼앗기고 있다.

리보를 대신해 SOFR을 대체하는 문제와 별도로 Fed는 종전의 기준 금리로 사용해왔던 연방 기금 금리 'FFR(Federal Fund

Rate)'을 익일 환매 금리 'ON RRP(Overnight Reverse Repurchase Agreement Facility)'로 대체하는 방안을 검토한 후 2015년부터 보조지표로 삼아왔다. 통화 정책상 기준 금리로 갖춰야 할 기능이 FFR보다 뛰어나 2020년대에 들어서는 Fed가 통화 정책을 추진할 때 새로운 기준 금리로 대체될 것으로 전망된다.

SOFA, SONIA, ON RRP 등이 새로운 기준 금리로 도입되기 위해서는 최소한 3가지 조건이 전제돼야 한다. 첫 번째는 국제 금융 시장을 상징할 수 있을 정도의 대표성이 있어야 한다는 것이며, 두 번째는 인식 차원에서 누구나 공감할 수 있을 정도의 보편성을 지녀야 한다는 것이다. 그리고 가장 중요한 세 번째 조건은 국제 금융 시장에서 존재하는 각종 금리 사이의 체계에서도 기준 금리가 돼야 한다는 것이다. 그래야 새로운 기준 금리가 국제 금융 시장의 움직임을 잘 반영할 수 있기 때문이다.

앞으로 새로운 기준 금리가 도입되기 위해서는 국제 금융 시장의 거래 규모부터 늘릴 수 있는 정책적인 지원이 필요하다. 인프라 측면에서도 중층적인 발전을 도모해야 한다. 시장 참여자의 능력을 배양하는 동시에 국제화에도 노력해야 한다. 이런 점을 감안할 때 새로운 기준 금리가 도입되는 초기에는 부작용이 예상되지만 뉴 앱노멀 시대 국제 금융 시장이 한 단계 더 도약하기 위해서 반드시 추진해야 할 과제다. 한국도 새로운 기준 금리가 도입될 때를 대비해 제반 과

국내외 구글세 도입 추진 현황

구분	주요 정책 및 법안	시기	비고
영국	조세 회피 기업에 매출 25퍼센트에 해당하는 구글세 도입	2015년 4월	향후 5년간 약 2조 500억 원 추가 세수 확보 전망
호주	소득세법에 국경을 넘는 이전 가격 관련 가이드라인 적용	2011년	2013년 호주 구글 법인세 707만 달러 징수
스페인	지식재산권법 개정안 통과	2014년 10월	구글세 회피 목적 구글 뉴스 서비스 제공 중단
한국	구글 및 애플 앱 마켓 거래 앱에 10퍼센트 부가가치세 부과	2015년 7월	협의의 구글세

자료: 한국경제신문

제를 지금부터 착실히 준비해나가야 한다.

구글세에 거는 기대

2020년대에 들어 '구글세(Google Tax)' 도입 논의가 본격화될 전망이다. 구글세란 구글 등 다국적 IT 기업을 대상으로 부과되는 세금을 말한다. 막대한 이익을 올리고도 조세 조약이나 세법을 악용해 세금을 내지 않던 다국적 기업에 대한 대응 전략에서 나왔다.

2014년 10월 초 페루 리마에서 열린 G20 재무장관 회의에서 구글세 도입의 근거인 국가 간 '세원 잠식 및 소득 이전(Base Erosion and Profit Shifting, 이하 BEPS)'에 관한 대응 방안이 승인됐다. 구글세 도입은 국제 조세제도 역사상 획기적인 사건으로, 각국 조세행정과 재정수지 그리고 산업별·업종별 증시 명암에 커다란 영향을 미칠 것으로 예상된다. 구글세가 부과되면 로봇세도 도입될 수 있다.

구글세는 2가지 개념으로 구분된다. 하나는 '협의'의 개념으로 신문사 등이 제공한 뉴스 콘텐츠를 활용해 트래킹을 일으킨 포털 사이트가 광고 수익이 생길 때 세금 형태로 징수하는 저작료 또는 사용료다. 구글세라는 이름도 대표적인 사이트가 구글이어서 붙여진 것이다. 한국과 스페인 등에서 지금까지 부과된 구글세는 대부분 이 개념에 속한다.

다른 하나는 구글, 애플, 아마존 등과 같은 다국적 IT 기업들이 고세율 국가로부터 얻은 지식재산권 사용료나 이자 등을 저세율 국가의 자회사로 넘기는 식의 조세 회피를 막겠다는 취지다. 이때의 핵심은 이전 가격을 활용한 다국적 IT 기업의 조세 회피를 원천봉쇄하는 데 있다. BEPS의 대상이 되는 구글세는 이 개념인데, 미국과 프랑스를 중심으로 각국 간 분쟁의 새로운 불씨가 되고 있다.

다국적 IT 기업은 국가 간 법인세율 차이를 악용해 세금을 회피해왔다. 금융 위기 이후 더 심각해졌다. 고세율 국가에 있는 해외 법인이 거둔 이익을 지식재산권 사용료 등의 명목으로 저세율 국가에서 활동하는 자회사로 넘겨 비용을 공제받는 방식이 주로 활용됐다. 그것을 앞으로는 지급 사용료나 수수료의 적정성을 따져 비용 공제를 인정해주지 않기로 합의한 것이다.

간단한 예로 다국적 IT 기업의 상징격인 구글이 세금을 피해가는 과정을 단계별로 살펴보자. 사전 준비 단계로, 세금이 없는 조세 회피 지역에 사무실을 차리고, 그곳에서 자회사 (이를테면) '구글 룩셈부르크'를 설립한다. 구글 룩셈부르크는 전세계 구글이 벌어들이는 소득이 모이게 될 장소다.

다음은 소득 이전 단계로, 구글 본사는 룩셈부르크에 미국을 제외한 해외 법인의 지식재산권 등 모든 원천소득을 넘긴다. 확보된 지식재산권 등을 활용해 구글 룩셈부르크는 전세계 구글 서비스를 제공하는 모든 해외 법인으로부터 거액의 로열티를 받는다. 구글 본사 소재국인 미국은 세원 잠식을 당하는 대신 자회사가 있는 룩셈부르크는 소득 이전이 발생한다.

최종 조세 회피 단계로, 받은 로열티에 대해서 법인세를 내는 게 원칙이지만 구글 룩셈부르크는 조세피난처인 룩셈부르크에서 모든 업무를 총괄하므로 이 나라의 세법을 적용받는다. 조세피난처의 법인세율은 매우 낮거나 아예 부과하지 않는 경우도 있어 세금을 적게 내거나 한 푼도 안 낼 수 있다. 구글 본사가 로열티를 받았다면 미국 세법의 적용을 받아 높은 법인세가 부과될 것이다.

구글세와 관련해 이자 비용 공제 제도도 대폭 강화됐다. 해외 법인의 자본을 최소화하고 대출 이자로 얻은 수익을 빼먹는 것을 방지하기 위해 이자 비용을 상각 전 영업이익(EBITA, 기업의 현금 창출 능력)의 10~30퍼센트 이내로 제한했다. 조세피난처에 자회사나 페이퍼 컴퍼니를 세워 우회 투자를 통해 조세 회피나 절세를 하는 행위도 차단될 전망이다. 국가 간 조세 협약의 허점을 악용해 이자 배당세나 주식 양도세를 최소화하려는 우회 투자 관행에 제동을 걸어 '제2의 론스타' 사태를 예방하겠다는 것이 주된 목적이다.

OECD는 1990년대부터 조세피난처에 대한 세금 부과 방안을 고심해왔다. 2000년대 들어 다국적 IT 기업을 중심으로 이 지역을 통한 조세 회피가 급증함에 따라 G20과 공동으로 프로젝트를 수행했고 그 결과를 'BEPS 대응 관련 최종 보고서'를 통해 발표했다. 상당한 난항이 예상됐던 구글세 도입 방안이 이처럼 빠르게 진전되는 데는 다국적 기업들의 조세 회피 규모가 상상을 초월할 정도로 불어나고 있기 때문이었다. OECD는 BEPS로 인한 법인세 수입 감소액이 매년 전세계 법인세 수입액의 4~10퍼센트에 달하는 것으로 추정하고 있다.

더욱 우려되는 것은 빠른 시일 내 적절한 대책이 마련되지 않을 경우 해가 갈수록 이 같은 상황이 기하급수적으로 늘어날 것이라는 점이다. 2020년대에 들어서는 BEPS로 인한 법인세 수입 감소액이 1

조 달러가 넘을 것이라는 예측도 나오고 있다. 또한 지금까지 IT 업종을 중심으로 이뤄지는 조세 회피 행위가 다른 업종으로 확산될 가능성도 크다.

앞으로 각국이 구글세를 본격적으로 도입하면 재정수지 개선에 크게 기여할 것으로 기대된다. 금융 위기 이후 경기침체에 다른 세수 감소와 경기 부양 차원의 대규모 재정 지출로 수많은 국가들이 막대한 재정 적자와 국가 채무에 시달리고 있기 때문이다. 일본의 국가 채무는 GDP 대비 250퍼센트에 달할 정도다.

본격적인 인터넷 시대를 맞은 1990년대 이후 지속적으로 악화돼 왔던 IT와 제조업 사이의 불균형을 해소하는 데에도 효과가 있을 것으로 기대된다. IT 산업에는 '수확 체증의 법칙', 제조업에는 '수확 체감의 법칙'이 적용된다. IT 기업에 대해 구글세가 부과되지 않으면 명백한 특혜로 두 업종의 속성상 불균형은 더욱 심해질 수밖에 없다.

날로 심각해지는 청년 실업과 이에 따른 네오 러다이트 운동 등 기형적인 IT 급성장에 따른 사회 병리 현상을 줄이는 데에도 기여할 수 있을 것이다. 금융 위기 이후 각국이 추진해온 제조업 부활 정책을 구글세 도입 논의와 같은 맥락에서 보는 것도 이 때문이다. 증강현실 시대를 맞아 감소될 것으로 예상했던 뇌물 공여가 오히려 증가하는 이른바 '부패의 수수께끼'도 풀릴 것으로 기대된다.

본격화되는 뉴 프런티어 경쟁

북극의 빙하가 예상보다 빠르게 녹으면서 북극 항로와 자원을 개발하려는 국제사회의 경쟁, 이른바 또 다른 의미의 '뉴 프런티어' 경쟁이 갈수록 치열해지고 있다. 지금까지는 두꺼운 얼음층과 빙산 충돌 위험 때문에 수에즈 운하를 통해 거리상으로 치면 1만 킬로미터를 우회해 이동했다. 그러나 지구온난화의 가속화로 북극 항로의 이용 가능성이 높아져 항해 거리 단축, 연료 절감, 운임·운송에 대한 단가 절감 등이 가능해졌다(물론 이는 기후변화에 따른 심각한 문제들과는 다른 차원의 논의다).

북극의 빠른 해빙으로 북극해 항로 통과 수송과 더불어 자원 개발 가능성이 증대돼 북극 항로의 상업적 개설도 10년 이내로 앞당겨질 전망이다. 현재 자원 개발 프로젝트가 활발히 추진되고 있어 2020년대에 들어서는 북극해 자원 개발로 생산될 자원의 해상 수송 수요가 급증할 것으로 예상된다. 북극 관광도 마찬가지다.

북극 항로가 활성화되면 컨테이너 화물 해상 운송 체계의 지각변동이 일어날 가능성도 높다. 현재 세계 경제에서 공산품 이동을 주도하고 있는 나라는 미국, 북유럽, 일본, 중국 등으로, 컨테이너 화물의 생산지와 소비지가 모두 지구의 북반구 지역이었다. 그럼에도 불구하고 컨테이너 화물을 운송하는 선박들이 북극해를 향해 곧바로 항해할 수 없기 때문에 어쩔 수 없이 지구 남반구의 수에즈 운하를 이용하는 장거리 물류 체계가 형성돼왔다.

그런데 북극 항로가 활성화되면 동북아 지역과 북유럽 지역 사이의 화물 수송 체계가 수에즈 운하를 경유하는 남반구 네트워크에서 북극해를 경유하는 북극 네트워크로 전환될 수 있다. 북극 항로는 북극 신흥 광구에서 생산된 자원의 수송량 증가, 해빙으로 사라진 영구적 동토층 위에 설치된 기존 지상 파이프라인을 대체할 해상 운송 물량 증가라는 2가지 측면에서 북극 자원 해상 수송량이 확대될 전망이다.

북극 항로 개발 초기에는 '벌크 화물'에 대한 수요가 많을 것으로 예상된다. 참고로 해상 운송 분야는 크게 컨테이너 부문과 벌크 부문으로 나눌 수 있는데, 벌크 화물이란 곡물, 광석, 원유, 목재와 같이 포장되지 않은 채 대량으로 수송되는 화물을 말한다. 벌크 화물 수요를 먼저 예상하는 이유는 수송 조건이 간단하고 별도의 포장 과정 없이 곧바로 선박에 실을 수 있기 때문이다. 세계 에너지 및 광물 자원 고갈, 세계 최대의 자원 소비 국가들의 자원 공급 등을 위해 북극해가 마지막 대안 지역이 될 가능성도 높다.

북극해가 녹고 있다는 사실은 새로운 해로(海路) 개통과 북극의 자원 개발이라는 각기 다른 이슈를 발생시킨다. '인류의 마지막 보고(寶庫)'라고 말할 정도로 이 지역에는 많은 양의 자원이 매장돼 있는 것으로 추정된다. 2020년대에 들어서는 전세계 어획량의 40퍼센트 내외가 북극해에서 이뤄진다는 전망도 있다. 식량 부족에 봉착한 상황에서 '신(新)북극 시대'가 올 것으로 예상된다.

해빙과 함께 석유 및 천연가스 탐사와 시추 기술이 발달하면서 북극 지역에 매장된 자원에 대한 관심이 증대되고 있다. 북극 지역에는 전세계 미발견 석유 및 가스 자원량의 22퍼센트에 해당하는 4,120억 배럴이 매장되어 있다고 추산된다. 참고로 '발견' 자원은 시추 후 지표로 분출된 석유 등의 표본 추출을 통해 유동량이 확인된 것을 말하며 '미발견' 자원은 발견된 자원 이외의 것을 의미한다. 전체 매장량은 두 자원을 모두 포함한다. 현재 러시아, 미국 알래스카, 캐나다, 노르웨이 등을 중심으로 여러 대형 매장지가 개발돼 생산 단계에 진입했다.

북극에는 화석연료 외에도 2조 달러 이상의 철광석, 구리, 니켈 등과 함께 금, 은, 다이아몬드, 아연 등의 고부가가치 광물 자원과 한류성 수산 자원이 풍부하다. 그린란드에는 희소 금속을 비롯해 매장된 광물 자원의 종류와 양이 풍부한 것으로 알려져 있다.

2020년대에 들면 해빙 기간과 지역이 확대되고 북극 지역 자원의 가격 경쟁력이 향상될 것으로 전망된다. 북극 지역의 원유 생산 비용은 배럴당 20~60달러 수준으로 현재 세계 3대 유종인 서부텍사스유, 브렌트유, 두바이유 시세를 하회해 충분히 경쟁력 있다. 경우에 따라서는 북극산 원유가 세계 4대 유종으로 편입될 가능성도 있다. 미국, 캐나다, 러시아, 노르웨이, 덴마크의 북극 연안 5개국은 북극 자원 개발을 선점하기 위해 국가 차원의 개발 전략을 추진 중이다(개발 전략에는 북극 지역에 대한 영유권 강화, 자원 개발을 위한 대륙붕 확장, 환경보호, 지역 경제 활성화 등이 공통적으로 포함된다).

북극 항로가 가시권에 들어오면서 북극해 인접 국가도 발 빠르게 움직이고 있다. 연안국 중 가장 적극적으로 탐사 개발에 참여하고 있는 러시아는 '북극 지역 러시아 전략 자원 기지전환(남진 정책)'을 공식화했다. 노르웨이는 북극해 자원 개발과 함께 북극 항로에 노르딕 바렌츠호 운항을 성공시켜 북극 항로의 운항 여건 및 경제성 분석 등에 대한 자료를 축적해왔다. 아이슬란드는 지리적으로 북극 항로의 유럽측 입구에 위치해 있어 유리한 입장이며, 이 지역 허브 항만으로 발돋움하기 위해 활발한 연구를 진행하고 있다. 독일은 벨루가쉬핑(Beluga Shipping) 소속 화물선 2척이 2009년 최초로 북극 항로 운항해 성공한 이후 많은 운항 경험을 쌓아나가도 있다.

중국, 일본, 한국 3국은 북극 이사회의 정식 옵서버국이 되면서 치열하게 경쟁 중이다. 중국은 쇄빙선 쉐룽호에 이어 북극 탐험과 개발 능력 강화를 위한 새로운 쇄빙선 건조를 끝냈다. 일본은 1980년대부터 민간 중심의 북극해 연구를 진행해오고 있으며 성과도 가장 크다. 북극 항로의 본격적인 상업화가 이뤄질 경우 한국의 부산항, 일본의 요코하마항, 중국의 상하이항이 시종점 항만으로 활용도가 높아질 가능성이 크다.

항로와 자원 등 북극해의 경제적 가치가 재조명되자 영유권을 둘러싼 국제사회의 분쟁도 점차 심화되고 있다. 남극 조약으로 큰 충돌이 없는 남극과는 달리 명확한 국제 조약이나 규범이 존재하지 않는 북극해는 자원 선점을 위한 인접 국가들의 각축장이 되고 있다. 2020년대 진입을 앞두고 그린란드를 둘러싸고 미국과 덴마크 사이에 전운이 감돌고 있어 앞으로의 향방이 벌써부터 주목받고 있다.

그렇지만 북극 항로 사업에는 운항 거리 단축이라는 이점 외 사업성 제고를 위해 극복해야 할 난제도 여전히 남아 있다. 북극 항로를 이용하기 위해서는 유빙(流氷) 위험에 대응할 수 있는, 즉 유빙 충돌을 견딜 수 있는 내빙(耐氷) 선박이 필요하다. 내빙선이 도입되면 선박 내구성이 높아지는 데 따른 무게 증가로 해운 사업의 20퍼센트를 차지하는 연료 비용이 상승한다는 문제도 있다.

이 밖에 무분별한 북극 개발과 산업화는 북극해와 지구 환경에 치명적인 결과를 초래할 수 있어 조심해야 한다. 관련 기관은 북극이사회(Arctic Council)의 기능 강화, 다양한 이해관계자 사이의 협력 확대, 극지 해역 운항 선박 안전 기준 제정 등이 필요하다고 주장한다. 북극에서의 이기적이고 배타적인 이익 추구는 인류의 재앙을 야기할 수 있기 때문이다.

북극은 인류가 공동으로 보호해야 할 대상이므로 자연 환경을 보호하면서 경제적으로 활용하는 전략이 필요하다. 한국이 연안국의 배타적 독점을 견제하고 북극을 보호하기 위해서는 영구 옵서버 역할을 강화하는 동시에 북극 조약과 같은 글로벌 거버넌스를 유도해야 한다. 2020년대 진입을 앞두고 북극권 개발과 관련한 국제사회의 움직임을 고려하면서 러시아와의 협력 확대를 모색해야 할 시점이 됐다. 북극 항로 개설과 관련한 쇄빙상선 개발, 항만 정비 등 관련 인프라 건설, 북극권 내 조립 주택 사업 등 러시아의 북극권 개발에 따른 수요 증가에 미리 대비해나가야 한다.

해빙으로 북극의 경제적 가치가 높아지고 있는 추세를 인식해 한국도 '북극 종합정책 추진 계획'을 발표했다. 북극 항로 활성화 지원, 북극 외교 강화, 북극 과학연구 강화, 북극 신산업 창출 등을 주요 내용으로 담고 있다.

한국은 2013년 5월 북극 개발을 주도하는 국제기구 북극이사회의 정식 옵서버국 자격을 획득했다. 정식 옵서버국은 북극이사회 회의에 참석해 각종 규범 정립, 북극 항로와 북극 자원 개발, 환경보호, 북극 개발 관련 프로젝트 등에 대한 의견을 개진할 수 있다. 현재 북극이사회의 8개 정식 회원국은 일부 국가에만 임시 옵서버 또는 정식 옵서버의 지위를 부여해 북극 연구 개발 작업에 참여시키고 있다.

관련 기관은 2030년에 이르면 쇄빙선 없이 북극 항로가 상용화되고, 인프라 및 지리적 이점을 갖춘 부산항이 가장 큰 수혜자로 급부상할 것이라고 내다봤다. 한국은 자원 개발, 플랜트, 해상 운송, 조선업 및 수산업 등 파급 효과가 높은 산업을 중심으로 기업의 북극 개발 참여 기회를 높이고자 애쓰고 있다.

국제 협력 네트워크를 구축하고 연구 활동을 강화해 북극 진출을 준비하면서 북극 공동연구 확대를 위한 다산과학기지 규모 확충, 북극 항로 개척 지원, 북극해 연구진흥 등을 위한 쇄빙연구선 건조를 추진 중이다. 극지 연구 및 활동을 위한 극지 관련 법률을 정비하고 극지 전담 부서도 신설할 방침이다.

또 다른
10년이
온다

나오며

'또 다른 10년'인 2020년대 세계 경제는 2010년대와 비교해 환경 측면에서는 '뉴 노멀'에서 '뉴 앱노멀', 위험관리 측면에서는 '불확실성'에서 '초불확실성'으로 한 단계 더 심화될 것으로 전망된다. 뉴 앱노멀·초불확실성 시대가 긴장되는 이유는 어느 날 부지불식간에 갑자기 빅 체인지(Big Change), 즉 '대변화'가 일어나기 때문이다. 종전의 이론과 규범과 관행이 더 이상 통하지 않고 미래를 예측하는 일까지 어려워짐에 따라, 오직 창의적이고 유연한 사고를 바탕으로 개혁과 혁신 그리고 생존을 도모해야 한다.

2020년대 세계 경제 질서는 '속 빈 강정(Nothingburger)'이 될 가능성이 높다. 외형상으로 제2차 대전 이후 세계 경제를 주도해온 국제기구와 규범이 남아 있긴 하지만 실질적인 역할과 구속력은 더 떨어질 것이다. 그렇다고 해서 그 속을 채워줄 새로운 국제기구와 규범이 나오기도 어려울 것으로 예상된다. 최악의 경우 무정부·무규범의 혼돈 시대를 맞을 수도 있다. "짐의 말이 곧 법"인 경제 절대군주 시대에서는 새로운 국제기구와 규범을 만들기 위해 각국이 머리를 맞대는 일조차 어렵다. 설령 만들어진다고 하더라도 구속력과 이행력이 따르지 않는 느슨한 형태가 될 공산이 크다.

국제 통화 질서는 '시스템이 없는(non system)' 현재의 체제가 지속될 것으로 보인다. 중국과 러시아를 중심으로 하는 탈(脫)달러화 움직임은 빠르게 진전될 것이다. 그러나 유로화, 위안화, 엔화 등의 통화가 달러화를 대체하는 것은 어렵다. 가상화폐가 달러화의 위상을 위협할 정도로 부상할 수 있다. 법화 무용론과 함께 디지털 기축통화 자리를 놓고 미국과 중국 사이의 또 한 차례 패권 다툼이 벌어질 가능성도 배제할 수 없다.

2020년대에 들어서기 전부터 주도권을 확보한 4차 산업은 융복합 추세가 더 심화된 6차 산업으로까지 격상될 것으로 예상된다. 기존의 1~3차 산업 분야를 흡수하고 통합한 6차 산업으로 인해 농업, 제조업, 서비스업 등의 경계가 허물어지면서 콜린 클라크(Colin Clark)식의 산업 분류 개념이 무의미해진다. 알파라이징, BOP, 뉴 프런티어 등 기존에 볼 수 없었던 '제3섹터'가 부상하는 것에도 주목해야 한다.

대형 위기가 발생할 것인가에 관한 우려는 2010년대와 마찬가지로 2020년대에도 지속될 가능성이 높다. 금융 위기 극복 과정에서 풀린 돈이 완전히 회수되지 않은데다 초저금리로 늘어난 부채가 위험 수위를 넘었기 때문이다. 더욱이 '다음 세대'보다는 '다음 선거', '국민'보다 '자신의 자리'에만 집착하는 정치꾼들이 더욱 판칠 것으로 예상됨에 따라 현대 통화 이론대로 돈을 더 풀고 빚을 더 내서 쓸 경우 지금껏 겪어보지 못한 초대형 위기가 발생할 수 있다.

2020년대 또 다른 10년의 한국 경제는 문제다. 어떤 변화에도 이러지도 저러지도 못하는 '방황(wandering)'의 시기를 겪게 될 가능성이 농후하다. 뉴 앱노멀과 초불확실성 시대에 갑자기 찾아온 대변화를 주도하는 최선책은 아니더라도, 어떻게든 적극적으로 다가가 두드려야 차선책이라도 얻을 수 있을 것이다. 그러나 2010년대에서 2020년대로 전환되는 중요한 시기에 '갈라파고스 함정'에 빠졌다는 비판이 나올 정도로 세계 흐름에서 멀어지고 있는 것이 우려된다. 대외 환경에 크게 의존하는 한국 경제 입장에서는 특정 가치와 이념에만 편중된 프레임에 갇히면 치명상을 입을 수 있다.

'뉴 앱노멀'과 '초불확실성' 시대가 가져올 '빅 체인지'의 기회를 잡을 수 있다면, 그에 따르는 어마어마한 보상을 기대할 수 있다. 전세계가 하나의 거대한 시장이기 때문이다. 세계 10대 부국에 드는 데 과거 노멀·확실성 시대에서는 최소 30년이 걸렸지만, 뉴 노멀·불확실성 시대에는 10년 이내에도 가능했다. 뉴 앱노멀·초불확실성의 시대에는 더 단축될 수 있다. 하지만 그렇게 세계 일류 국가가 됐어도 승리에만 도취된다면 그 즉시 '승자의 저주'에 걸려 눈 깜짝할 사이에 밀려나는 시대이기도 하다.

뉴 앱노멀·초불확실성의 시대에 가장 확실한 생존 전략은 '지속 가능한' 흑자 경영이다. 이 목표를 달성하기 위해 모든 경제 주체는 성장 동력을 개발하고 고객 가치 창출과 전략을 설계해 경영 프로세스를 개선하는 노력을 끊임없이 경주해야 한다. 하지만 베인&컴퍼니(Bain & Company)의 최근 연구 결과에 따르면 지난 10년 동안 현실 비즈니스 세계에서 이 목표를 달성해 생존한 기업은 10퍼센트도 채 되지 않는다. 그만큼 쉽지 않다. 2020년대에는 생존 확률이 더 낮아질 수 있다.

종전에는 지속 가능한 흑자 경영 달성에 실패하는 원인을 시장점유율 하락, 경쟁 격화, 기술 부진 등과 같은 외부 요인에서 찾았다. 반면 뉴 앱노멀·초불확실성 시대에는 창업자정신과 리더십의 약화, 의사결정 지연, 현장과의 괴리 등 내부 요인이 더 문제가 된다. 모든 경제 주체가 성장함에 따라 내부적인 복잡성이 증가하고 초창기 왕성했던 창조적인 문화, 구성원들의 주인의식이 약화되는 '성장의 함정'

과 '승자의 저주'에 빠지는 것이 결정적인 요인으로 작용한다.

국가, 기업, 개인 가릴 것 없이 모든 경제 주체는 성장하면 할수록 '과부화(overload)' 위기에 맞닥뜨리게 되면서 내부적인 기능 장애에 봉착한다. 과부화 위기는 '속도 저하' 위기로 전이돼 조직 규모가 커짐에 따라 복잡성이 증가하고 초기의 명확한 미션이 희미해져 성장 둔화를 겪게 된다. 속도 저하 위기가 무서운 것은 자칫 '자유 낙하' 위기로 악화돼 창업자정신을 상실한 경제 주체일수록 핵심권에서 퇴출당하는 지경에까지 이르기 때문이다.

2020년대 진입을 앞두고 세계 일류 기업 애플이 '실적 부진'에 빠져 미래 성장 동력을 찾는데 골몰하고 있다. 그런데 실망스럽게도 실적 부진의 요인을 중국의 추격이나 달러 강세 등과 같은 외부 요인에서 찾고 있다. 도피하고 있는 것이다. 스티브 잡스 시절처럼 애플의 내부적 강점이던 창업자정신을 바탕으로 모든 구성원들이 주인의식을 유지하고 있는지, 철저한 현장 중심적 의사결정과 사고 체계를 갖고 있는지, 고객을 위한 확고부동한 진취적 미션을 수행할 수 있는지 반성해볼 필요가 있다.

창업자 정신은 '반역적 사명의식'과 '현장 중시', '주인 의식'이라는 3가지 특성을 갖고 있다. 성장을 막 시작한 경제 주체는 자신보다 규모가 훨씬 크고 경영 여건이 잘 갖춰진 경제 주체에 도전할 때 가장 강력한 무기가 된다. 일상적인 결정과 행동방식 준거의 틀로 삼는 규

또 다른 10년이 온다

범과 가치에 창업자의 영향력이 남아 있는 조직일수록 흑자 경영을 달성하면서 지속적으로 성장할 수 있다.

2020년대 진입을 앞둔 한국 경제는 '저성장의 늪'에 빠져 성장 미래를 찾는 데 골몰하고 있다. 우려되는 사항은 성장 둔화 요인을 중국의 추격 등과 같은 외부 요인에서 찾고 있다는 점이다. 반복해서 지적하듯이 그것은 도피일 뿐이다.

나는 이 책《또 다른 10년이 온다》를 한국의 경제 주체, 특히 한국의 기업과 구성원들에게 희망의 메시지를 전하기 위해 썼다. 그 어느 때보다 절실히 요구되는 창업자정신을 조직 전체에 불어넣고 확산시켜 뉴 앱노멀과 초불확실성 시대에 예기치 못한 어느 순간 맞이하게 될 빅 체인지의 대변화를 준비해나간다면 지속 가능한 흑자 경영을 달성할 수 있고 일류 기업, 일류 국민, 일류 국가로 우뚝 설 수 있으리라고 확신한다.

2020-2030 경제의 미래
또 다른 10년이 온다

제1판 1쇄 발행 | 2019년 11월 22일
제1판 3쇄 발행 | 2019년 11월 29일

지은이 | 한상춘
펴낸이 | 한경준
펴낸곳 | 한국경제신문 한경BP
외주편집 | 조민호
저작권 | 백상아
홍보 | 서은실 · 이여진
마케팅 | 배한일 · 김규형
디자인 | 지소영

주소 | 서울특별시 중구 청파로 463
기획출판팀 | 02-3604-553~6
영업마케팅팀 | 02-3604-595, 583 FAX | 02-3604-599
H | http://bp.hankyung.com E | bp@hankyung.com
F | www.facebook.com/hankyungbp
등록 | 제 2-315(1967. 5. 15)

ISBN 978-89-475-4534-1 03320